陕西县域电子商务发展研究

主　编　张　鸿
副主编　汪玉磊　张　媛

科学出版社

北　京

内 容 简 介

本书按照严密的逻辑展开,全书共分为总括篇、区域篇、模式及启示篇、规划研究篇四个部分。总括篇从县域电子商务的相关理论入手,全面地分析了陕西县域电子商务发展的意义、机遇与挑战、总体特征、发展基础以及存在的问题,并且提出了陕西县域电子商务发展的对策。区域篇分别阐述了关中、陕南、陕北县域电子商务的发展情况。模式及启示篇介绍了陕西典型的县域电子商务模式,从武功模式、山阳模式以及照金模式入手,总结了陕西县域电子商务发展的启示,并且结合当前的发展情况分析了陕西县域电子商务发展的趋势。规划研究篇分别介绍了山阳县与千阳县县域电子商务的"十三五"发展规划。

本书兼具理论研究与实践案例分析,不但详细介绍了陕西县域电子商务发展的基本情况,同时也对陕西县域电子商务如何发展提出了相应的对策,对从事县域电子商务工作的政府工作人员、企业决策者、县域电商运营者、高校科研单位研究者都具有参考和借鉴的价值。

图书在版编目(CIP)数据

陕西县域电子商务发展研究/张鸿主编. —北京:科学出版社,2018.5
ISBN 978-7-03-056392-7

Ⅰ.①陕… Ⅱ.①张… Ⅲ.①县-电子商务-研究-陕西 Ⅳ.①F724.6

中国版本图书馆 CIP 数据核字(2018)第 012464 号

责任编辑:王丹妮 陈会迎/责任校对:孙婷婷
责任印制:吴兆东/封面设计:无极书装

科学出版社 出版

北京东黄城根北街 16 号
邮政编码:100717
http://www.sciencep.com

北京京华虎彩印刷有限公司 印刷
科学出版社发行 各地新华书店经销

*

2018 年 5 月第 一 版   开本:720×1000 1/16
2018 年 5 月第一次印刷   印张:13 1/4
字数:252 000

定价:92.00 元
(如有印装质量问题,我社负责调换)

本书编委会

主　编：张　鸿
副主编：汪玉磊　张　媛
委　员：苏锦旗　任少军　陈　静　盛攀峰
　　　　曹媛媛　侯光文　张　超　陈子凤
　　　　郝添磊　刘修征　贺瑞娟　李明甲
　　　　董　伟　李　玥　王舒萱　樊　婧

前　言

当前，个体电子商务向群体电子商务、农村电子商务向县域电子商务转变已成为发展趋势并成为推动县域经济社会发展的新引擎。县域电子商务的发展是践行"五大发展理念"，发展网络经济的重要体现，发展县域电子商务可以极大地激活县域经济，促进一二三产业融合发展，弥补陕西县域经济的短板，为陕西实现追赶超越提供新动能，是陕西实施精准扶贫的重要举措，为全面建成小康社会提供重要保障。基于此，研究陕西县域电子商务意义重大。

本书是以西安邮电大学经济与管理学院院长、陕西省电子商务协同创新研究中心首席专家张鸿为主的西安邮电大学电子商务研究团队长期研究陕西电子商务的基础上编写而成。近年来，西安邮电大学电子商务研究团队积极拥抱"互联网+"行动，积极开展电子商务研究，得到工业和信息化部信息通信经济专家委员会、商务部中国国际电子商务中心、中国电子商务协会、中国互联网协会、陕西省委宣传部、省商务厅、省科学技术厅、省工业和信息化厅、省教育厅、省社会科学界联合会、省决策咨询委员会等多个单位的支持，通过开展项目合作、专题论坛、座谈会、主题沙龙等活动，先后深入实地调研陕西省三十余市县（区），形成了具有广泛社会认可度的研究观点，得到了陆建栋、汪向东、申江婴、陈金桥、洪涛、邓理、钟顺虎、王国龙、李彬、张小平、任国、何军、王发合、魏延安、郭金生、李超鲲等业内专家与领导的高度评价，对陕西乃至全国电子商务发展具有重要意义。

本书由西安邮电大学经济与管理学院院长、陕西省电子商务协同创新研究中心首席专家张鸿担任主编，西安邮电大学经济与管理学院汪玉磊、张媛担任副主编，西安邮电大学经济与管理学院院长助理任少军、苏锦旗以及贺瑞娟、刘修征、李明甲、郝添磊、董伟、李玥、王舒萱等参与了撰写、校对工作。

本书兼具理论研究和案例分析，适合学习本书的群体范围较广，包括区县政府部门工作人员、企业决策者、县域电子商务运营者和高校电子商务研究人员等。

本书的编写得到了陕西省社科基金面向"十三五"重大理论与现实问题研究项目"电子商务促进陕西农村精准扶贫理论与实践研究"（项目编号：2016ZDA10）的支持。同时，本书在编写的过程中得到了相关学者专家和友人的支持与关怀，在此对他们的付出和帮助表示衷心的感谢。

　　本书在编写过程中，参考了很多著作、期刊、政府官方资料、研究报告以及网络资料等，限于篇幅，不能一一列出，特作说明一并致谢。

　　本书在编写过程中涉及的部分地域名称有调整，现特此做出说明。2015 年撤销高陵县，设立西安市高陵区。2016 年撤县设区的有：撤销户县，改设鄠邑区；撤销横山县，改设横山区；撤销安塞县，改设安塞区。2017 年撤销南郑县，设立汉中市南郑区。

　　本书在编写过程中，由于知识水平有限，难免存在不足，请同行批评指正。

编　者

2018 年 1 月于西安

目　　录

第三部分　模式及启示篇

绪　　论

当前，网络消费已经成为社会消费方式的新常态，农村的巨大消费潜力和广阔市场前景为经济新常态下消费升级带来无限可能。十八届五中全会提出，拓展发展新空间，实施网络强国战略，实施"互联网+"行动计划。在"互联网+县域经济"背景下，发挥电子商务对县域经济社会信息化的引领作用，将会促进以农业和农村为主的县域经济产业转型升级，优化经济结构，支撑新兴产业发展。县域经济是整个国民经济的基础，县域电子商务的蓬勃发展对县域经济发展意义重大，为全面建成小康社会提供了重要的保障。

陕西，位于中国西北部，是新亚欧大陆桥和中国西北、西南、华北、华中之间的门户，周边与山西、河南、湖北、四川、甘肃、宁夏、内蒙古、重庆8个省（自治区、直辖市）接壤，是国内邻接省（自治区、直辖市）数量最多的省份之一，具有承东启西、连接西部的区位之便。同时，陕西处于"丝绸之路经济带"新起点，对复兴丝绸之路、加强沿线各国的经济贸易和文化交流具有重要意义。在"一带一路"倡议中，陕西成为向西开放的重要核心区域，正努力实现与沿线国家和地区政策沟通、道路联通、贸易畅通、货币流通、民心相通，这也为陕西走向世界，让世界了解陕西提供了良好契机。尤其是"互联网+"战略和陕西获批自贸区建设背景，对陕西发展外向型经济提供了契机。

经济新常态下，陕西以能源为主的经济结构亟待转型升级，县域经济短板日益显露，成为制约陕西经济社会发展实现追赶超越的障碍。而电子商务的蓬勃发展为转型中的经济提供了新动能。因此，以推进"互联网+县域经济"战略为契机，加快县域电子商务发展，是践行党中央"五大发展理念"的具体体现，是落实"大众创业、万众创新"的具体行动，是推动"丝绸之路经济带"县域经济发展和形成新的经济增长点的具体目标，是打造陕西电子商务产业高地的具体支撑。

第一部分 总 括 篇

第1章 县域电子商务概述

1.1 县域电子商务理论基础

1. 电子商务相关概述

电子商务概念最早由国际商业机器公司（International Business Machines Corporation，IBM 公司）定义，随后戈登·鲍易斯将专门借助于互联网进行电子交易的经营主体称为狭义电子商务，将围绕网上交易汇聚起来的一条完整的产业链条称为广义电子商务。劳顿指出以网络为交易媒介，企业之间、个人之间以及个人与企业之间的数字化商务交易都称作电子商务。联合国经济合作与发展组织将电子商务定义为买方和卖方通过开放的网络平台实现商业交易，交易对象包括企业和消费者。如今来看，把电子商务单纯当作商务交易手段太过片面，现在多从平台的角度理解，认为电子商务是一个以互联网为交易平台，并运用电子信息技术来完成服务或者商品的远程交易的综合性系统和活动。

电子商务的内涵在于以互联网为手段，将现代化电子信息技术运用到传统商务模式，从而重构商业活动模式。通过这种商业模式，为商务活动参与主体创造价值，形成新的商业关系。其本质是运用电子信息技术构建新的商业关系。电子商务运用现代信息技术和网络技术，依托开放的网络进行商务活动，当前已形成集金融电子化、管理信息化、办公自动化等于一体的综合服务体。因此，电子商务最基本的特点是跨越时空、方便快捷、高效，人力资本成本高、科学技术含量高、经济附加值高（"三高"）以及技术新、业态新、方式新（"三新"）成为电子商务的特点。

电子商务的最基本作用是实现商务信息的交流，提高商务活动的效率，围绕电子商务的核心作用展开电子商务的具体作用，即商贸信息交流、营销调研与宣传、交易服务与管理、数据采集与决策支持等全程网上交易与管理的作用。然而，电子商务的快速发展不仅极大地降低了交易成本，而且开拓了商贸流通的新方式。电子商务的作用更加宽泛，利用各种电子信息技术来从事的经济活动，涵盖了国民经济中的各个领域，包括商贸、教育、文化、医疗等众多产业，成为国民经济转型发展的新动力。

2. 县域电子商务定义

县域电子商务有广义和狭义之分。广义的县域电子商务是指在县域范围内以计算机网络为基础，以电子化方式为手段，以商务活动为主体，在法律许可范围内所进行的商务活动过程。狭义的县域电子商务是指网络销售和网络购物，即通过网络完成支付和下单的商业过程。

3. 县域电子商务内涵

县域电子商务实现了农产品网上批发和网上零售外销，形成了以销售本地特色产品为主的电子商务基地，实现了人才、信息、资金以及物流等向县城的聚集，逐步形成了县域电子商务相关产业协同聚集发展的产业高地。另外，电子商务与本地生活的融合，实现了农村生活服务、农业生产资料等的电子商务化，形成了"三农"电子商务。当前，县域电子商务成为电子商务发展的前沿阵地，成为电子商务进农村的桥头堡，也为县域"大众创业、万众创新"创造了一个绝佳的平台，为农业现代化提供了一种模式，为农民增收提供了一种途径，为农村经济社会转型提供了一种新动能。发展县域电子商务是充分利用县城桥头堡的作用，将其作为农产品进城和工业品下乡的中转枢纽，目的在于满足城市消费群体对农村优质农产品的需求和农民对工业品、农资产品的需求，从而加速城乡之间的商品流动，即实现农产品进城、工业品下乡、城乡双向互动。因此，县域电子商务的内涵在于通过网络平台和信息技术加速城乡商品的流通，改变农村生产生活方式，变革落后地区发展理念，达到改变区域之间、城乡之间的传统优势和竞争格局，为落后地区实现追赶超越提供一种新的可能方式，更有利于实现城乡协同发展。

4. 县域电子商务特征

电子商务最基本的特点是小产品对接大市场、商务活动的跨越时空使人们生产生活便捷化、高效化。因此，电子商务具有"三高""三新"的特征，"三高"即人力资本成本高、科学技术含量高、经济附加值高，"三新"即技术新、业态新、方式新。县域电子商务作为电子商务的重要方面，因此也具有电子商务"三高""三新"的特征。此外，因为县域电子商务发展受制于人、财、物的影响，所以，平民创业、抱团取暖、家庭作坊、互助性是县域电子商务当前最主要的特征。与传统商务模式相比，电子商务具有诸多明显的优点，主要表现在四个方面：创新财富创造方式；打通低成本销售渠道；提高交易效率；增加就业创业机会。

5. 县域电子商务作用

电子商务最基本的作用是实现商务信息的交流，提高商务活动的效率，具体作用包括商业贸易信息交流、网络营销、广告宣传、交易服务、商业活动管理、数据采集与处理、科学决策等。电子商务的快速发展，不但极大地降低了交易成本，而且开拓了商贸流通的新方式。县域电子商务发展过程中，可以以电子商务为桥梁，实现电子商务主体之间的互联互通，激活农村隐形资产，实现农村知识网络之间的协同效应。县域电子商务的作用具体体现在以下几个方面。

（1）县域电子商务具有市场扩大效应。降低交易成本和提升交易效率是县域电子商务所具备的功能。降低交易成本可以在同等经济基础下扩大消费的需求，同时催生更多的交易者进入网络交易市场，使交易产品不断丰富。交易效率的提升体现在信息的传播和反馈上，通过电子商务交易过程可以更便捷地获取产品的信息，通过大数据进行分析，可以更加了解消费者的需求，大大提升了生产和消费者需求之间的对接。

（2）县域电子商务具有市场扁平化效应。电子商务的应用和发展，使市场信息沟通越来越方便迅捷，同时随着物流体系的完善，物流成本也不断下降，因而线上市场的市场壁垒比线下市场的市场壁垒要小，要更为扁平。而且，随着电子商务及其相关行业的发展，这种扁平化的趋势仍在继续。因为线上市场日趋扁平化，所以生产地越来越能够脱离消费地的束缚，使生产地的产品的优势能够充分地发挥，进而有机会获得更大的市场范围和份额。

（3）县域电子商务具有信息反馈机制。电子商务的应用，让生产商或供应商有机会更直接地接触到消费者，可以更快捷、更有效地从消费者那里获得关于产品的所有反馈信息。同时，两者距离的拉近，也让消费者可以更容易了解到生产情况。随着电子商务的发展，消费者虽然当前无法真正有效地辨别产品的优劣，但是一般都能知道生产者的信息，通过自己的体验以及其他消费者的反馈，可以慢慢形成对该生产者（或供应商）的认可。同时，生产者（或供应商）为了取得消费者的信任也愿意尽量提供各种相关信息以获取消费者的信任，并且愿意根据消费者的反馈改进生产，提供质量更优的产品，以获得更好的口碑、更大的销量，甚至更高的价格。这样就形成了良性的反馈机制。这种机制的形成，有利于激励生产者不断改进生产，促进整个行业的健康发展。

（4）县域电子商务具有赋能增能机制。赋能用于互联网或电子商务领域，指的是互联网或电子商务赋予了人们更多的能力，使创新创业的门槛降低，从而增加就业机会，增加贫困地区与外界交流的机会，并激发贫困主体的学习潜力，为其提升自我发展能力提供了机会。

6. 县域电子商务与"三农"电子商务

"三农"电子商务，即农村电子商务、农业电子商务和农产品电子商务，按照县域电子商务的定义来看，县域电子商务应该包含"三农"电子商务，除此之外，还包括工业、旅游业、商贸流通业等多个方面的电子商务应用。如图1.1所示为县域电子商务生态结构。

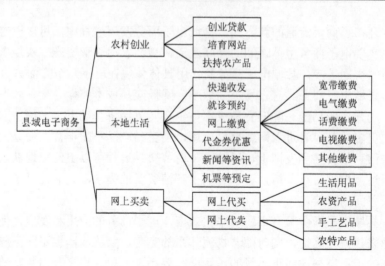

图 1.1　县域电子商务生态结构

（1）农村电子商务。一是农产品网上交易。以互联网营销方式实现农产品交易双方的在线交易过程。二是农业信息化。通过互联网的平台和信息优势将包括农业生产、销售和运输在内的资源进行整合，实现农业产业的标准化、规模化、品牌化和国际化。三是农村消费网络化。农村网络通信设施的不断完善，提升了农村地区的互联网应用水平，鼓励农民通过互联网获取知识与技能、购买生产和生活用品，降低农民生产、生活的成本，改变农村的生产和生活方式。农村电子商务的本质是一种网络化、智能化的线上交易活动，以网上平台促进产业链、供应链上中下游融合，活跃农村消费市场和供给市场，达到降低农业生产成本、拓宽农村商业领域、促进传统农业转型升级、提高农民生活水平的目的。农村电子商务是核心驱动要素和外围驱动要素共同作用的结果，核心要素是指当地的带头企业以及农户本身的内生驱动力，决定着农村电子商务是否能够发展成功。外围要素具有促进作用，包括电子商务技术设施、电子商务平台、电子商务买卖双方资源、社会环境和人员等要素。

（2）农业电子商务。农业电子商务，即以农业生产为中心，运用信息技术和网络系统，实现电子交易的活动，包含了农业生产的信息化、农产品的网络营销、物流管理以及电子支付等。农业电子商务的本质依旧是以网络为交易平台，以电子信息技术为手段，买卖双方在线交易的一种商务活动过程。农业电子商务唯一不同之处在于电子商务的应用领域为农业，因此将其归纳为农业商务活动。

（3）农产品电子商务。农产品电子商务，即以农产品或者农产品相关的服务为经营主体，以网络交易为基础，销售双方运用信息技术而实现的农产品交易商务活动的过程。农产品电子商务过程中，网络平台为农产品提供供需信息、生产加工知识、营销策略、农业政策,形成农产品生产、加工、流通等一系列的互联网化,从而达到高效、快捷、方便的目的。

(4)相互之间的联系。从范围上来讲,县域电子商务包含的范围比"三农"电子商务范围广,县域电子商务包含农村电子商务、农产品电子商务以及农业电子商务。从本质上讲,都是以网络交易为基础,以电子信息技术为手段,实现在线交易的过程。而农村电子商务包含农产品电子商务和农业电子商务的内容,农产品电子商务和农业电子商务更具有专业性。农村电子商务参与主体包括企业、个人、政府和金融机构等,交易对象涵盖了农业生产活动必需的农资产品、农业生产活动的最终产品即农副产品以及农村居民日常生活所需的一般消费品,而农业或农产品电子商务仅以电子商务交易对象的角度对电子商务进行定义。

7. 县域电子商务模式

模式一词最早语出《魏书·源子恭传》:"故尚书令、任城王臣澄按故司空臣冲所造明堂样,并连表诏答、两京模式,奏求营起。"不同领域对于模式的定义也不尽相同。哲学领域将模式界定为对某一类事物的高度概括和凝练,也就是说从实践中提出来的核心知识体系。工程领域将模式定义为从解决具体问题抽象出来的,这种具体问题在特定的语境中重复出现。产业领域将模式定义为结构、类型或对某一个经济现象内部经济结构的系统化描述。钱纳里在《结构转换:经济发展的实证研究程序》中将模式定义为结构,"苏南模式""温州模式"等即为一种经济发展结构。

电子商务模式,即电子商务产业链的要素结构和运行机制的组合,是电子商务生态构成的基础。通过这种途径将线下商机与互联网融合,为传统产业涉足电子商务提供了可能性,促进了电子商务服务的多元化进程。

(1)县域电子商务模式定义。县域电子商务模式,即反映县域电子商务发展格局和内部要素运行机制的组合,集中于县域电子商务主体协同和县域内资源的优化合理配置,从而实现县域电子商务的高效运作,促进县域内各个领域内电子商务的普及应用,提升投入产出效率,实现县域内生产生活的便捷化、高效化。县域电子商务一个重要的功能就是实现工业品下乡,农产品进城,城乡双向互动。在县域电子商务生态体系中包含了农产品进城系统和工业品下乡系统,而这两个系统也是构成县域电子商务模式的重要因素。图1.2和图1.3为县域电子商务农产品上行系统和工业品下行系统。

(2)县域电子商务发展模式框架。县域电子商务是一个整体系统,系统中存在多个子系统,如基础网络服务体系、物流网络体系、支付产业等,每一个子系统都具有各自的功能,但在整个系统中,每个参与子系统都需要与其他子系统进行物质、能量和信息的交流,各个子系统内部也需要进行物质、能量和信息的交

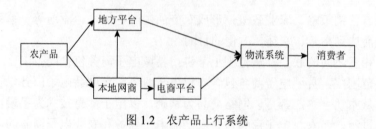

图 1.2　农产品上行系统

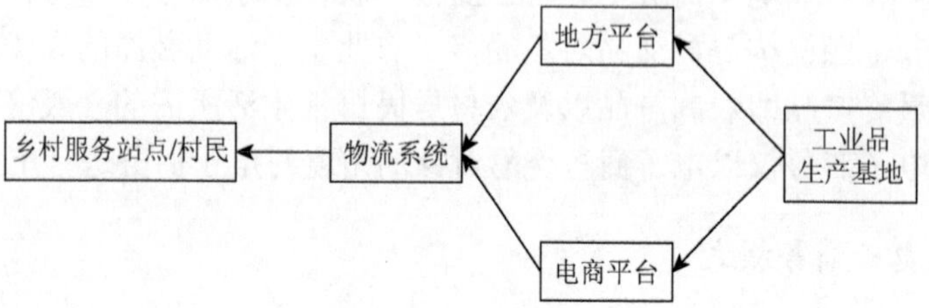

图 1.3　工业品下行系统

流。从县域电子商务整个内部结构来看，还需要人才、政策、自然环境、观念、社会环境等相互协同。县域电子商务各个子系统以及子系统内部之间协同合作，才能很好地发挥各自的优势，促进县域电子商务的发展。如图 1.4 所示。

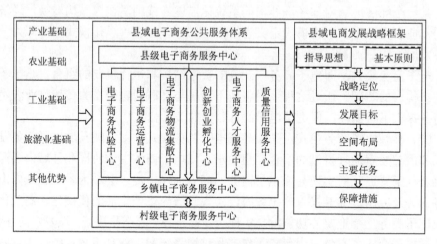

图 1.4　县域电子商务发展模式结构

（3）县域电子商务内部结构要素。县域电子商务内部结构要素具有复杂性，具体体现在发展县域电子商务的过程中需要考虑的要素：一是产业组织中的产品的品种、品质、品牌建设，标准化、规模化、生态化生产；二是线上平台建设和线下电子商务产业园区建设；三是公共服务包含的仓储物流、质量监管、人员培训、基础配套等。运用互联网实现这些要素的有效联结，达到高效的运作，建立

具有县域特色的电子商务生态经济体系，将有助于县域经济的转型升级。图 1.5
所示为县域电子商务内部结构要素系统模型。

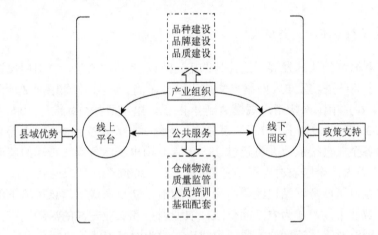

图 1.5 县域电子商务内部结构要素系统模型

（4）县域电子商务政策支撑系统。目前，从中央到省市再到各个县都出台了
关于发展电子商务的政策，为县域电子商务的发展提供了良好的政策支持，逐步
形成的比较完善的政策体系，对县域电子商务的发展具有极大的促进作用。因此，
构建完整的县域电子商务政策支撑系统具有重要意义。图 1.6 所示为县域电子商
务政策支撑体系。

图 1.6 县域电子商务政策支撑体系

1.2　全国县域电子商务现状分析

1. 电子商务市场交易规模

随着互联网的快速发展，尤其是"互联网+"战略的推进，中国网民数量增长迅猛，电子商务蓬勃发展，网络购物成为社会时尚。如图 1.7 和图 1.8 所示，截止到 2016 年 6 月中国网购用户规模达到 4.48 亿，电子商务交易额达 10.5 万亿元，同比增长 37.6%，增幅上升 7.2 个百分点，网络零售市场交易规模 2.3 万亿元，电子商务服务企业直接从业人员超过 285 万人，由电子商务间接带动的就业人数已超过 2100 万人。全国农村电子商务网站已超过 2000 个，涉农网站超过 6000 个，农村、农业电子商务网站已经取得良好的效益，初步形成了信息环境下的全国性市场或区域性市场，成为农产品供求、农业科技和农业贸易的活跃地带。随着互联网在中国农村渗透速度的加快，农村正在成为网络消费的"新蓝海"。

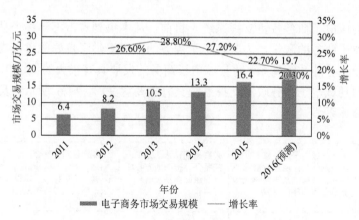

图 1.7　2011～2016 年全国电子商务市场交易规模

资料来源：《2016～2022 年中国电子商务行业市场深度调研及投资前景分析报告》

2. 县域电子商务发展阶段

电子商务兴起于城市，经过十几年的发展，网络购物已成为城市生活的新常态。但由于县域经济发展基础相对薄弱，以及思想观念等因素的制约，中国县域电子商务发展水平滞后于城市，尤其是中西部县域电子商务发展水平滞后于东部沿海地区大城市的发展水平。根据阿里研究院的分析，中国县域电子商务发展大致经历了三个阶段。2003～2005 年，是中国县域电子商务的形成阶段，其特点是县域网商数量少、增长缓慢；2006～2009 年，是中国县域电子商务发展的成长阶

图 1.8　2011～2016 年全国网络购物市场交易规模

段,增长提速;2010 年至今,尤其是"互联网+"行动计划以来,是中国县域电子商务的成熟阶段,呈现出蓬勃发展之势,属于规模化扩张阶段。如表 1.1 所示。2015 年县域电子商务已经进入了"多方协同发展"新阶段。政府、电子商务企业、电子商务服务企业以及高校、媒体、行业协会等多个参与主体,形成合力,共同推动县域电子商务的快速发展。

表 1.1　中国县域电子商务发展阶段特征

阶段	时间	特征
形成阶段	2003～2005 年	县域网商数量少、增长缓慢
成长阶段	2006～2009 年	增长提速
成熟阶段	2010 年至今	属于规模化扩张阶段

资料来源:阿里研究院

3. 全国电子商务示范县

为了贯彻落实《中共中央国务院关于打赢脱贫攻坚战的决定》(中发〔2015〕34 号)和《国务院办公厅关于促进农村电子商务加快发展的指导意见》(国办发〔2015〕78 号)精神,进一步推动农村电子商务发展,财政部、商务部、国务院扶贫开发领导小组办公室决定在全国继续推进电子商务进农村示范工作。每个示范县将获国家财政 2000 万元的资金支持,示范期为两年。针对农村电子商务物流成本高、人才缺乏、公共服务缺失等突出"短板",财政资金将定向用于物流体系、县级电子商务服务中心、乡村一级电子商务服务终端站、品牌和质量保障体系建设及电子商务培训等。截至目前,电子商务进农村示范县达到 496 个,根据分布的情况来看,大部分位于中国中西部地区,其中 2016 年电子商务进农村示范县西部地区达到了 179 个，占 2016 年全国的 74.58%，约是东部地区的 9 倍。如图 1.9 所示。实施电子商务进农村示范县的目的在于加快中西部电子商务的发展，进而促进县域经济的发展，保障"十三五"实现脱贫，全面建成小康社会。

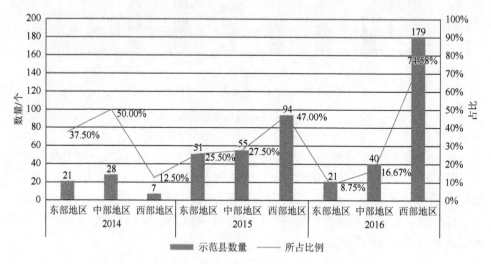

图 1.9　2014～2016 年电子商务进农村示范县

资料来源：商务部

4. "淘宝"村、镇的发展

"淘宝村"和"淘宝镇"是衡量县域电子商务发展水平的重要依据之一，阿里研究院报告显示（图 1.10），2016 年全国"淘宝村"达到了 1311 个，同比增长 68%，"淘宝镇"达到了 135 个，同比增长 90%。另外，阿里巴巴集团推出的"千县万村"计划正在成为电子商务下乡的主流模式，在 3～5 年内投资 100 亿元，建立 1000 个县级运营中心和 10 万个村级服务站，在推动中国农村互联网化的过程中发挥了重要作用。

5. 典型县域模式崛起

县域电子商务模式是反映县域电子商务格局和相应分配机制的组合体。大部分集中于县域电子商务主体协同和县域内资源的合理配置，从而实现县域电子商务的高效运作，促进县域内各个行业的电子商务应用，提升投入产出效率。

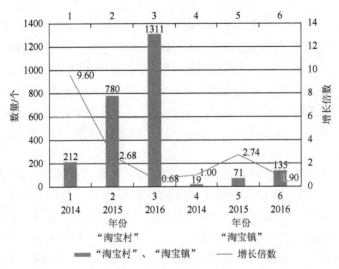

图 1.10　2014～2016 年全国"淘宝村"、"淘宝镇"

资料来源：阿里研究院

目前，认可度较高的县域电子商务模式分别是遂昌模式、通榆模式、货通天下农商产业联盟模式、沙集模式、清河模式、武功模式、成县模式、赶街模式。

（1）遂昌模式。遂昌模式是一种"电子商务综合服务商+网商+传统产业"的县域电子商务发展模式。2013 年"中国农产品电子商务高峰论坛暨遂昌模式研究报告发布会"上阿里研究中心发布了《遂昌模式研究报告》，首次从县域经济角度研究农产品电子商务，也概括和评价了遂昌模式。遂昌模式，即以本地化电子商务综合服务商为驱动，带动县域电子商务生态发展，促进地方传统产业，尤其是农业及农产品加工业实现电子商务化，"电子商务综合服务商+网商+传统产业"相互作用，在政策环境的催化下，形成信息时代的县域经济发展道路。本地化电子商务综合服务商是遂昌模式的核心，网商是遂昌模式的基础，传统产业是遂昌模式的动力，而政策环境则是遂昌模式的催化剂。遂昌模式的意义在于草根创新在互联网的条件下得到激活，创造并培育出了一个崭新的产业生态，它代表了当前风起云涌的县域电子商务的一种有益尝试，显示了县域经济和电子商务相结合的广阔前景，具有重要的借鉴意义。

（2）通榆模式。通榆模式是一种"生产方+电子商务公司"的县域电子商务发展模式。吉林省通榆县积极探索运用电子商务进行农产品原产地直销，采取"统一品牌、统一标准、统一质量、统一包装"的方式实现网络销售形成的类似于而有别于遂昌模式的一种县域电子商务模式。通榆模式的主要做法是：第一，政府引导、搞好服务。第二，坚持以基地为支撑。第三，走"统一品牌"发展路径。第四，采取独特的营销推广方式。通榆的"云飞鹤舞"在当地具备比较好的电子商务运营能力，属企业性质。跟遂昌模式中的"服务商"类似，"云飞鹤舞"也是通榆模式的核心：它左手整合生产方（农户、生产基地、合作社或农产品加工企业等）的产品（小米、绿豆、燕麦和竹豆等），右手经淘宝平台卖出。"云飞鹤舞"以网上直销为主，也有少部分产品经网络分销商卖出，且多是外地的网络分销商。注册了统一的品牌"三千禾"来统一所有农产品的包装、销售和服务。县委县政府从各部门抽调精干力量组成了"通榆县电子商务发展中心"，全力配合该电子商务公司的工作。

（3）货通天下农商产业联盟模式。货通天下农商产业联盟模式是一种"农产品供应商+联盟+采购企业"的县域电子商务发展模式，这种模式是企业对企业（business to business，B2B）的一种。这种模式的主要运作方式是产业联盟一边整合优质的农产品供应商（农民合作组织、合作社、生产基地和农产品加工企业等），一边整合品牌好、需求量大的农产品采购商（包括加工企业、餐饮集团和流通企业等），中间还有多种涉农服务机构，为采、供双方提供以交易为核心的多种服务。联盟从达成的交易中收取 1%～3%的服务费。这种模式的主要特征：一是无论是上游的供应商，还是下游的采购商，联盟主要整合的是有一定实力和信誉的企业，不是面向个体农户和消费者。二是建立了电子交易平台，提供了交易撮合、信息查询、委托采购、拍卖招标、网上结算、物流管理、品质评定和折扣管理、第三方审核仲裁等功能。三是组织制定了多项涉农产品的交易和管理标准。

（4）沙集模式。沙集模式是一种"加工厂+农民网商"的县域电子商务发展模式。这种模式的核心是"农民网商"。特征包括：第一，沙集模式在发展县域电子商务的过程中选择了与当地传统产业完全不相关的类目。第二，沙集模式在发展县域电子商务的过程中选择了简易家具，这个类目具有技术门槛低、资金需求低、产业资源整合难度低的特征。第三，沙集模式在发展县域电子商务过程中走出了一条向产业化分工的模式：板材供应商、加工厂、网店、物流快递、包装等。

（5）清河模式。清河模式是一种"专业市场+电子商务"的县域电子商务发展模式。这种模式主要发展羊绒电子商务，类似于义乌小商品电子商务，这种模式背后有强大的传统产业或专业市场作支撑。其电子商务供应链的效率高、商品价格低、行业竞争力强。通过典型示范和引导，传统商户和企业都迅速转型电子商务，网商群体和交易规模迅速放大，由原先的线下产业聚集逐步形成了以传统产业为基础的线上产业聚集，逐渐形成了区域内的电子商务产业聚集地。这种模式仍旧需要政府大力营造电子商务生态，强力推进县域电子商务的发展。

（6）武功模式。武功模式是一种"集散地+电子商务"的县域电子商务发展模式。这种模式充分利用开阔平坦的地势和便捷的交通优势，以物流产业为切入点，通过高性价比的物流发货吸引了大批有实力的企业聚集于武功发展电子商务，通过"买西北、卖全国"的发展思路带动了武功电子商务及相关产业的快速发展，从而形成"集散地+电子商务"的生态经济模式。武功在发展电子商务的过程中充分发挥地缘优势推动农产品电子商务发展，多方合力促进"网商"良性成长。原产地电子商务倒逼生态体系搭建武功模式的基本经验包括三个方面，首先，充分发掘区域发展优势和市场潜力。通过有效整合区域内优势资源和主导产业，加快推进农村电子商务的应用，提高农村城镇化和农业现代化水平。发挥铁路、公路等交通设施和信息化程度较高的优势，加快农村地区电子商务应用，农村市场需求得以释放。其次，明确发展思路，建立网络化电子商务集散地。依托区域优势，理清发展思路，明确"买西北、卖全国"的目标，从工业、农业、商贸等方面入手，加快电子商务应用，积极打通城乡物流通道，以电子商务产业园区为承载，建立网络化电子商务集散地。最后，构建五大内核驱动县域电子商务发展。武功发展电子商务的五大内核分别是政策、人才、龙头企业、园区、配套。在政府的主导下，确立明确的发展思路和目标，始终把人才培训作为基础支撑工程，引进西域美农等龙头企业增强示范引领作用，以建立配套完备的多功能产业园区为承载，构建网络、质检、冷链、仓储、物流等完备的配套体系。

（7）成县模式。成县模式是一种"农户+网商"的县域电子商务发展模式。成县模式是通过成县核桃打响知名度，成县书记运用互联网平台推介成县核桃，将核桃打造为网络销售中的"爆品"，再带动"成县紫皮大蒜""成县土蜂蜜""成县巴马香猪肉""成县手工挂面"等农特产品走向热销。其中，政府营销起到了重要作用，从县级领导到乡村干部，形成了从上到下的网络营销体系，这种形式的优点在于通过权威示范，推进县域内电子商务的发展。

（8）赶街模式。赶街模式是一种"赶街网+农村电子商务代购点+农户"的县域电子商务发展模式。赶街网是电子商务平台，主要围绕农村生产和生活的需要整合了大量的商品，包括农资。赶街网在每个村子里物色一个代购点，一般是村里的小卖部，给他们配置计算机和宽带。代购点负责帮助农民下单购物，并从达成的交易里提成10%左右作为自己的酬劳。赶街网不仅帮助农民购物，还开展本地化生活包括缴费、购电及金融等多种服务。

第2章 陕西县域电子商务发展背景分析

2.1 陕西县域电子商务发展意义

（1）促进县域经济发展的新引擎。电子商务作为技术密集性新兴服务业，已成为促进中国国内生产总值（gross domestic product，GDP）增长的动力，也是中国经济发展的新增长点和引擎，而且呈现影响幅度越来越大的趋势，近年来发展异常迅猛，尤其是在国家实施"互联网+"战略以来，得到了政府、企业、专家学者的广泛关注。陕西县域电子商务正快速崛起，逐渐成为电子商务发展新的增长极，对未来陕西经济的持续健康发展具有战略性意义。县域电子商务的发展不但成为县域消费的新增长点，而且有助于扩大内需，开展县域电子商务建设，其实质是用现代信息技术服务于"三农"，实现"工业品下乡，农产品进城"，从而促进农业增产、农民增收、农村社会全面进步，成为促进经济发展的新引擎。另外，县域电子商务范围广、涉及行业多。县域电子商务的发展有助于促进县域制造业转型升级，现代商贸流通业和服务业发展，对产业结构优化具有重要意义。

（2）实现陕西追赶超越的新动能。当前，陕西经济增速逐渐回升，2015年全年实现生产总值18 171.86亿元，增长8%，地方财政收入2059.87亿元，增长12.1%，城乡居民收入达到26 420元和8689元，分别增长8.4%和9.5%。陕西站在新的历史起点，正处在追赶超越阶段，势能潜能加速释放，"四化同步"加快推进，经济转型升级、提质增效日见成效，有基础、有能力进入全国第一方阵。县域电子商务有助于改造提升传统产业，推动战略新兴产业规模化，实施"互联网+"战略，发展分享经济，培育壮大基于互联网的新业态，提升产业创新力和竞争力。因此，县域电子商务的发展是积极落实"一带一路"倡议，扩大对外开放，将陕西打造为西部科学发展新引擎、内陆改革开放新高地，充分发挥陕西科教优势，推进创新驱动发展战略，积极构建创新型省份建设的重要组成部分。县域电子商务的发展将为陕西实现追赶超越提供新动能。

（3）弥补县域经济短板的新模式。县域经济短板是制约陕西经济发展实现追赶超越的重要障碍。陕西2015年县域经济增长7.4%，低于全省增速0.6个百分点，经济增速趋缓，对全省发展的支持作用减弱；2015年县域第一产业占比14.3%，高出全省5.5个百分点。第二产业占比56.4%，高出全省4.9个百分点。第三产业占比29.3%，低于全省10.4个百分点；县域非公有制经济占比45.6%，低于全省水平 7.8 个百分点，县域城镇化率 42%，低于全省 11.9 个百分点，可见县域经济产业层次低、非公有制经济占比低、县域城镇化水平不高，结构问题突出。2015 年陕西县域工业增长 6.9%，较 2014 年回落 4.3 个百分点，工业增长乏力是县域经济短板的又一因素。2015 年城乡居民人均可支配收入差距达到 17 731 元，城乡居民收入绝对差距拉大。破解陕西县域经济发展的难题是陕西实现追赶超越的重要前提，"互联网+"为县域经济发展带来了契机，"大众创业、万众创新"为县域经济注入新的活力，发展县域电子商务为陕西弥补县域经济的短板提供了新的模式。

（4）助力四化同步协同的新推手。县域电子商务的崛起将改变经济结构，驱动县域城镇化和农村发展，为当前新型城镇化提供新思路，引领农村走向一种适宜发展、适宜人居的新型城镇化，带动县域经济产业化、多元化、集约化发展，增加就业，增加农民收入。同时，加强与外界的联系，能进一步解放思想，减小东西部"数字鸿沟"，缩小城乡差距。目前，陕西城镇化率达到了 53.6%，与全国平均水平 56.1%，还略有差距，同东部发达地区差距仍然很大，而电子商务将更好地服务县域新型信息化、新型工业化、新型城镇化和农业现代化，助力四化同步发展，推动和提高农村发展效益和质量，也有利于电子商务自身开拓市场，培育新的增长点。

（5）实施精准扶贫脱贫的新举措。电子商务成为一种重要的精准扶贫举措，纳入国家扶贫政策体系和工作体系。特别是"农产品进城"是农村通过发展电子商务经济实现脱贫的关键一步。农村电子商务已然成为转变农业发展方式的重要手段，是精准扶贫、精准脱贫的重要载体，电子商务扶贫、脱贫研究也已成为反贫困研究的重要组成部分。陕西集中了近 1/10 的国家级贫困县，在"十三五"期间全面建成小康社会的目标下，扶贫攻坚任重而道远。将电子商务纳入扶贫开发体系，能有效提高扶贫绩效，但以往电子商务扶贫实践过多地停留在面上，严重制约了电子商务扶贫固有功效的发挥，扶贫绩效难以达到预期。将为陕西省在电子商务扶贫规划、开发、建设、管理及贫困人口参与等方面的政策制定或修订提供依据，为解决陕西省电子商务目前所面临的问题提供指引和思路，对提高陕西省电子商务扶贫精准程度，加快推进在电子商务扶贫实践精准扶贫理念具有现实意义。

2.2 陕西县域电子商务发展机遇

（1）政策导向带来新机遇。"一带一路"倡议将会为进一步发展电子商务提供新契机，中国将在"新丝绸之路"上培育新的经济增长极，将会引进产业、聚集人口，这将使西部地区更快发展，并为中国中西部省份的机电产品、特色农产品、特色食品等货物向西出口创造难得的机遇。陕西省也先后出台了《陕西省人民政府关于加快发展服务业的若干意见》（陕政发〔2012〕56 号）和《陕西省人民政府关于进一步加快电子商务发展的若干意见》（陕政发〔2014〕22 号），《陕西省人民政府关于大力发展电子商务加快培育经济新动力的实施意见》（陕政发〔2016〕8 号）以及各市县先后出台了相关政策发展电子商务，如表 2.1 所示。加快陕西省县域电子商务发展，抢占市场竞争新的制高点，从资金、用地、市场准入、金融、配套服务等方面提出了具体的政策措施。因此，政策导向为县域电子商务带来发展利好，也为陕西县域寻求电子商务突破发展带来了新机遇。

表 2.1　关于促进发展电子商务的部分政策意见

	机构	名称
国办发〔2016〕84 号	国务院办公厅	国务院办公厅关于支持返乡下乡人员创业创新促进农村一二三产业融合发展的意见
国办发〔2016〕78 号	国务院办公厅	国务院办公厅关于推动实体零售创新转型的意见
国函〔2016〕120 号	国务院	国务院关于川陕革命老区振兴发展规划的批复
国发〔2015〕93 号	国务院办公厅	国务院办公厅关于推进农村一二三产业融合发展的指导意见
国发〔2016〕24 号	国务院办公厅	国务院办公厅关于深入实施"互联网+流通"行动计划的意见
商流通发〔2016〕85 号	商务部等六部门	商务部等六部委关于印发《全国电子商务物流发展专项规划（2016—2020 年）》的通知
商办电函〔2016〕120 号	商务部办公厅	商务部办公厅关于印发《2016 年电子商务和信息化工作要点》的通知
农发〔2016〕1 号	农业部	农业部关于扎实做好 2016 年农业农村经济工作的意见
农办市〔2016〕1 号	农业部办公厅	农业部办公厅关于印发《农业电子商务试点方案》的通知
农市发〔2016〕2 号	农业部、国家发改委、中央网信办等	关于印发《"互联网+"现代农业三年行动实施方案》的通知
陕政发〔2016〕8 号	陕西省人民政府	陕西省人民政府关于大力发展电子商务加快培育经济新动力的实施意见
陕政办发〔2016〕99 号	陕西省人民政府办公厅	陕西省人民政府办公厅关于推进"互联网+流通"行动计划的实施意见
陕政发〔2016〕11 号	陕西省人民政府	陕西省人民政府关于积极推进"互联网+"行动的实施意见
陕政发〔2016〕10 号	陕西省人民政府	陕西省人民政府关于大力推进大众创业万众创新工作的实施意见
陕政办发〔2016〕94 号	陕西省人民政府办公厅	陕西省人民政府办公厅关于推进线上线下互动加快商贸流通创新发展转型升级的实施意见
中发〔2015〕1 号	中共中央、国务院	中共中央国务院关于加大改革创新力度加快农业现代化建设的若干意见
中发〔2015〕11 号	中共中央、国务院	中共中央国务院关于深化供销合作社综合改革的决定
国发〔2015〕24 号	国务院	国务院关于大力发展电子商务加快培育经济新动力的意见
国发〔2015〕40 号	国务院	国务院关于积极推进"互联网+"行动的指导意见
国办发〔2015〕59 号	国务院办公厅	国务院办公厅关于加快转变农业发展方式的意见
国办发〔2015〕72 号	国务院办公厅	国务院办公厅关于推进线上线下互动加快商贸流通创新发展转型升级的意见
国办发〔2015〕78 号	国务院办公厅	国务院办公厅关于促进农村电子商务加快发展的指导意见

续表

机构		名称
中发〔2015〕34 号	中共中央、国务院	中共中央国务院关于打赢脱贫攻坚战的决定
中发〔2016〕1 号	中共中央、国务院	中共中央国务院关于落实发展新理念加快农业现代化实现全面小康目标的若干意见
2014.2.27	商务部等 13 部门	关于进一步加强农产品市场体系建设的指导意见
2015.8.21	商务部等 19 部门	关于加快发展农村电子商务的意见
2015.8.31	商务部等 10 部门	全国农产品市场体系发展规划
农发〔2015〕1 号	农业部	关于扎实做好 2015 年农业农村经济工作的意见
农市发〔2015〕3 号	农业部、国家发展和改革委员会、商务部	关于印发《推进农业电子商务发展行动计划》的通知
财发〔2015〕12 号	财政部	关于印发《农业综合开发推进农业适度规模经营的指导意见》的通知
供销经字〔2015〕1 号	中华全国供销合作总社	中华全国供销合作总社关于加快推进电子商务发展的意见
交运发〔2015〕25 号	交通运输部、农业部、供销合作总社、国家邮政局	关于协同推进农村物流健康发展加快服务农业现代化的若干意见
陕政发〔2014〕22 号	陕西省人民政府	陕西省人民政府关于进一步加快电子商务发展的若干意见

资料来源：国务院、商务部、陕西省人民政府

（2）工业转型带来新空间。陕西工业基础雄厚，而电子商务作为信息化的引领，将会进一步促进工业化和信息化的深度融合。工业化是实现县域经济发展的重要支撑，县域电子商务将会极大地促进县域工业的发展，实现加快"发展速度、质量、效益"领先的目标。围绕生产运行、产品销售、项目建设、园区发展四个重点，优化产业发展环境，进一步推动县域电子商务落地实施，推动工业领域电子商务应用发展。全面普及工业企业电子商务应用，鼓励中小企业依托第三方电子商务平台开展网络销售，加快建立与县域特色产业相适应的工业品网络零售和分销体系。围绕网络消费者个性化需求，鼓励发展"以销定产"及"个性化定制"等网络化创新经营方式，激发电子商务发展活力。

（3）"互联网+"注入新动力。云计算、物联网、大数据、智慧城市等先进信息技术的提出与广泛应用，为县域电子商务快速发展注入新动力。在新技术浪潮下，陕西各县将加大力度进一步完善信息化基础设施建设，支持物流配送终端及智慧物流平台建设，鼓励高附加值或需重点监控行业开展物联网应用。建设完善一批行业性物流信息平台，建设快递服务末端智能快件箱等自助服务设施并推广使用。支持农村、社区、学校快递公共取送点建设，解决"最后一公里"投递问题。为县域电子商务发展创造更加有利的基础环境。

（4）融合发展描绘新图景。线上线下融合模式以及一二三产业的融合发展已

成为县域经济发展的主要趋势之一，并极大地改变着传统的商业行为和消费者习惯。陕西各个县域基本都具有各自的特色产品、深厚的文化底蕴以及优美的自然环境，在发展县域特色农产品电子商务、旅游电子商务、物流业等方面具有得天独厚的优势。而电子商务以其强大的连接力促进了一二三产业的融合发展，三产融合发展将为县域电子商务快速发展提供广阔的空间。

2.3　陕西县域电子商务面临挑战

（1）经济发展新常态。目前，从国际经济来看世界经济贸易仍将维持低速增长态势，从国内经济来看中国经济发展已然步入新常态。国际、国内经济发展对电子商务的发展都有很大的影响。

（2）区域间竞争加剧。从区域经济发展来看全国乃至各省份都意识到电子商务产业对区域社会经济发展的巨大推动作用，纷纷制定相应的促进电子商务发展的政策，这样各省份之间也就出现竞争，例如，对各大电子商务企业投资区域的争夺、某些改革试点的争夺以及人才资源的竞争。

（3）发展同质化严重。从陕西省各区县来看，随着陕西省电子商务发展意见的实施，陕西大部分县域都出台相关文件，在资金、人才培训、政策扶持等方面予以支持。但是在陕西县域电子商务蓬勃发展的同时，存在着同质化发展的挑战，有些县域跟风建立自己的平台，组建电子商务公司，组织搞培训，具有相似资源禀赋和地理区位优势的县域竞争激烈，发展模式和发展方向基本相同，造成资源的浪费。

第3章 陕西县域电子商务发展现状与问题

西安邮电大学电子商务研究团队致力于陕西电子商务的研究，先后调研了西安市、宝鸡市、铜川市、咸阳市、渭南市、延安市、榆林市、商洛市、安康市、汉中市等10个市的鄠邑区、周至县、高陵区、灞桥区、陈仓区、眉县、扶风县、岐山县、千阳县、耀州区、印台区、王益区、宜君县、武功县、礼泉县、富平县、韩城市、蒲城县、潼关县、黄陵县、宜川县、清涧县、安塞区、靖边县、绥德县、山阳县、镇安县、柞水县、石泉县、平利县、紫阳县、南郑区、洋县等三十余县（区），并深入电子商务产业园、物流产业园、种养殖基地、农村电子商务运营中心、村镇电子商务服务站、农产品体验馆、农户、电子商务企业等多个经营主体进行调研座谈，以及同县区主要领导、商务、经贸、流通、财政、扶贫等多个部门负责人进行座谈研讨。同时，分别同陕西省决策咨询委员会、商务厅、高新区软件新城国家级电子商务示范基地、港务区国家级电子商务示范基地等多个部门进行了座谈研讨，组织召开农村电子商务发展沙龙、讲座等。并且积极与省工业和信息化厅、省商务厅、省科学技术厅、省发展和改革委员会、省供销总社、陕西省电子商务协会、西安市电子商务协会、宝鸡市政府、韩城市政府、岐山县政府、山阳县政府、千阳县政府、柞水县政府等单位，以及陕西省苹果大宗商品交易市场、靖边县涌泉居现代农业科技服务有限公司、利安集团、陕西高川商贸有限公司、周至猕猴桃产业基地、陕西逛集信息科技有限公司、合阳卖货郎电子商务有限公司等企业和个体商家展开合作，负责"十三五"规划编制、工作方案编制、可行性研究报告撰写、政府项目评审、承办项目评审会议、电子商务人员培训、电子商务研讨等多种形式的合作。通过调研、研究与指导，对陕西县域电子商务的发展现状与存在问题进行全面的了解。

3.1 陕西县域电子商务发展总体概况

（1）电子商务交易规模持续扩大。如图3.1所示，2014～2016年陕西电子商务交易额分别达到了2180亿元、3100亿元、3350亿元，同比增长分别为21%、42%、8.06%。

（2）电子商务网络交易增长速度加快。如图3.2所示，2014～2016年陕西GDP增速分别为9.7%、8.0%、7.6%，电子商务交易额增速分别为21%、42%、8.06%，电子商务交易额增速与GDP增速比值分别为2.16、5.25、2.42。

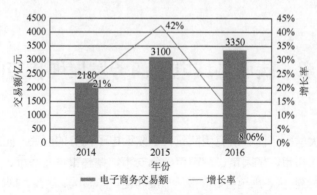

图 3.1　2014～2016 年陕西电子商务交易规模

资料来源：陕西省商务厅

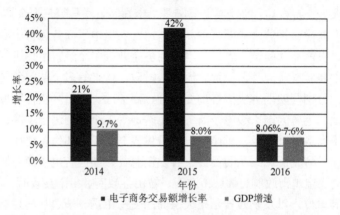

图 3.2　2014～2016 年陕西电子商务交易额增速与 GDP 增速对比

资料来源：陕西省商务厅、国民经济和社会发展统计公报

（3）"双十一"成电商购物狂欢节。近年来，陕西在"双十一"电子商务交易方面交易额逐年增加，如图 3.3 所示，3% 2014～2016 年网上购买额分别为 14 亿元、21 亿元、31 亿元，增速分别为 53%、50%、47.6%；网上销售额分别为 2.5 亿元、9.19 亿元、14.62 亿元，增速分别为 50%、268%、59%。"双十一"购物狂欢节不仅加快陕西电子商务消费，同时也极大地促进了陕西本土农特产品的销售，提升了陕西电子商务的发展水平。

（4）网络交易用户十分活跃，相关产业发展迅猛。从网上买家数量来看，2014 年超过了 1200 万户，2015 年达 1254 万户，同比上升 2.8%；从网上商户数量来看，2014 年卖家 15 万户以上，2016 年超过 18 万户。电子商务带动快递业务的发展，从快递行业完成业务量来看（图 3.4），2014～2016 年分别为 1.38 亿件、2.04 亿件、3.69 亿件；从完成业务收入来看，2014～2015 年分别为 17.95 亿元、27.28 亿元。网络交易的活跃带动了快递等相关产业的快速发展。

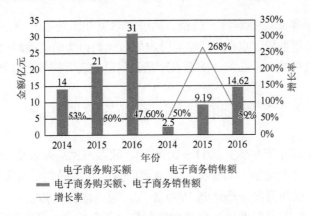

图 3.3　2014～2016 年陕西"双十一"电子商务交易情况

资料来源：陕西省商务厅

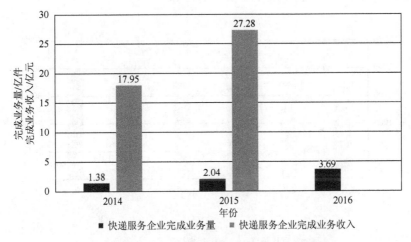

图 3.4　2014～2016 年陕西电子商务快递发展情况

资料来源：2014 年、2015 年陕西物流业发展报告及中国电子商务研究中心

　　（5）引进企业与本土企业共同发展。近年来，阿里巴巴、京东、苏宁等 20 多家知名电商企业在陕西设立区域总部，陕西森弗高科实业有限公司、陕西美农网络科技有限公司、陕西熊猫伯伯农业网络科技有限公司、陕西利安信息传播有限公司等一批本土电子商务企业加速成长。目前，陕西有 6 家国家级电子商务示范企业，55 家省级电子商务企业，这些企业已具备一定的示范引领作用。圆通、中通等多家快递物流企业在陕西设立产业园区，助推陕西物流发展。陕西多数市、县建有电子商务专业园区或孵化器，园区配套设施和服务功能日益完善，电子商务企业和服务企业纷纷入驻园区。

　　（6）农产品电商发展速度加快。近年来，陕西十分重视农特产品的线上宣传和推介，红枣、苹果、猕猴桃、杂粮等品牌知名度和市场占有率不断提升。随着陕西省政府与阿里巴巴、京东、苏宁等国内知名电商巨头签订战略合作框架，加快了电子商务在农村的产业布局，陕西农产品销售量在各大零售平台增速不断加快。

3.2　陕西县域电子商务发展基础

（1）网民规模不断扩大。2011～2016 年，陕西网民总体规模呈递增趋势，如图 3.5 所示，网民数量的不断扩大，为电子商务的发展提供了重要支撑。截止到 2016 年 12 月，陕西网民规模达到 1989 万人，同比增长 5.50%，互联网普及率达 52.40%。当前，陕西互联网进入快速发展时期，各个行业的互联网应用不断加强，进一步提高了网民在商务交易活动中的普及率，运用互联网进行网络购物、网上银行交易、旅行、团购等的情况位居全国前列。

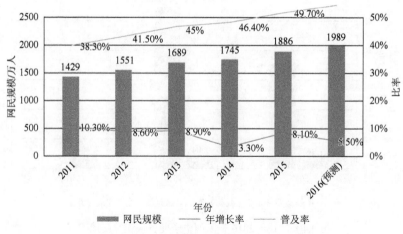

图 3.5　陕西互联网网民规模与互联网普及率

资料来源：中国互联网络发展状况统计报告整理所得

（2）基础设施逐步完善。"智慧县城"和"光网县城"的建设，为进一步推动互联网与制造业、服务业的深度融合起到了积极作用，为电子商务的快速发展奠定了良好的基础。目前，陕西宽带用户规模超过 605.4 万户，光缆线路总长度达到 70.8 万公里，移动电话基站数量为 13.7 万个，并且互联网基础设施建设逐步向农村地区扩大，如表 3.1 所示。随着网络基础硬件设施的不断完善，互联网发展潜力将会进一步释放，便捷高效的互联网为产品在网上进行推介、宣传起到更好的效果。电子商务产业园区公共服务设施和配套服务逐渐完善，大批企业纷纷入驻电子商务产业园，形成产业集聚，并促进电子商务更好地发展。

表 3.1　陕西县域电子商务基础设施建设情况

一级指标	二级指标	数量
网络基础设施	宽带用户规模/万户	605.4
	光缆线路总长度/万公里	70.8
	移动电话基站数量/万个	13.7
道路交通设施	高速公路通车里程/公里	5279
	道路运输业单位/万户	28.42
	载货汽车量/万辆	40.44
电子商务产业园	电子商务产业园/个	21
	国家级电子商务示范基地/个	2
	省级电子商务示范园区/个	5

资料来源：陕西物流业发展报告、阿里研究院、国民经济与社会发展统计公报等

（3）县域特色资源丰富。陕西地形呈南北分布，形成了陕南、关中、陕北差异性较大的农特产品生产基地，大部分县域都有农特产品，基本上形成了"一县一品"的格局。除此之外，陕西旅游资源的独特性也呈现出南北差异性，陕南以自然生态旅游资源为主，关中以历史文化旅游资源为主，陕北以革命红色旅游资源为主。独特而丰富的农特产品和旅游资源为陕西县域电子商务的发展提供了重要基础。尤其是具有地理标识产品的形成，会促进陕西县域电子商务产品品牌化、国际化进程。

（4）"互联网+"深入推进。"互联网+"行动计划实施以来，陕西按照国家相关部署要求，积极推进"互联网+"战略，"互联网+"已经成为县域经济转型升级的重要引擎。由腾讯发布的《互联网+陕西指数报告》显示，陕西"互联网+"发展指数为 7.22，全国排名第 10，处于"六大梯级"中的第三阶梯，"互联网+"发展情况处于中上发展水平。同时，各级政府出台了相关政策推进"互联网+"应用，正在积极构建布局合理、功能完备的"互联网+"产业体系，在互联网产业建设、产业融合创新和战略协同发展等方面做出探索并取得了阶段性的成果。

3.3　陕西县域电子商务现状特征

1. 发展速度加快，粗具规模

近年来，随着"互联网+县域经济"战略的不断推进，陕西县域电子商务得到了长足发展，武功、山阳等县域成为陕西县域电子商务发展的典型代表。截至 2016 年末，武功共引进知名电子商务企业 168 家，电子商务日发货 8 万余单、日交易

额 500 余万元。如图 3.6 所示，2014～2016 年武功县电子商务销售额分别达到了
3.6 亿元、10.5 亿元、18 亿元，增速达到了 191.67%和 71.43%；"双十一"销售额
分别为 1600 万元、4100 万元、8218 万元，增速达到了 156.25%和 100.44%，电
子商务创业人员近万人，促进就业 2.5 万人。农产品销售在 2015 年阿里平台县域
电子商务排名全国第七强、增速位列全国第四位。其"买西北、卖全国"模式成为
全国县域电子商务八大模式之一，被确定为"陕西省电子商务示范县""中华全国
供销系统电子商务示范县""陕西省一二三产融合农产品电子商务试点县""全国电
子商务进农村综合示范县"。山阳 2015 年全年电子商务交易额达 9.1 亿元，网络零
售额 10 530 万元，寄出包裹 58 万件。2016 年初至 6 月底，全县农村电子商务交易
额达到 4.9 亿元，其中各地农特产品交易额达 7300 万元。山阳模式成为山区县域电
子商务发展的典型模式。县域电子商务发展效果初步显现，总体发展速度不断加快。

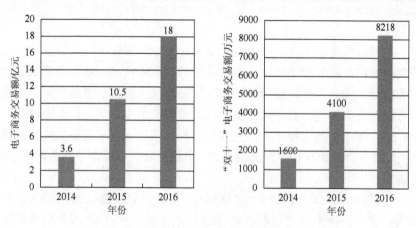

图 3.6　武功县 2014～2016 年电子商务交易额情况

资料来源：陕西省商务厅

2. 应用日益全面普及

陕西集中优势资源，借助阿里巴巴、京东、苏宁、腾讯、陕西邮政等大型知
名电子商务企业推进"电子商务进农村"，先后建设运营县级电子商务服务中心
110 个、直营店 47 家，共覆盖全省 80 个县（区）。已建设镇村服务站点 5000 个，
电子商务服务覆盖 13 000 多个村。自营供应商品数量 2017 年 8 月较 2016 年同期
增长 92%，商家数量同比增长 69%，自营订单累计同比增长 160%。陕西各县（区）
积极推进电子商务发展，促进传统产业转型升级，加快商贸流通、工业、金融等
行业领域的电子商务应用与普及。随着电子商务向"三农"的渗透，陕西农产品
的商品化、标准化、品牌化甚至国际化进程明显加快。目前陕西具有地理标识的
农产品包括户县葡萄、韩城花椒、洛川苹果、眉县猕猴桃、富平柿饼、长安草莓、

耿镇胡萝卜、阎良相枣、漠西大葱、郴州梨、兴平大蒜、合阳红薯、高石脆瓜、耀州黄芪、靖边马铃薯、留坝蜂蜜、镇坪黄连、商南茶、柞水黑木耳。具有地理标识的农特产品为县域电子商务的发展提供了重要保障。

3. 物流配送体系形成

目前，陕西已经形成了比较完善的交通运输体系，邮政、申通、圆通、汇通、韵达、顺丰、德邦等物流快递公司纷纷在各县（区）进行布局，基本建立起较为完善的物流配送体系，可满足县城到镇区物流配送。京东、菜鸟等建立县级电子商务服务中心，推销农村优质产品以及为村民提供网上购物服务，打通电子商务"最后一公里"。村一级加盟合作店数量增长较快，对县域内人口聚集、交通便利的较大村组可进行业务覆盖，物流支撑更加有力，快递覆盖91%乡镇。

4. 示范工程加快创建

1）电子商务进农村综合示范县

近两年来，在省委、省政府一系列电子商务政策的支持下，陕西大力推进县域电子商务发展，截止到2016年陕西30个县（区）被列入国家电子商务进农村综合示范县。各示范县出台政策、建立机构、投入资金、加大服务、积极引导推进，促成了全省农村电子商务的快速发展。2015年入选的国家电子商务进农村综合示范县包括洛川县、神木县、子长县、靖边县、富县、延川县、府谷县、黄陵县、米脂县、延长县、横山县、宜川县、安塞县、清涧县、绥德县等15个。2016年周至县、蓝田县、眉县、千阳县、武功县、泾阳县、耀州区、富平县、大荔县、略阳县、洋县、紫阳县、平利县、山阳县、商州区等15个，累计获得中央财政支持资金达5.025亿元，电子商务进农村综合示范县数目和资金规模跃居全国第二。电子商务进农村综合示范县创建工作开展以来，电子商务支撑体系不断完善，物流水平显著提升。首批15个示范县创建工作开展以来，新增网络销售商户8288个，农村网络购买额超过2.4亿元，带动就业上万人。同时，中华全国供销合作总社也开展电子商务示范工作，陕西武功县供销合作社、岐山县供销合作社、白水县供销合作社、延川县供销合作社、泾阳县供销合作社等5个县级供销合作社获得电子商务进农村综合示范县称号。如表3.2所示。

表3.2　截至2016年陕西电子商务进农村综合示范县

区域	数量/个	示范县名称
西安市	2	周至县、蓝田县
榆林市	7	神木县、靖边县、府谷县、横山县、清涧县、绥德县、米脂县
延安市	8	延川县、宜川县、洛川县、安塞县、富县、黄陵县、子长县、延长县

续表

区域	数量/个	示范县名称
咸阳市	2	武功县、泾阳县
宝鸡市	2	眉县、千阳县
铜川市	1	耀州区
渭南市	2	富平县、大荔县
商洛市	2	山阳县、商州区
安康市	2	紫阳县、平利县
汉中市	2	略阳县、洋县

从各市电子商务进农村综合示范县个数来看，延安市居首位，达 8 个，榆林市居第二位，为 7 个，西安市、咸阳市、宝鸡市、渭南市、商洛市、安康市、汉中市分别为 2 个，铜川市为 1 个，所占比例分别是 26.67%、23.33%、6.67%、3.33%。如图 3.7 所示。

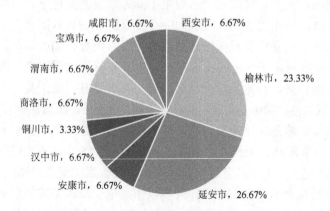

图 3.7　截至 2016 年陕西电子商务进农村综合示范县分布情况

图 3.8　截至 2016 年陕西电子商务进农村综合示范县区域分布情况

从区域分布情况来看，陕北电子商务进农村综合示范县数目居全省之首，占全省的一半，关中为 30%，陕南占 20%。如图 3.8 所示。

2）陕西省级电子商务示范县

从 2014 年陕西省开展电子商务示范县评选以来，先后有 15 个县（市、区）获得省级电子商务进农村综合示范县称号，分别是武功县、岐山县、户县、宝塔区、千阳县、三原县、王益区、蒲城县、韩城市、白水县、山阳县、商南县、紫阳县、岚皋县、留坝县等。凤县、千阳县、岐山县、渭滨区 4 个县（区）被省供销合作总社表彰为陕西省供销系统电子商务示范县。如表 3.3 所示。

表 3.3　陕西省级电子商务示范县情况

区域	数量/个	示范县名称
西安市	1	鄠邑区
榆林市	0	
延安市	1	宝塔区
宝鸡市	2	岐山县、千阳县
咸阳市	2	武功县、三原县
铜川市	1	王益区
渭南市	3	蒲城县、韩城市、白水县
商洛市	2	山阳县、商南县
安康市	2	紫阳县、岚皋县
汉中市	1	留坝县

从区域分布的情况来看，关中省级电子商务示范县个数达到了 9 个，占全省的 60%，陕南达到了 5 个，陕北最少仅为 1 个。如图 3.9 所示。

3）示范园区、企业

近年来，陕西多数县域建有电子商务专业园区或孵化器，大批电子商务应用和服务企业入驻园区聚集发展，园区配套设施和服务功能日益完善。截至 2016 年，陕西共有 21 个电子商务产业园，2 个国家级电子商务示范基地，5 个省级电子商务示范园区，电子商务园区已成为全省电子商务的主要载体；截至 2016 年，陕西共有 6 家国家级电子商务示范企业，55 家省级电子商务企业。这些企业已成为陕西电子商务企业的引领。

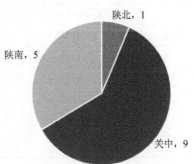

图 3.9　省级电子商务示范县分布情况

（1）国家级电子商务示范基地：西安市高新区国家级电子商务示范基地、国际港务区国家级电子商务示范基地。

（2）省级电子商务示范园区：西安国际港务区、西咸新区空港新城、咸阳电子商务产业园、宝鸡市渭滨科技工业园、杨凌现代农业电子商务产业园。

（3）国家级电子商务示范企业：陕西黄马甲物流配送股份有限公司、西安艾派信息技术有限公司、陕西熊猫伯伯农业网络科技有限公司、陕西丝路商旅股份有限公司（2013～2014 年）、陕西利安信息传播有限公司、陕西森弗高科实业有限公司（2015～2016 年）。

（4）省级电子商务企业（55 家）：2012 年首批省级电子商务示范企业共 15 家，2014 年 20 家，2015 年 20 家，如表 3.4 所示。

表 3.4　陕西省级电子商务示范企业

2012 年（15 家）	2014 年（20 家）	2015 年（20 家）
陕西中农资讯有限公司	陕西中农资讯有限公司	宝鸡市凤祥信息技术有限公司
西安大宗农产品交易所有限公司	西安绝顶人峰网络科技有限公司	陕西捷邦软件技术开发有限责任公司
西安青秦软件信息科技有限公司	西安融联网络科技有限公司	中国邮政集团公司陕西省分公司
西安市邮政局	上海石油交易所西部有限公司	陕西苹果电子交易市场有限公司
陕西利安信息传播有限公司	陕西沙漠庄园果业有限责任公司	白水盛隆果业有限责任公司
陕西熊猫伯伯农业网络科技有限公司	西安涅磐网络科技有限公司	陕西富平御品人间农业开发有限公司
陕西天润金属物流有限公司	西安树德网络有限公司	陕西齐峰果业有限责任公司
陕西同一医药连锁有限责任公司	陕西全购通电子商务有限公司	陕西西游电子商务有限公司
陕西中恒管理咨询有限公司	陕西龙星新材料有限公司	山阳县逛集网电子商务有限公司
西安麦家生活用品有限公司	陕西森弗高科实业有限公司	陕西天鑫兔业股份有限公司
陕西华圣企业（集团）股份有限公司	陕西美农网络科技有限公司	岐山县歧秦电子科技有限公司
西安热度网络科技有限公司	宝鸡市清姜工矿配件有限公司	西安祥泰软件设备系统有限责任公司
榆林市电子商务中心	延安市众圆网络科技有限公司	西安北斗星数码信息股份有限公司
陕西兰花花生态农产品开发有限公司	榆林煤炭交易中心有限公司	西安奥芬实业集团有限公司
杨凌都市田园农业科技有限公司	西安习悦信息技术有限公司	西安市巨鹰食品有限公司
	靖边县涌泉居现代农业科技服务有限公司	西安力邦临床营养有限公司
	陕西医药控股集团派昂医药有限责任公司	西安创良在线商贸有限公司
	杨凌秦岭山现代农业股份有限公司	略阳县百瑞农林牧发展有限公司
	西安麦家生活用品有限公司	陕西海贝购网络科技有限公司
	陕西历史博物馆	陕西池阳绿农电子商务有限公司

资料来源：商务部、陕西省商务厅

5. 电子商务氛围逐渐浓厚

在政府推动下，县域电子商务形成了比较浓厚的氛围。企业、创业者、农民群众参与电子商务的热情空前高涨，表 3.5 为 2015～2016 年举办的各种电子商务类活动。电子商务从业者积极参与电子商务宣讲培训，武功县召开的第二届陕西电子商务交流合作发展大会暨农村电子商务现场会,参与人数达 7000 多人,在延安市举办的互联网+革命老区电商发展(延安)峰会,场面火爆。电子商务企业、创业者、通信服务商、农民积极参与到了电子商务的大潮中。

表 3.5　电子商务相关部分活动情况

时间	地点	参与人数	活动名称
2016.12.1	商洛市商州区	150	陕西省推进农村电子商务工作现场会
2016.11.6	杨凌示范区	1000	陕西省"农商互联"启动暨第三届农村电子商务大会
2016.10.20	广东省深圳市	60	陕深电子商务物流业创新发展座谈会
2016.10.14	安康市岚皋县		知名电子商务进岚皋暨特色产品推介展销会
2016.10.12	延安市洛川县	2000	世界苹果大会暨中国·陕西(洛川)国际苹果博览会
2016.9.19~9.20	西安市	300	2016 中国西部电子商务发展大会
2016.9.2~9.5	宝鸡市	30 多万人次	第二十五届中国西部商品交易会
2016.8.18	渭南市富平县	150	渭南市电子商务进农村工作推进会
2016.7.22	汉中市汉台区	500	汉中电子商务产业园·汉中创业创新基地开园仪式暨创客论坛
2016.7.15	西安市	130	全省电子商务进农村综合示范县创建工作推进会议
2016.5.30	汉中市略阳县	500	略阳县电子商务培训大会
2016.4.11	延安市延川县		京东集团和陕西省延川县人民政府精准扶贫战略合作启动
2016.3.11	西安市	300 余人	陕西举办茶叶电子商务大会
2016.3.10	杨凌示范区	300	2016 农业电子商务创新发展(杨凌)论坛成功举办
2015.12.23	延安市		互联网+革命老区电商发展(延安)峰会
2015.8.18~8.19	咸阳市武功县	7000 多人	第二届陕西电子商务交流合作发展大会暨农村电子商务现场会
2015.12.8	宝鸡市千阳县		千阳县电子商务产业园开园
2015.12.1	榆林市定边县	300	定边县共青团举办青年农民电子商务培训
2015.11.30	延安市		全省陕北革命老区农村电子商务工作推进会
2015.10.27	西安市		省商务厅、团省委、陕西邮政、陕西邮储签署电子商务培育合作协议助力农村青年创业

资料来源:陕西省商务厅

6. 发展环境持续优化

为了更好地发展县域电子商务,各县(市、区)纷纷出台了电子商务发展实施意见以及奖惩办法等文件,成立电子商务发展领导小组,设立电子商务办公室,组建电子商务协会,明确牵头部门和参与部门的工作职责。多数市、县建有电子商务专业园区或孵化器,大批电子商务应用和服务企业入驻园区聚集发展,园区配套设施和服务功能日益完善。同时,在发展电子商务的过程中强调强化行业管理,建立健全行业监管运行机制,充分发挥行业自律、行业管理、行业服务作用。充分发挥公安、市场监管、税务、供销、商务、通信等部门在电子商务及物流快递中的监管职能,加强对电子商务从业人员、企业、网店、相关机构的管理,加大对网络经济活动的监管力度,严厉打击假、冒、伪、劣等经营行为,维护电子商务活动的正常秩序,促进电子商务发展环境不断优化。

7. 产业加速融合发展

"互联网+"战略大潮的兴起,无疑会促使传统行业迎来一场至关重要的发展变革。目前,电子商务已广泛渗透到陕西省生产、流通、消费等各个经济领域和文化、教育、民生等社会生活的各个层面,网络化生产经营与消费方式逐渐深化,资金周转、物流效率普遍改善,产业结构调整步伐加快。传统零售企业纷纷发力网络销售端,建立起零售网站,小商品批发市场的经营户开始由实体销售向网上交易转型。移动互联网也吸引了大批企业的目光,众多电子商务企业也在手机APP、移动端应用频频发力,电子商务线上到线下(online to offline,O2O)模式的快速发展引人注目,成为企业抢占行业高地的重要据点,也是未来电子商务领域不可或缺的一部分。互联网向传统产业的渗透导致传统商业模式的变革,中小型电子商务企业异军突起,催生了中国果汁网、丝路商旅、利安电超市、西域美农、熊猫伯伯、土豆姐姐等一大批电子商务品牌,陕西森弗高科实业有限公司等6家企业先后被商务部认定为国家级电子商务示范企业。

3.4　陕西县域电子商务发展存在的问题

1. 县域电子商务基础薄弱

《2013 年中国县域电子商务发展指数报告》显示,全国 32 个省(自治区、直辖市)(港澳除外)的县域电子发展由高到低分为六个梯队,陕西省位列第五梯队,县域电子商务发展指数为 5.38,低于全国县域电子商务发展指数均值 7.45,位列全国第 27 位。2015 年平利县电子商务发展指数位居全国第 497位,全省第 3 位,全市第 1 位。可见,陕西县域电子商务发展严重落后于发达地区。

陕西地处中国中西部地区,受对外开放程度较低的影响,企业电子商务敏感度不高,自身管理水平、资金、技术和人才相对匮乏,相关支撑服务体系尚不完善，在发展电子商务时障碍重重，一定程度上制约了陕西电子商务发展，导致电子商务发展水平和速度相对于东南沿海地区明显滞后。就陕西省跨境电子商务来讲，目前主要集中在保税区内一些比较大型的企业和商城，绝大多数中小企业和个体商户还没有勇气驶入跨境电子商务这片巨大的蓝海，即使有的商家已经开始试水跨境电子商务，但都仅限于代购的消费者个人与个人之间的电子商务（customer to customer，C2C）业务，尤其是县域电子商务企业尚未形成规模和气候。

2. 电子商务发展意识不足

全县上下普遍对电子商务的认识还不到位，政府部门、企业主管和个体工商户对发展电子商务的作用感受不深，认识不足，及时转变传统经济发展观念、接受电子商务发展新模式的能力较弱，积极性不高。发展电子商务，需要政府部门、生产企业、电子商务协会、网店经营者等全社会力量共同参与和推进。但从目前情况看，相关职能部门的作用基本没有发挥，存在个别部门热而其他部门冷的问题，农特产品、手工艺品、旅游商品的策划征集速度较慢。

3. 信用体系建设尚不完善

电子商务与传统的商务模式相比具有很多优势，互联网给电子商务的发展带来了巨大的成本优势，但却无形中增加了交易双方的信用风险，信用环境的好坏和信用工具的有效性直接关系到电子商务交易的成败。电子商务虚假交易、假冒行为、合同诈骗、侵犯消费者合法权益等各种违法行为屡见不鲜，在很大程度上制约了电子商务健康发展。目前陕西省关于电子商务信用体系建设仍存在很大空白，诚信安全问题逐渐成为电子商务发展的主要瓶颈。改善市场环境，逐步提高全社会信用意识，成为电子商务领域亟待解决的问题。因此，为了促进电子商务领域的发展，亟须出台电子商务合同规范，加强对电子商务合同的监管，改善电子商务信用环境，促进信用体系建设，降低在线交易双方的风险，进一步促进"诚信陕西"建设，提升陕西省经济社会发展的软实力。

4. 高端电子商务人才匮乏

电子商务专业人才短缺，尤其是高端电子商务人才的匮乏，是制约电子商务发展的重要因素。很多本土企业对电子商务的认识还很肤浅，程序开发、美工设计等专业技术人才太少，直接制约了电子商务网站的技术支撑能力。普遍缺乏能够独立开办网店、开展运营管理的专业人才已成为各县（市、区）电子商务企业亟待破解的一个难题，原因主要是产业园区规模小、产业聚集程度低、不能为高端电子商务专业人才提供足够的发展空间。

5. 市场主体竞争能力不强

陕西县域电子商务起步较晚、行业整体应用水平较低，从事电子商务的企业布局分散，缺少大企业的引领和大项目的集聚，总部企业、研发中心和全国或区域性客服中心与物流集散地缺失，很难培育出在全国或全省知名度高的电子商务企业。在电子商务物流带动快递企业飞速发展的大环境下，基础设施不断完善，物流各相关行业总体协调、有序发展，较好地满足了经济社会发展的物流需求，保障了生产及社会需要。但应注意到物流相关行业仍存在企业信息化程度不高、物流企业"小、散、弱"、整体规模小、服务标准化不足、运营成本较高等问题，亟须加大流通领域改革，促进物流业持续健康发展。

6. 规模较小，产品产业低端

中国西部内陆地区受地理环境制约，思想落后，行动保守，导致电子商务发展起步较晚。虽然借助于电子商务，加速传统产业创新发展，积极开拓新兴产业空间，促进现代服务业发展，但是与东部地区相比仍然有较大差距。与全国其他省份相比，陕西网上销售主体和交易规模仍较小。全省线上交易额不到全国总量的 2%，网上销售、购买金额之比为 1∶2.12。另外，陕西网上商户购销商品均以外地产品为主，本地产品尤其是特色农产品销量虽然增长较快，但在总销量中所占比例不到 20%。区域间发展不平衡主要体现在以下几方面。

（1）淘宝村、镇尚未实现零的突破。目前，全国共有 1311 个"淘宝村"，135 个"淘宝镇"，而大部分集中在东部的浙江、广东、福建、江苏一带。西部地区的四川、宁夏实现了零的突破，但陕西至今尚未实现零的突破。

（2）县域电子商务梯队分布。从县域电子商务发展六个梯队地理分布来看，东部沿海地区大多处于第一、第二梯队，西部地区除四川位于第三梯队，其他大多数处于第五、第六梯队，陕西处于第五梯队，东部地区县域电子商务发展明显优于陕西地区。

（3）"电子商务百佳县"分布。从"电子商务百佳县"分布数量来看，东部地区 89 个占 89%，而西部地区 8 个占 8%，陕西目前尚无入榜县域，东部地区分布数量远远高于西部地区。

（4）县域电子商务园区。全国县域电子商务园区超过 300 个，在金华、泉州、台州、苏州等地，所辖的电子商务园区在本市的占比都过半，而陕西县域电子商务产业园区与东部省份相比较少。

（5）交易产品差异明显。从贸易平衡上来看，陕西电子商务大多处于"贸易逆差"，"贸易逆差"达到 5∶1，甚至更高。从销售商品的类型来看，东部沿海地区销售的主要是轻、重工业品和日用消费品，经济附加值较高，而陕西地区主要销售的是特色农产品，和工业相比，经济附加值较低。

7. 跨境电子商务严重滞后

陕西地处内陆地区，对外开放程度相对较低，电子商务发展水平和速度明显低于沿海地区，很多企业尚未涉足跨境电子商务。从陕西各地区跨境电子商务出口额来看（图 3.10），西安市占据了 77.90%，宝鸡为 2.50%，咸阳为 3.50%，其他地区占比为 16.10%，可见陕西跨境电子商务大部分集中在西安地区，广大县域跨境贸易的开展严重滞后。

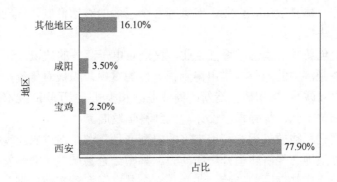

图 3.10　陕西各地区跨境电子商务出口额分布情况

第4章 陕西县域电子商务发展对策分析

4.1 理清发展思路，做好顶层设计

陕西县域电子商务突破发展，实现经济社会追赶超越，需要加强电子商务智库建设，做好顶层设计，实现科学发展。积极加强面向"一带一路"沿线国家的电子商务合作，建立政府、企业、专家等各个层面的对话机制，推动陕西县域电子商务"走出去"。

第一，要创新发展理念，增强企业、民众对电子商务的认识，让"互联网+"及电子商务在经济中的地位与作用得到根本性的重视，积极对传统产业进行改造升级，运用"互联网+"积极打造新的商业业态和模式，"互联网技术+商业模式+创新思想"三位一体，加强顶层设计，做到科学发展。

第二，要把思路放长远，利用丰富的农副产品资源，促进农业现代化与农民增收，进而打造地方经济转型升级新动力。紧密结合县域电子商务发展实际，充分借鉴发展较为成熟地区的经验，科学制定全县电子商务实施规划。切实做好特色产业、平台建设、信息网络、物流快递、道路建设、金融支持、人才培训等多个方面的发展规划。

4.2 夯实产业基础，推动三产融合

县域电子商务发展应该以具有较高区位熵，区域内生产总值占较大比重，具有较高关联度的主导产业为本，依据产业集群路径依赖性的特点，建立县域电子商务产业园，实施规模经济加速产业集群成长。伴随产业集群的成长，将会形成集电子商务发布、运营、数据分析、物流快递、营销推广、教育培训、代运营等完整的电子商务产业链。产业链、产业聚集的形成不仅能有效地提升农民应用电子商务的工作效率、运营能力，而且能增强农民电子商务应用的集体竞争力。以电子商务为抓手，以促进产业升级为目的，以打造农特产品为突破口，把涉及生产、加工、运输、销售的各个环节打通，积极推进陕西一二三产业融合发展，创造完整的电子商务生态系统，加快传统产业电子商务化，进一步扩大县域经济规模。县域电子商务发展应立足当地的特色资源和优势产业，积极开发本土特产品牌，推动资源依托型电子商务模式发展。依托各地区自然资源禀赋，在县域优势产业基础上，因地制宜，大

力发展特色电子商务，形成差异化的区域竞争优势，既要做到差异化生存，也要能满足不同消费能力的人，确保涉农电子商务在激烈的市场竞争中准确定位、快速发展。县域电子商务的发展应着力打造具有当地特色的区域性电子商务平台，并积极与国内知名第三方平台合作。加强互联网经济的团队建设，充分结合并发挥当地产业特点，与当地合力打造地方产业化电子商务集群，同时为当地实体企业提供特色产业电子商务平台搭建、专业电子商务应用人才培训等服务，以推动本地产业全面电子商务化，实现落地服务。县域电子商务的发展应与零售实体相结合，实现"线上线下融合和进城下乡互动"。依托电子商务企业、实体店铺零售商，推行以线上交易平台、线下展示体验馆为运营中心，景区、镇村电子商务服务站为配送网络的农村电子商务新模式，进行"工业品下乡，农产品进城"双向交易。

4.3　明确战略定位，加大投入力度

围绕陕西追赶超越的目标，将县域电子商务发展打造为陕西经济社会发展的新动能，推动陕西占据全国电子商务产业高地，争当"丝绸之路经济带"上的电子商务强省。为明确县域电子商务的重要地位，加大财政支持力度，县财政设立电子商务发展专项资金，保证 5 年内每年 300 万～500 万元的专项资金，主要用于电子商务公共服务平台建设、名企合作与吸引、引进高级人才以及人才培养、教育培训、中国银联在线（跨境）支付项目建设、重点龙头企业电子商务的建设、运营和项目开发。进一步加大对电子商务发展的投入和引导，重点支持电子商务试点示范企业和重点建设项目，加大对自主知识产权的电子商务基础性、关键性领域研究开发的支持力度。支持新产品应用的配套基础设施建设，为培育和拓展市场需求创造良好环境。加强对共性技术开发、重点应用示范的引导性投入，支持电子商务领域信息资源的公益性开发和利用。

4.4　加强行业监管，优化发展环境

首先，强化电子商务市场管理，维护正常经营秩序。明确政府相关部门、行业协会、企业及公众的职责义务，加强电子商务从业人员、企业及相关机构的管理。推动网络仲裁、网络公证等法律服务与保障体系建设，防范和制止不正当竞争，严格失信惩戒机制，严厉打击电子商务领域的非法经营和违法犯罪活动。

其次，完善考核督查机制。政府出台相关考核办法实行综合评价考核、基本公共服务和社会管理等评价考核，考核结果作为各级政府领导班子调整和领导干部选拔任用、奖励惩戒的重要依据。

最后，建立定期交流研讨制度，进行阶段性成果评估，宣传和推广典型经验，

及时发现和解决问题，提高工作成效。建立健全监测评估制度，加强监测评估能力建设，加强分行业、分地区、分类型、分功能等方面的 B2B、B2C（business to customer，企业对消费者）、C2C 交易额的统计工作，强化对规划实施情况跟踪分析。规划主管部门要对约束性指标和主要预期性指标完成情况进行评估，并向电子商务主管部门提交规划实施年度进展情况报告，以适当方式向社会公布。在规划实施的中期，由县政府组织开展全面评估，需要对规划进行调整时，县商务局要提出调整方案。

4.5　完善基础设施，助力精准扶贫

（1）信息化，即完善农村基础设施。加大省级财政甚至中央财政转移支付力度，设立农村基础设施建设专项基金，逐步加大农村通信、光纤等基础设施建设投入。明确农村信息化建设目标，优先制定农村信息化发展规划，着力保障农村信息化建设项目开展，为进一步推动农村电子商务发展和贫困地区农村增产增收保驾护航。

（2）城镇化，即统筹城乡发展。"工业品下乡、农产品进城、网络跨境贸易"是农村电子商务"三部曲"，"农产品进城"是农村通过发展电子商务经济实现脱贫的关键一步。建立城乡物资交换闭环，缩短城乡居民距离，统筹城乡发展，改变农产品"买难卖贵"局面，缩短城乡收入差距。

（3）乡土化，即深挖居民"乡土"情结。鼓励年轻人返乡创业，呼吁在外工作和学习的陕西人，宣传陕西的农产品，并在网上推介、售卖陕西农产品，为家乡经济的发展出一份力。同时，政府部门要激发农民的创业热情，制定优惠政策，鼓励有知识、有文化的农村大学生开展电子商务，加强计算机和网络技术、商务管理的培训，这样可以使农村大学生起到很好的模范带头作用。

（4）品牌化，即强化农产品品牌。建立具有标志性的品牌，增加农产品市场竞争力。依托区域公共品牌，增强消费者品牌认知度，发挥龙头企业的主力军作用，发挥企业在市场对接、渠道建设和品牌推广中的作用。

（5）生态化，即推进农村电子商务生态发展。农村电子商务的发展必须依托良好的生态环境、传统的农耕文化和开放的社会环境，践行"绿水青山就是金山银山"的绿色生态发展理念，将农村电子商务的发展与保护农村传统、绿色生态环境结合起来。

4.6　强化品牌建设，提升网络营销

品牌建设有助于电子商务企业迅速建立比较优势，电子商务企业必然要走品

牌化之路。走品牌道路离不开标准化生产和规模化经营，不论是工业品还是农业品都要进行产业化升级。电子商务作为一种新的生产力将会对产业升级产生巨大影响。第一，要引导和扶持当地企业和知名品牌积极开拓网络市场。一方面，政府可以通过电子商务培育当地品牌以促进产品的网上销售；另一方面，利用现有品牌的口碑效应将其品牌优势迅速延伸到互联网上，线上和线下双管齐下构建竞争优势。第二，注重网络品牌的推广，扩大其网络知名度。利用多种电子商务模式，借助多种电子商务手段推广县域品牌。不同类型企业和个人可以选择 O2O 模式、B2B 模式、B2C 模式和 C2C 模式开展电子商务，再根据电子商务模式选择网络营销工具进行品牌推广。第三，通过健全的品牌制度和多层级组织协会来维护和管理网上的县域品牌。首先，建立品牌的奖惩制度、维护制度和监督管理制度。其次，政府可以通过多种媒体和渠道宣传自己县域品牌以提高品牌影响力。最后，动员各级组织和行业协会整合各种资源，协调供应链上各环节，提升个人和企业的网络营销意识。

4.7　加强主体协同，建立协同机制

县域电子商务发展过程中，可以以电子商务作为桥梁，实现电子商务主体之间的互联互通，激活农村隐形资产，实现农村知识网络之间的协同效应。以打造农特产品为突破口，加强数据科学与农业科学交叉融合，夯实现代农业基准数据基础，快速突破适农智能模型分析处理技术以及推动数据服务持续创新。建立完整的电子商务生态系统，有利于地方传统产业电子商务化，从而进一步扩大县域经济规模，形成"互联网+"时代下的县域经济发展模式。县域电子商务要以发展农村电子商务为主要方向，大力推进政、产、学、研的深入合作，明确政府、企业、高校、电子商务协会之间的职责，实施协同发展战略。政府通过成立电子商务工作领导小组和电子商务服务中心加强组织保障，通过建立电子商务发展专项资金、引进电子商务企业、加强人才培养与培训实现要素保障，积极实施奖励和优惠政策实现政策支持，健全监管机构、完善责任体系、开展食品安全专项整治、落实质量监管，建立电子商务产业园、智慧物流服务平台，完善道路交通及通信设施建设，落实配套服务。企业的主要职责是引进知名电子商务平台或自建平台，建立县、镇、村和景区四级架构模式，优先发展本地特色产业，提升当地农产品知名度，优化生产、加工、仓储、物流和销售等管理运营的流程。电子商务协会协助政府部门推动全民电子商务的应用与发展进程，营造电子商务应用、发展的环境和氛围，以凝聚人才、促进行业的管理和自律为己任，推进电子商务在各领域的广泛应用与全面发展。

第二部分 区 域 篇

第 5 章　关中县域电子商务发展概述

5.1　关中县域电子商务发展基础

关中位于陕西省中部平原地区又称渭河平原和关中盆地，主要包括西安市、宝鸡市、咸阳市、铜川市、渭南市及杨凌示范区。关中盆地地形地势独特，南倚秦岭，北界"北山"。介于陕北高原与秦岭山地之间。西起宝鸡峡，东迄潼关港口，西窄东宽。地势平坦，土质肥沃，水源丰富，机耕、灌溉条件都很好，是陕西自然条件最优越的地区，号称"八百里秦川"。独特的地理位置为电子商务发展提供了便利的条件。

（1）区位交通便捷。关中地理位置优越，地势平坦开阔，交通条件便利，其中关中公路环线路线全长 480 公里，环绕西安市、渭南市、咸阳市、宝鸡市、铜川市五个省辖地级市，共 54 个县（市、区）。环线和"米"字形高速公路相通，和 108、210、310、312 国道相连接，是西部地区重要的交通枢纽和物资集散地。便捷的交通优势，为关中发展电子商务物流体系提供了基础保障。

（2）旅游资源丰富。关中拥有得天独厚的旅游资源，历史人文景观和自然景观是关中的独特标志。以华山、太白山、秦岭、黄河为代表的自然景观，以华清池、兵马俑、黄帝陵、法门寺、大雁塔、西安明城墙、周秦汉唐陵墓群、陕西历史博物馆、碑林、寒窑、钟楼和鼓楼等为代表的人文景观，以大唐芙蓉园、大雁塔北广场、汉城湖等为代表的大量重建或新建的人文景观或休闲娱乐景观，吸引大量游客观光，促进旅游业蓬勃发展。

（3）科教实力雄厚。关中地区高等院校 80 多所、国家级和省级重点科研院所高达 100 多个、科技人才超过百万，其中研究与发展经费支出占地区生产总值比重达 2.7%，显著高于全国平均水平，科教综合实力居全国前列，为关中发展电子商务提供了智力支持。

5.2　关中县域电子商务发展现状

1. 关中县域电子商务指数情况

（1）西安市县域电子商务发展指数。阿里巴巴电子商务发展指数显示，西安市电商发展指数为 9.926，省内排第 1 名，在全国城市排第 33 名。西安市鄠邑区、周至县、蓝田县的电子商务发展指数分别为 6.151、3.279、2.963，省内排名鄂邑区排第 9 名、周至县排第 13 名、蓝田县排第 20 名，全国排名鄂邑区排第 358 名、周至县排第 1279 名、蓝田县排第 1407 名。其中，鄂邑区电商发展指数达到 6.151，是关中地区县域电子商务发展指数最高的县，网购指数达 9.18，网商指数达 3.122（图 5.1）。西安市电子商务的快速发展将会成为带动关中地区经济增长的重要组成部分。

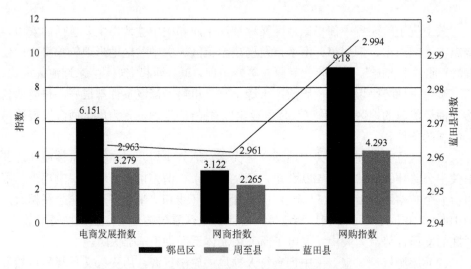

图 5.1　西安市县域阿里巴巴电子商务发展指数

资料来源：阿里研究院

（2）宝鸡市县域电子商务发展指数。阿里巴巴电子商务发展指数显示（图 5.2），岐山县、眉县、凤县、扶风县、凤翔县、千阳县、太白县、陇县、麟游县电商发展指数依次为 4.323、4.293、3.631、2.963、2.909、2.751、2.655、2.533、1.86，省内排名分别为 10、13、25、45、49、10、59、62、78。其中，岐山县电商发展指数达到 4.323，千阳县网商指数达到 4.089，分别是宝鸡地区县域电商发展指数和网商指数最高的县，都跻身陕西省 10 强县。相比于其他县，麟游县电子商务发展程度比较缓慢，电商发展指数只有 1.86，网商指数为 0。

（3）咸阳市县域电子商务发展指数。阿里巴巴电子商务发展指数显示（图 5.3），兴平市、武功县、三原县、泾阳县、长武县、彬县、礼泉县、乾县、旬邑县、永寿县、淳化县电商发展指数依次为 3.824、4.368、4.776、3.082、2.962、2.868、2.463、2.085、1.612、1.487、1.335，省内排名分别为 18、14、5、39、47、51、63、73、79、81、82。其中，武功县电商发展指数达到 4.368，网商指数达到 4.793，是咸阳地区县域网商指数最高的县，在陕西省排第 14 名，全国县域排第 889 名。

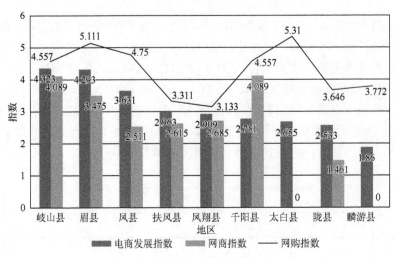

图 5.2　宝鸡市阿里巴巴电子商务发展指数

资料来源：阿里研究院

三原县网购指数达到 5.453，是咸阳地区网购指数最高的县，加上电商发展指数和网商指数综合排名排陕西省第 5 名，全国县域排第 680 名。而旬邑县、永寿县、淳化县的网商指数不到 0.05，电商发展指数分别只有 1.612、1.487 和 1.335。

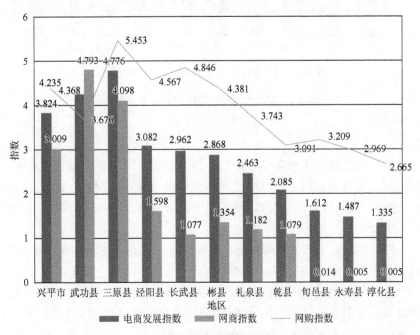

图 5.3　咸阳市阿里巴巴电子商务发展指数

资料来源：阿里研究院

（4）渭南市县域电子商务发展指数。阿里巴巴电子商务发展指数显示（图5.4），华阴市、韩城市、潼关县、澄城县、华州区、大荔县、富平县、蒲城县、白水县、合阳县电商发展指数依次为5.43、4.699、4.031、3.391、3.29、3.083、2.79、2.399、2.3、2.118，省内排名分别为第4、6、16、31、34、38、54、64、67、72。其中，华阴市、韩城市电商发展指数分别达到5.43和4.699，网购指数分别达到6.342、8.018，分别位于渭南市前两名，陕西省第4名和第6名，全国县域排第506名和第698名。蒲城县、白水县、合阳县电商发展指数基本持平。

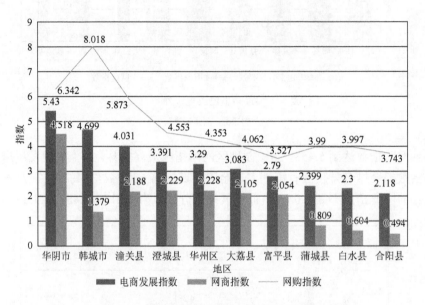

图5.4　渭南市阿里巴巴电子商务发展指数

资料来源：阿里研究院

（5）铜川市县域电子商务发展指数。铜川市共3区1县分别是王益区、印台区、耀州区、宜君县。阿里巴巴电子商务发展指数显示，铜川市宜君县电商发展指数为2.794，网商指数达2.051，网购指数达3.536，陕西省排第53名，全国县域排第1477名。

（6）关中县域电子商务总体情况。阿里巴巴电子商务发展指数显示（图5.5），陕西电子商务发展前10名，关中占据5名，分别是鄠邑区、华阴市、三原县、韩城市、千阳县、岐山县（千阳县和岐山县并排第10名）。鄠邑区、华阴市、三原县、韩城市、千阳县和岐山县电子商务发展分别位于陕西第1、4、5、6、10名，全国县域排名分别为第358、506、680、698、843名。其中，永寿县、淳化县网商指数只有0.005，在陕西排名第81名和第82名。

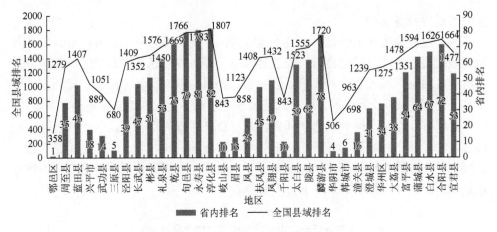

图 5.5　关中县域电子商务发展排名

2. 关中县域电子商务基本特征

（1）电子商务交易规模壮大。近年来，关中地区电子商务发展迅猛。仅从"双十一"来看，电子商务交易额逐年增加。2015 年，"双十一"刚开始，不到三分钟，仅西安市的电子商务交易额就已经冲破了百亿元；2016 年，"双十一"宝鸡市共有 600 多家电商企业参与线上交易，各类特产销售火爆，交易额 1.62 亿元，占全省总交易额的 15%，仅次于西安排名第二，其中销售量占比最大的是原生态、无污染、绿色有机的农产品和西府特色的名优小吃；2016 年"双十一"期间，渭南市单就白水县电商总销量已经突破 1450 万元。

（2）电商产业聚集不断加快。关中高新技术产业带是一条狭长的辐射周边的产业经济带，包括：西安市、宝鸡市、杨凌示范区三个国家级高新技术产业开发区，西安国家级经济开发区、咸阳和渭南两个省级高新技术开发区。区内集聚了丰富的科技资源，目前，已有 5345 家企业、1059 家高新技术企业、387 家"三资"企业成功入驻关中产业带；技工贸总收入超过 1000 万元的企业达 148 家，超亿元的企业 60 家，超 10 亿元的企业 5 家。区内有国家大学科技园区、国家集成电路设计基地、国家软件产业基地、国家光电子产业基地、国家电子商务发展基地、国家新材料产业基地、国家制造业信息化产业基地。

（3）物流配送体系逐渐形成。交通运输体系已经逐步建成。邮政、申通、汇通、韵达、圆通、德邦、天天等物流快递公司纷纷在各县进行小件快运网点运营，物流配送体系已经基本建立起来，便于物流从县上到镇上以及从镇上到县上的双向配送，有利于推销农村优质的农产品以及为村民提供网上购物服务，打通电子商务最后"一公里"，实现农产品进城、工业品下乡的双向流通目标。此外，村级合作加盟店的数量越来越多，对县域内人口聚集、交通便利较大的乡村可进行业务覆盖。

（4）电商示范县引领突出。关中地区的区位优势促使电子商务产业较陕西其他地区发展较快，以武功县为代表的县域电子商务发展迅速，形成了一定区域发展特点。2016 年周至县、泾阳县、蓝田县、眉县、武功县、千阳县、耀州区、富平县、大荔县共 9 个县（区）成功入选国家电子商务进农村综合示范县（表 5.1）。关中县域有 9 个县（区）入选陕西省级电子商务进农村示范县，包括鄠邑区、岐山县、千阳县、武功县、三原县、王益区、蒲城县、韩城市、白水县（表 5.2）。开展电子商务进农村示范县以来，电子商务发展物流配送体系逐渐健全，网络基础设施不断优化，带动了成千上万人就业。

表 5.1　关中各市国家电子商务进农村综合示范县分布情况

区域	数量/个	示范县名称
西安市	2	周至县、蓝田县
咸阳市	2	武功县、泾阳县
宝鸡市	2	眉县、千阳县
铜川市	1	耀州区
渭南市	2	富平县、大荔县

资料来源：陕西省商务厅

表 5.2　关中各市省级电子商务进农村综合示范县分布情况

区域	数量/个	示范县名称
西安市	1	鄠邑区
宝鸡市	2	岐山县、千阳县
咸阳市	2	武功县、三原县
铜川市	1	王益区
渭南市	3	蒲城县、韩城市、白水县

资料来源：陕西省商务厅

（5）武功电商模式声名远播。武功县按照"中华农都—带路网商—产业融合—智慧武功"的县域发展理念，利用丝绸之路新起点的交通区位优势，探索"买西北、卖全国""卖什么、造什么"的模式，建设"西部电子商务产业第一县"，带动电子商务快速发展（图 5.6）。2014 年，武功县电子商务交易额达到 3.6 亿元；2015 年，武功县电子商务交易额达到 10.5 亿元，增长 192%，是 2014 年电子商务交易额的近 3 倍；2016 年，武功电子商务交易额突破 18 亿元，与 2015 年的销售额相比，基本达到翻一番的成效，电子商务经营规模不断扩大，电商交易额飞速增长。

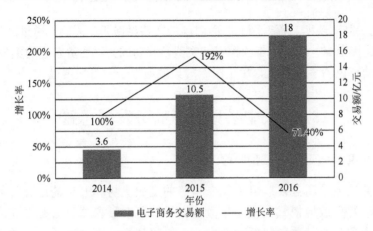

图 5.6　武功县 2014~2016 年电子商务交易额

武功县电子商务从零做起，从小开始慢慢做大，分别将西域美农、西北商盟、陕西新丝路等 168 家电商企业和 40 余家快递公司引进武功县，达到日交易额 500 余万元，促进电子商务交易额逐年增长（图 5.7）。2014 年"双十一"当天武功县电子商务销售额为 1600 万；2015 年"双十一"当天武功县电子商务交易额达到 4100 万元；2016 年"双十一"当天武功县电子商务销售额达到了 8218 万元，是 2015 年的 2 倍，是 2014 年的 5 倍多，武功县电子商务成绩阔步向前。

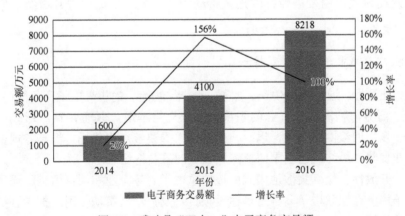

图 5.7　武功县"双十一"电子商务交易额

陕西省武功县是传统农业县，主要依靠销售农产品发家致富，但是目前面临着"难买难卖"的问题，这也是陕西省农村地区普遍面临的一大突出问题。针对这一问题，武功县转变传统发展思路，从发展农业电商着手，以打造"中华农都·电商新城"为发展目标，确定电子商务"买西北、卖全国"的战略规划，依靠陕西关中地区优越的交通优势，建立全国电商网络中重要的物流、仓储节点，提出了

"立足武功、联动陕西、辐射西北、面向丝绸之路经济带"思路，通过区位优势辐射西北，连接全国。经过两年的探索和实践，武功成为"西货东进的集散地"，形成具有武功特色的"买西北、卖全国"的集散地电子商务发展模式。

5.3　关中县域电子商务发展思路

1. 关中县域电子商务发展模式

关中县域电子商务发展可以凭借良好的交通优势和开阔的地理优势，形成电子商务交互集散地模式。交互集散地电子商务发展模式核心是要建立一套完备的电子商务产业体系，包括运营中心、物流体系、孵化中心三个关键。关中地区县域经济形式活跃，资源丰富，工商业发展基础稳固，铁路、公路等交通设施发达，信息化水平较高，人口基数庞大，市场潜力巨大。所以在关中县域电子商务发展上应该发挥这些优势，尽快使电子商务入县，在发展战略上，整合关中地区文化、交通、区位等优势，建立网络化电子商务集散地，打通农产品进城、工业品下乡的商品流通路径，带动工业园区、现代特色农业、观光旅游业迅速发展。另外，从产业发展思路来看，关中地区应该从工业、农业、商贸、三产等方面入手，构建关中县域电子商务应用领域，形成有反馈的县域电子商务发展模式，由发展较好的地区带动较弱地区，形成促进县域经济增长的新路径。

2. 关中县域电子商务模式特点

（1）连通性。通过搭建生产、加工、仓储、物流、销售等电子商务网络体系，推动电子商务与物流快递行业的系统发展，立足本地，联通各省，形成"省—市—县—乡"四级网络体系，以"一带一路"重要节点为依托，汇集各地资源，创造产业优势，最终成为全国商贸流通领域的重要枢纽。

（2）开放性。交互集散地模式应该注重电子商务企业和项目引进。通过引进知名电子商务企业和电子商务重点建设项目，发挥示范带动作用，扩大县域电子商务整体规模，通过平台合作的方式改变传统农村封闭经济模式，以优势电子商务平台为先导，优化农村商贸流通环境，为农民参与电子商务活动创造渠道，使电子商务真正惠及百姓，创造农村经济新的增长点。

（3）流动性。流动性包括两方面含义，一方面是农业和工商业的流动，利用城市工商业和高科技产业优势，通过电子商务打通城乡资源流动的渠道，支持和培育农业产业化，形成"城市—乡村"协同合作发展的产业结构。另一方面，因为农民在消费市场中是弱势群体，在消费过程中常常会遇到需求的商品买不到、购买的商品价格昂贵、购买的商品质量无保证等问题，所以应该发挥产业园区集散地丰富的产品种类优势，通过电子商务搭建城乡商品和服务流通的桥梁，并向下延伸，促进消费信息的互联互通，促进农产品进城、工业品下乡。让农民真正得到实惠。

5.4　西安市县域电子商务

5.4.1　西安市县域电子商务发展现状

1. 西安电子商务发展势头迅猛

西安市商务局一直贯彻落实《国务院关于大力发展电子商务加快培育经济新动力的意见》（国发〔2015〕24 号）和商务工作会议精神，从西安实际出发，积极筹划组织，不断强化措施，认真狠抓落实，推进电子商务各项工作有序进行。西安市商务局统计数据显示，2014 年，西安市网络零售额超过 200 亿元，电子商务交易总额超过 1200 亿元；2015 年，西安市有 15 万用户使用电子商务，促使电子商务交易额达 2100 亿元，与 2014 年的电子商务交易总额相比增长 75%。电子商务成为西安市经济社会发展的新引擎。

2. 电子商务配套体系逐渐完善

在物流配送方面，西安基本形成以国际港务区为核心，以周边的物流园区为扩散，对城市内、区域间及国际电子商务的仓储、分拨、配送起着重要的作用。陕西快递业务量累计完成 20 351 万件，快递业务收入累计完成 272 792.1 万元，其中西安市快递业务量累计完成 15 927.1 万件，占陕西省快递业务量的 78%，在快递业务量前 50 名城市中排名第 29。

在电子支付方面，基于互联网技术应用的信用认证以及多形式的支付手段促使西安电子商务应用环境不断优化，网上支付、移动支付、电话支付等新兴支付服务不断拓展，为西安发展电子商务提供了坚实的基础保障。

在电子认证方面，西安认真贯彻《陕西省数字认证管理办法》和《关于进一步推动全省数字证书认证业务的意见》，积极推动陕西省数字证书认证中心、陕西省电子商务安全证书管理中心等电子认证机构的建设，目前为 5000 多家企业单位提供电子商务安全证书，保障信息安全。

3. 电商示范基地发展成效明显

西安建设的电子商务示范基地作用明显。2012 年 5 月，商务部将西安高新技术产业开发区批准为国家电子商务示范基地；2015 年 5 月，西安国际港务区被批准为国家电子商务示范基地。西安国际港务区致力于打造中国大型国际陆港和全球商贸物流中心，引进了华南城等一批知名电子商务大型服务企业。西安经济技术开发区围绕数据服务和云计算，引进了世纪互联、中电集团等一批电子商务支撑基础平台企业。浐灞生态区围绕数字出版基地建设，引进了陕西出版集团等一批电子商务应用示范企业。曲江文化产业聚集区围绕现代文化创意产业，开展了数字影视、数字传媒等电子商务应用服务。

4. 跨境电商成为对外开放的新引擎

伴随着"一带一路"倡议和供给侧改革的深入推进，中国跨境电商产业将迎来加速发展的黄金时期。陕西省唯一的跨境电商试点区域，即西安国际港务区，通过搭建西安综合保税区、国家一类陆路开放口岸、"长安号"国际货运班列、洋货码头等一系列外向型经济平台，先后吸引聚集了一大批跨境电商企业在园区发展，如大龙网、敦煌网、波罗蜜、赶鸭子跨境购等，2015 年西安市跨境电商实现进出口总值 4181 万元，取得了较好的开局。未来，西安国际港务区将继续加大跨境电商产业扶持力度，并为跨境电商企业提供包含物流、报关报检、供应链金融等服务在内的跨境贸易电子商务业务系统整合解决方案，使跨境电商成为陕西对外贸易的重要组成部分和经济增长的新引擎。

5.4.2　西安市县域电子商务存在问题与对策

尽管西安电子商务发展指数排名靠前，但是，从客观来讲，当前西安农村电子商务发展存在着诸多问题，主要表现在：一是专业人才严重缺乏，高端人才引进难，留下来更难；二是西安市农村电子商务起步比较晚，投入的资金较少，发展存在严重不平衡；三是电子商务环境需要不断优化，中小企业在电子商务的发展过程中还没有形成规范性、系统性的服务体系。

相比城市电子商务发展，西安市农村电子商务起步较晚，电商发展水平相对滞后。西安市应抓好本土电商企业培育，对有发展基础的、市场潜力大的本土电商加大扶持力度；与第三方交易平台进行深度合作，利用西安市特色农副产品资源促进农业现代化与农民增收，积极打造地方经济转型新动力；实施积极的人才战略，努力形成县外人才源源流入、县内人才不断成长的新景象。

5.4.3　周至县电子商务基本情况

1. 周至县电子商务发展基础

周至县属西安市辖县，是关中平原著名的大县，是目前世界上最大的猕猴桃生产基地、国家主体功能区建设示范试点县、国家级生态示范县、国家绿色能源示范县、国家级秦巴山片区扶贫重点县、西北地区最大的苗木花卉集散地、市级绿化模范县和西安市主要供水基地。

（1）特色农业发达。周至县是全国最大的猕猴桃生产基地、西安市区最大的供水基地和国家级生态示范县。全县猕猴桃栽植面积已达 41.6 万亩（1 亩≈666.7 平方米），占全国栽植面积的 25%，占全球的 18%；年产鲜果 49 万吨，占全国总产量的 40%，占全球的 15%。线上销售猕猴桃 4 万余吨，占到全年鲜果产量的 10%，主栽品种有翠香、海沃德、秦美、哑特、华优、红阳、黄金果等，形成了早、中、晚熟品种合理搭配，红、黄、绿果肉色彩各异的格局，各具特色、竞相发展，搭建起了周至县发展农产品电商的重要平台。

（2）旅游资源丰富。周至县山明水秀，风景优美，文物古迹颇多，人文和自然景观相互交融。汉家的离宫、唐家的园林、道文化发祥地楼观台、黑水河畔的仙游寺、国家级重点保护文物法王塔、伯夷和叔齐隐居的首阳山、李白秋访的玉真观、马召南塬的古战场、南通马蜀的古栈道，都蕴留着历史名人的足迹韵事，也流传着神奇美妙的美丽传说，吸引着大批中外宾客观光旅游，为周至县发展旅游电商提供了丰富的旅游资源。

2. 周至县电子商务发展存在的问题

（1）电子商务发展意识不足。周至县上下普遍对电子商务的认识还不到位，主要在于政府部门、企业管理者和个体工商户对发展电子商务的重视程度不够，认识不到位，对于传统的经济发展观念不能及时转变，对电子商务的接受能力较差，积极性不高。发展电子商务，需要各个政府部门、企业、电子商务协会、网店经营者等形成合力共同参与和发展。但是从实际情况看，有的部门对电子商务的发展并不上心，没有积极发挥本职能的作用，不能同心协力一起发展电子商务，个别部门对发展电子商务不闻不问，导致各种活动进行较慢。

（2）信用体系建设尚不完善。互联网给电子商务的发展带来了巨大的成本优势，但在无形中导致交易的信用风险增大，而电子商务交易的成败又直接与信用环境的好坏和信用的有效性相关联。电子商务虚假交易、假冒行为、合同诈骗、侵犯消费者合法权益等各种违法行为屡见不鲜，在很大程度上制约了电子商务健康发展。目前周至县关于电子商务信用体系建设仍存在很大空白，解决电子商务发展的主要瓶颈就是诚信安全问题。

（3）物流配套体系仍需健全。目前，周至县电子商务与快递物流服务还未形成协同发展，快递物流、货物仓储等配套服务还很不完善，阻碍了电子商务的发展。周至县尚未建立强大的物流配送体系，这成为制约周至县电子商务发展的一大因素。农村物流配送成本偏高是制约周至县电子商务发展的另一因素。因为农副产品对保鲜、防破损等方面要求较高，所以包装费用、物流运输费用也较一般商品要高，这就使农户从事电子商务的成本难以降低，导致农户的积极性不足。另外，生鲜农产品对物流的要求也较高，物流冷链、产品溯源等技术应用不足，会使产品运输过程中产生不必要的损失，无形中增加了产品成本。

3. 周至县电子商务发展策略

（1）参考武功模式，培育龙头企业。武功县引进西域美农等电商大型企业助力本县电子商务发展。这些龙头企业的引进，带动了武功县电子商务发展氛围，而更为重要的是大型企业本身也是对资源的一种整合和有效利用。因为大型企业的到来，会提升整个地区的物流发货量，发货量一旦提升，物流成本也将降低。武功、杨凌三公斤五元的快递费用，周至县目前难以推行，大多都在七元以上。除了物流方面，大型电商企业的引入，在物流、包装等方面的质量把控也会越来越严格，规范性会更高。因此周至县应该学习参考武功模式，培育自己的龙头企业，带动整个产业链的快速有效运作。

（2）整合培训资源，开展电商职业农民培训。在政府部门的宣传下，大多单位都在积极组织青年农民进行电子商务培训，这个氛围很好，能够在全社会形成发展电商的良好环境。但是如果每个部门都来培训，必定会造成课程重复，人员重复，很多学员出现赶场的情况。这就需要有一个部门牵头，整合手头资源，形成合力，进行系统的培训。通过调查发现周至县的电商培训主要集中在种植方面，而与电子商务有关的营销或者电商方面的培训目前没能开班。通过调查发现，周至县青年农民对于电商的知识非常渴求，定期地请有关电商大伽来给学员授课，效果会更好，将对发展周至县电子商务产生很大的促进效果。

（3）结合果业发展实际情况，引导多元化经营。猕猴桃是周至县的优势产业，大多数青年通过猕猴桃开始做电子商务，这种选择很好，也能够在短时间内树立起做电商的信心。但目前来看，大多数电子商务网店都在猕猴桃成熟的旺季销售，淡季好多店都歇业了，这主要和猕猴桃的存储状况有直接关系。淡季歇业的店铺不仅严重浪费资源，也会使原本辛苦培育出来的黏性客户逐渐流失。因此，很多从事电子商务的青年迫切想要寻找或者开发一种全年可以销售的产品，跳出猕猴桃互相压价竞争的红海，寻找新的具有多元化电子商务产品的新路径，进入电子商务的蓝海。

（4）成立电商协会，形成交流合作机制。据不完全统计，排除微店和更为隐蔽的微信代理批发网商，仅在淘宝开店的周至县农产品电商就有 100 多家。从实际情况看周至县成立电子商务协会的条件是成熟的。而从整合资源的角度来看，将众多的发货单集合在一起，有巨大的发货量在眼前，快递必然也会做更长远的考虑，做出价格调整。同样的问题也可以套用在包装上和货源上。成立电商协会能把资源统筹起来，尽可能地实现效益最大化，也可以为刚步入电子商务的创业人员提供一些指导性的建议，开辟捷径，少走弯路。

5.5　宝鸡市县域电子商务

宝鸡处于西安、成都、兰州、银川四省会城市的几何中心，东连西安市、咸阳市，南接汉中市，西北分别与甘肃省天水市和平凉市毗邻，宝鸡是陇海铁路、宝成铁路、宝中铁路交会点，是祖国内陆通往西南、西北的交通枢纽重要节点，是欧亚大陆桥中国境内继郑州、徐州之后的第三个大十字枢纽，便利的交通为电商的发展提供了良好的交通环境。

5.5.1　宝鸡市县域电子商务发展现状

近年来，农产品电子商务工作逐步纳入市、县区政府的视野。宝鸡市政府先后出台了一系列关于加强信息化建设和开展电子商务工作的文件政策，为发展电商业务提供良好的外部环境。

市政府先后编制实施了《宝鸡市"十二五"信息化建设规划》和《"数字宝鸡"建设规划》，经过不断实践和积极探索，电子商务从最开始的朦胧状态一点点由弱到强，逐步发展成为重要的商业新业态和新模式。

（1）国家级猕猴桃物流园区在眉县创立。其包括物流的配送、猕猴桃仓储批发以及电子商务运营等，为农产品电子商务开展搭建了良好的平台。眉县国家级猕猴桃物流园区提高陕西省猕猴桃交易物流的装备水平，推进全国猕猴桃产业共享信息平台建设，增强中国猕猴桃产业的国际竞争力，成为打造世界猕猴桃产业的重要物流节点。根据 2015 年阿里研究院电子商务指数，眉县阿里巴巴电子商务发展指数达到 4.293，网商指数达到 3.475，省内排第 13 名，比往年有了很大的提升。

（2）电子商务交易规模壮大。2015 年宝鸡市完成电子商务交易总额 168 亿元，较 2014 年同期增长 40%，其中网上购买交易额占比 85%，网上售卖交易额占比 15%，同比分别增长 31%和 51%。据宝鸡市电子商务行业协会对"双十一"当天网售交易实时跟踪监测，如图 5.8 所示，2014 年网络售卖额为 2500 万元，2015 年网络售卖额突破 5200 万元，增长 1 倍多，2016 年电子商务交易额达到 1.62 亿元，连续三年在全省排名第 2。行内专家估算，宝鸡市电子商务微商卖家超 10 万个，通过自建网站或网页、微信、微博、QQ 群等做电商销售的从业者在 20 万人以上。

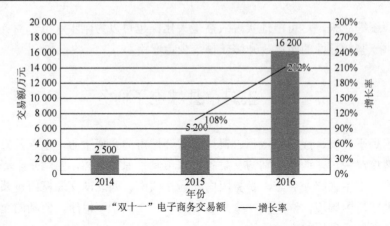

图 5.8　宝鸡市"双十一"电子商务交易额和增长率

（3）初步摸到农产品电商的切入点。根据调查，宝鸡目前已经开展农产品电子商务营销的产品见表 5.3，这些产品都具有浓郁的地方特色和民俗文化传统，有很好的口碑和品牌影响力，深受消费者的青睐，已成为宝鸡市农产品电子商务销售的主力军。他们的实践，为宝鸡市农产品电子商务营销探索了方向，找到了开展农产品电子商务的切入点。

表 5.3　宝鸡市网络交易商品分类

商品类目	主产地	备注	网络销售排名
白酒	凤翔县、太白县	西凤酒、太白酒	1
食品	岐山县、渭滨区	擀面皮、食醋、臊子面、肉夹馍、辣子、挂面、花椒	2
水果	眉县、凤翔县	猕猴桃、樱桃、桃子、西瓜	2
工业品	高新区、渭滨区	钛材、钢材、石油机械、齿轮、车床配件	6
工艺品	凤翔县、高新区、渭滨区	青铜器、钛礼品、泥塑、剪纸、脸谱、草编、木雕	4
坚果类	太白县、陇县	松子、核桃、瓜子	5
农业品	岐山县、太白县、陇县	大白菜、土豆、麦子面、玉米面、荞面、菜籽油	8
旅游	扶风县、太白县、陈仓区	法门寺、太白山、钓鱼台、周公庙、红河谷、金台观、大散关	7

（4）兴办了一批经营效益较好的网店。凤翔县泥塑艺人胡新民建立的网络直销店，年销售额达 300 多万元，占到总销售额的 50% 以上，产品远销国外及东南沿海城市。眉县齐峰富硒猕猴桃专业合作社建立的齐峰·奇异果销售网店，据不完全统计，淘宝专卖店每个月销售鲜果猕猴桃 2000 多件，月平均销售额 20 多万元。

眉县齐镇愚公农场宝鸡生态养殖基地，利用网络平台，开展生猪代养，从仔猪采购、养殖、屠宰、分割、包装到冷链配送实行一条龙代理服务，每公斤猪肉卖到了 400 元，供不应求。岐山县雍川镇小营挂面厂在淘宝专卖店网络销售挂面 7768件，在同类产品中居全国第一。这些网店，虽然数量不多，但经营效益不错，示范效应明显。

（5）农产品电商发展已形成共识。市场主体和交易规模爆发式增长，发展农产品电商已形成共识。扶风县、岐山县、眉县、凤县、千阳县等 11 个县级电子商务运营中心挂牌运营，在全市建立 588 个镇村服务中心和服务点，全市注册的电子商务企业也不断递增，从原来的 232 户增加到 1628 户，各类网店、微店 5 万多家，形成了"岐宝汇""百年美阳""爱奇果"等本地电商品牌，全年网络零售突破百亿元。

5.5.2　宝鸡市县域电子商务存在的问题与对策

1. 宝鸡市县域电子商务存在的问题

（1）电子商务配套设施不足。通过调查发现农村地区基础网络仍需加强，部分乡村没有宽带或 4G 无线网络。偏远地区交通不便，物流配送只延伸到城镇，部分乡村无网点，快件配送难度较大。现有的产品包装规格单一，难以适应网络销售的需要。冷链仓储设施明显不足，仍是薄弱环节。电子商务信用认证、金融支付、统计监测体系尚不完善。

（2）电商专业技术人才匮乏。电子商务的发展与推进，需要专业的电子商务技术人才来支撑。当前宝鸡市企业普遍缺乏电商人才，现有管理团队知识技术水平很难达到电子商务发展需要。很多个体虽然开办了网店，但是因为技术有限、缺乏网上营销经验，所以网店运营效果不佳。同时懂电子商务的专业人才难招聘，相关的摄影、美工设计、线上运营等岗位的高技能实操型人才极其短缺。

（3）网店运营成本比较高。目前电子商务的发展模式主要以企业对消费者和个人对个人为主，经营利润较低，而网店开办成本较高，资金短缺、融资难成为部分市场主体进入电商渠道的拦路虎。乡村物流快递服务网点设置少，发送快递不方便，而且快递配送成本普遍偏高，淡季的物流成本是旺季的三倍，淡季物流成本的增加，导致淡季的快递量少之又少。此外，土特产品因为要保鲜和防破损等，所以包装费用高，再加上运输服务成本，导致农村电子商务个体店存活率普遍比较低。

（4）网上销售方式比较单一。目前电子商务销售方式主要是 B2C 和 C2C，而B2B 和 C2B 电子商务模式较少，特别是符合电子商务发展潮流的 O2O 和 ABC 代理商、商家与消费者共同搭建的集生产、经营、消费为一体的电商平台模式尚待开发应用。不同主体多方合作、互动交汇的电子商务模式开展很少。同时各县区发展也不平衡，城三区和东五县发展相对较快，其他县区发展比较慢。

2. 宝鸡市县域电子商务发展对策

（1）整合资源要素优服务。一是建立完善的乡级、村级农产品电子商务服务中心，把人力、专业技术、基础设施、特色产品等资源聚集在一起，由电子商务服务中心统一为家乡农特产品代言、销售等一体化操作，减少电子商务的运营成本；二是加强与淘宝、京东等大型电子商务平台的对接活动，共同研究新的分等分级的品牌产品和"田头市场+电商企业+城市终端配送"等营销模式，推进农村电子商务快速发展。

（2）培育农村电商人才队伍。通过调查走访发现年轻的网民越来越多，30岁以下网民占比高达七成以上。应该充分利用这一优势，加大电子商务、网络技术、信息技术培训，建立覆盖县、镇、村、组、农户五级网络服务队伍，引导农村青年从事电商活动，解决青年电子商务创业的难题，助推电子商务产业的发展。

（3）强化网络基础设施建设。一是增加农村网络服务实体，规范网络运营商市场竞争秩序，防止三大运营商划片分割垄断的壁垒，最大可能地降低农村电子商务网络运营成本；二是加大电商网点的设置，打通物流配送"最后一公里"，构建以产地批发市场为龙头、田头市场为节点，集物流、信息流、资金流为一体的农产品电子商务支撑体系，建成管理规范、标准健全的高端快速农产品冷链物流服务体系，满足农产品贮藏运输低温环境要求，为农产品电子商务的先行提供保障。

（4）依法开展行业监管。随着电子商务的快速发展，用次品充当高档品、乱报价等现象越来越严重，极大降低了消费者购买的信度。如猕猴桃网络销售火爆，网站平台报价纷杂，消费者很难辨别产品质量，不断地压价一方面打击了电商销售者的积极性，另一方面用次品充当高档品严重挫伤了消费者的购买热情。因此必须出台相关法律文件，规范操作细节，约束电子商务经营者正规合法经营，保护消费者的合法权益，避免类似事件的发生，打造良好的电子商务安全运营环境，促进电子商务健康发展。

5.6　咸阳市县域电子商务

咸阳作为中国地理几何中心所在地，具有承东启西、辐射全国市场距离最短、成本最低的交通区位优势。陇海、西平等9条铁路与连霍、福银等6条高速公路以及312国道等12条国省道穿境而过。西咸北环线工程、西安北客站到西安咸阳国际机场城际铁路正在建设。中国六大航空枢纽之一的西安咸阳国际机场开通航

线 288 条，其中国际航线 15 条，通达国内外 112 个城市。2014 年 4 月，西安咸
阳国际机场口岸经国务院批准，实施 72 小时过境免签。这样的基础设施为咸阳市
发展电子商务提供了便利的交通环境。

5.6.1　咸阳市县域电子商务发展现状

（1）电子商务发展速度迅猛。咸阳市农村电商虽然起步较晚，但发展速度迅
猛。被称为"西北电商第一县"的咸阳市武功县电子商务日交易额超 500 万元，
年交易额逾 10 亿元。电商帮助农民人均增加收入 275 元；电商从业人员 1 万余人，
带动就业 2.5 万人。2014 年，武功县电子商务交易额达到 3.6 亿元；2015 年，武
功县电子商务交易额达到 10.5 亿元，增长 192%，是 2014 年电子商务交易额的近
3 倍；2016 年，武功县电子商务交易额突破 18 亿元，与 2015 年的销售额相比，
基本达到了翻一番的成效，电子商务经营规模不断扩大，电商交易额飞速增长。
仅 2016 年"双十一"，武功县电商销售额就达到了 8218 万元。

（2）电商人才队伍不断扩大。面对电商人才紧缺问题，咸阳市强化电商培训
普及，夯实发展基础，累计培训电商人才上万人次，为电子商务产业发展奠定了
厚实的人才、技术基础。为了使电商更加深入人心，咸阳市各县针对不同人群开
展创业技能千人培训计划，并与各大企业和各大高校合作输送电商人才，仅淘宝
大学陕西商学院，自开办以来已举办电商创业班近 20 期，培训学员 1500 余人。

（3）物流配送体系逐渐形成。物流业快速发展，咸阳市仅邮政快递已建成快
递标准化门店 60 个，主要快递品牌城区自营网点标准化率达 54.5%。2016 年咸阳
市武功县电商日发货 5 万单，日交易额 400 余万元。目前，苏宁西北电子商务
运营中心落户泾阳县；当当网西北电子商务运营中心项目已正式签约；普洛斯
空港国际航空物流枢纽航港基地已经开工建设。空港国际货站已正式投入运营；
圆通速递西北转运中心已经投入使用；国际快件监控中心将提供快件管理及信
息服务等功能。咸阳市物流配送体系的不断完善，为电子商务的快速发展提供
了有力保障。

（4）电子商务产业链不断壮大。首先，咸阳市在发展电子商务经济上，延伸
产业链，扩大自己的优势，着眼于打造面向西部辐射全国的仓储物流电商基地以
及集商流、物流、资金流和信息流为一体的现代化、多功能综合电商物流园区。
其次，咸阳更将眼光放在聚合大西北优质农产品的买进，不断培育壮大电子商务
产业，做强做大电商经济。如今，30 多类 300 多种新疆、青海、甘肃、宁夏的知
名农产品品牌在这里集散配送，发往全国。全市规模以上电子商务企业达 12 户，
电子商务企业达 1460 户，2016 年电子商务交易额突破 100 亿元，对社会消费品
零售总额的渗透率达到 16%。

5.6.2　咸阳市县域电子商务存在的问题与对策

1. 咸阳市县域电子商务存在的问题

（1）电商发展认知度差。从相关调查数据来看，农村地区群众文化程度都不高，导致接受新事物的能力较差，会计算机技术的人少之又少，严重影响了电子商务技术的应用和推广。也正是这个原因，加之传统消费观念的影响，居民对电商的认知度非常差，虽然经过乡镇政府的大力宣传，但是居民对于电子商务认识仍旧比较模糊，一小部分人只知道电子商务就是在网上买东西，都是年轻人的事情，80%以上的人不关心电商发展。此外，发展电子商务存在成本高、资金周转慢、回报率低、经营风险大等不利因素，企业、农民参与热情不高。

（2）网络基础设施不完善。随着智能手机的普遍使用，在网上购买东西的农村群众越来越多，但是因为农村地区网络基础设备没有得到优化，所以上网信号差、速度慢，仍然难以满足电商发展的需求。在偏远地区，因为没有网络设施，更多的产品仍然依赖传统交易模式，所以收益减少。

（3）品牌建设滞后，农产品需求具有不可预知性。目前农村地区电子商务发展主要是经营分散并且投入低，对品牌认识度不高，大部分电商没有自己的品牌，在网上认知度太低，没有优势，品牌建设任重而道远。此外，受地理环境的制约，农产品生产地域和加工企业分布状态不集中，生产措施和标准缺乏统一性，农产品附加值无法得到有效提高，储藏保鲜技术低下，农产品种类繁多但是质量往往参差不齐，这些条件都会对农产品的生产与有效运输造成闲置，从而制约了电子商务的进一步发展。

（4）物流网络覆盖率不够。韵达、顺丰、圆通、申通等主要的快递营业网点只覆盖到县和镇一些地区，相对偏远的地区没有物流网点设置，导致农村物流配送率低，部分想在网上出售农产品的农民望尘莫及，而个别地方即使有配送，但是配送费用太高，算下来利润低，还不够人工费用，导致有从事电子商务想法的农民直接放弃此想法，因此农村电子商务发展缓慢。

2. 咸阳市县域电子商务发展对策

（1）拓展电子商务应用范围。把国内外知名的电商运营商以及物流企业引进到咸阳市设立的区域性总部或功能中心。加强对本地中小企业的扶持力度，培育龙头企业。对有一定规模和自己品牌的大中企业进行扶持。引导中小企业与第三方电子商务服务企业合作，参与网上信息发布、信息搜索和在线交易。构建以社区为节点、覆盖咸阳市的同城物流配送网络。支持农产品产销大户、农产品加工企业与国内知名电子商务平台对接，促进农产品网上交易。加强与几大通信运营商合作，拓展基于新一代移动通信、物联网、云计算等新技术的移动电子商务应用。

（2）提升电子商务服务水平。引进新型技术开拓电商软件运营和代营运市场，满足企业对电子商务运营的需求。引进电子商务专业服务企业，建设电子商务呼叫中心、订单处理中心等。创新电子商务注册登记制度，对新设立的电子商务企业在工商登记、互联网经营资格审批等方面提供便捷、高效服务。

（3）优化电子商务发展环境。全面推广普及电子商务知识，提高广大群众以及政府部门对电子商务的认识，增强群众对电子商务的应用能力。实施电子商务人才引进机制，采取校企合作的方式，将电子商务专业人才和高级人才引进咸阳市人才引进计划，为电子商务发展提供人才支撑。完善电子商务发展的战略规划，通过电子商务产业带动本地经济发展。建立电子商务发展的协调机制，不断优化电子商务发展的政策环境。

5.7　铜川市县域电子商务

5.7.1　铜川市县域电子商务发展现状

（1）基础网络通信实现覆盖。目前，电信、联通、移动、广电网络四家网络运营商在铜川市提供宽带网络接入服务和有线或无线网络经营服务。电信、移动和联通三家公司移动通信基站、光纤和通信网络实现了全市主城区、县城和主要交通干线的连续覆盖，形成多业务、多功能的信息服务网络，满足了各类用户对数据通信的需要。全市互联网宽带用户 14.5 万户，其中大部分重点场所已覆盖，为电子商务发展提供了有力支撑。

（2）电子商务总体开始起步。铜川市电子商务处于起步阶段，电子商务平台初步建立，部分企业和个人开始通过淘宝网、阿里巴巴、京东网、逛集网、微信朋友圈等电商平台开展零售和团购业务。2015 年铜川市电子商务网络零售总额超过 2000 万元，同比增长 32.8%，铜川市目前超过 1000 多家电商企业，5000 人从事电商创业，从电商渠道销售出的樱桃和苹果各有 25 吨和 30 多吨，其中樱桃只用顺丰快递发货量就达到 15 吨。

（3）电商市场主体逐步发展。铜川目前自建电商交易平台的企业有 30 余家，各平台建有独立的商城，可以独立完成线上支付，比较有代表性的商城企业有铜川铜小薇商贸有限公司、铜川市运泰网络文化传媒有限公司、铜川居无忧商城。其中的专业 B2B2C（business to business to customer，企业对企业对顾客）综合性商务平台铜川居无忧商城，结合独立网站、手机 APP 及微信公众号，为广大业主提供一站式家居装修材料采购、居家生活配套信息发布和行业资讯等综合服务。另外，铜川市有铜川热点、掌上铜川、铜川369网、E铜网、铜川新闻第一线等电子商务信息服务平台10多家，这些平台通过发布本地商家信息、便民服务信息、铜川旅游信息，宣传推广铜川产品。

（4）电子商务应用日益普及。通过淘宝大数据可查看到铜川淘宝商家目前有400余家，产品涉及100多个品种。通过微信买家版官方软件可以看到铜川微信小店目前有3903家，有外卖、特色农产品、鲜花、珠宝饰品、女装等微店。开设微店以女士居多，多数采取国外代购、产品分销代理、线上线下结合等多种形式销售产品。

（5）物流快递配送体系初步具备。截止到2015年年底，铜川共有18个品牌快递企业，其中有1家国有企业，17家民营企业，各类营业网点共有88个。全市快递从业人员254人（不含邮政EMS），持证人员170人，持证率66.7%，快递营运车辆107辆。全市快递区县覆盖率达到100%，乡镇覆盖率达85.7%。"市—区县—乡镇—村"物流快递配送体系初步具备。

5.7.2　铜川市县域电子商务存在的问题与对策

1. 铜川市县域电子商务存在的问题

（1）基础设施建设滞后。首先，铜川市交通结构不完善，市区内的旅游景点和重点产业园与周边地区不能有效接通。其次，物流分拨中心和仓储设施不完善，物流网点少，严重缺乏公共仓储和冷库等设施，导致冷链物流滞后。

（2）产品竞争能力不足。电子商务特色产品品类少，目前产品缺乏规范性和标准性，品牌影响力有限，难以有效对接网络平台，缺乏市场竞争力。规模化生产、标准化加工、品牌建设和运营都达不到要求，远远不能满足电子商务模式对产品的要求。

（3）电子商务人才缺乏。电子商务快速普及应用所造成的人才需求膨胀，"人难引""人难留"已成为电子商务企业亟待破解的一个难题。电子商务专业人才短缺，特别是电子商务高端的技术、管理、营销、运营人才缺乏，已成为制约铜川市电子商务发展的首要问题。

（4）发展环境有待改善。鼓励企业发展电子商务的政策引导比较少，资金投入也相对有限。电商产业园区建设不完善，电商运营服务体系有待进一步提高。电子商务应用行业、企业的聚集程度相当有限，整体发展氛围仍待加强。

2. 铜川市县域电子商务发展对策

1）完善电子商务交易体系

（1）建设特色产品电商平台。以苹果、樱桃等地区特色农产品、耀州瓷等特色文化产品为依托建设电子商务交易平台。主要功能包括品牌培育、品牌推广、产品展示等，形成体现铜川、陕西乃至西北特色的产品特色、功能完善、结算完备、物流配送顺畅的 B2B 电子商务平台和区域交易中心。

（2）建设文化旅游电商平台。整合照金香山、玉华宫、陈炉古镇、药王山等景区景点，宾馆酒店、旅行社、特色产品、旅游商品和原生态美食等旅游服务资源，建立完整旅游要素的资源数据库，支持多种接入方式全面服务于公众。实现景点推介、在线订票，开通酒店、宾馆及景区景点网络信息查询及交易功能。

（3）产品质量安全监管平台。由政府监管部门，整合资源，建设集铜川原产地主要产品、特色品牌的产品质量标准化、食品安全监管、质量控制、生产流通溯源于一体的产品质量安全监管体系。

2）加强培育电子商务品牌

（1）线下电商产品研发。加强线下产品研发，围绕本地资源优势，广泛搜集农林产品、工艺品、工业品等，统一策划包装、设计，实施品牌创建计划，解决产品单一、包装不规范、不符合电商物流标准等问题，不断丰富产品种类。挖掘深层次产品文化内涵，树立产品品牌，提升产品档次品味。

（2）线上电商品牌推广。精选优秀运营商和本地优质产品及供应商，依托全国知名的第三方网络销售平台天猫、京东等，支持企业开设网络旗舰店，促进铜川市特色产品的品牌推广和销售。

3）提升物流基础设施建设

（1）完善电商物流配送体系。积极融合交通、电信、供销社等各类行业基础网络，依托关庄电商物流创业园区、美鑫西北耐物流园、中食铜川冷链物流园、海博综合物流园等项目建设，加快建设现代化、集约型电子商务专业快递、物流中心和配送基地，构建层次分明、功能完善、运作高效的现代电子商务物流配送体系，实现全市各级行政区域的全网覆盖。拓宽冷链物流服务范围，建立冷链配送体系，确保农产品、食品、中药材等产品的保鲜增值。

（2）物流公共服务平台建设。搭建物流公共服务平台，为物流企业、社会公众提供运输车辆及从业人员、承托运交易服务、车辆定位跟踪查询等服务。进行全程跟踪和实时查询，利用消费者申诉系统提高物流企业的服务水平。

4）完善电子商务支撑体系

（1）完善通信以及交通基础。结合"宽带中国""信息下乡""村通畅工程"，扩大公共无线网络覆盖范围，增强网络承载能力，提高网络服务水平。加快建设交通运输通道，完善区域对外大通道建设。不断提高农村道路技术等级和覆盖范围，为电子商务的全覆盖做好基础保障。

（2）建设技术支撑服务体系。寻求电商发展的技术支撑和团队合作，对本地产品进行品牌策划、营销推广、主体培育、运行指导等。结合城市电子商务公共中心和各级服务站点，建设形成全面覆盖城市、县、镇、村多级电子商务技术服务网络。

（3）完善电子商务信用体系。建立信息资源共享机制，借鉴国家金融信用信息基础数据库建设平台，积极探索建立部门间统一的电子商务信用数据库平台，逐步实现资源共享、数据开发及业务协同。建立具有公信力的第三方电子商务信用信息服务平台，健全信用监督和失信惩戒机制，强化社会公众的守信和诚信自律意识，积极开展诚信示范经营者建设，加快建立诚信共享机制，提高经营者的诚信意识和服务水平，严厉打击利用电子商务从事各种违规违法犯罪活动。

（4）建立电子商务实训体系。把电子商务培训与扶贫工作结合起来，与青年创业就业结合起来，与下岗工人再就业结合起来，与大学生村干部和"三支一扶"结合起来，积极整合现有培训设施和师资力量，以"政府搭台，企业唱戏，部门支持"的模式进行实战培训。对大中专毕业生、返乡创业青年农民工、合作社带头人等创业青年实行培训和"一对一"创业辅导，培育电子商务致富带头人。与中小企业结合，对从事电子商务的中小企业负责人进行培训。开展"大众创业、万众创新"创业培训活动，重点培训电子商务知识技能，培养电子商务专门人才队伍。

5）加强电子商务市场主体培育

推进传统企业开展电子商务。支持本市特色农林企业、传统手工业、食品加工业、环保工业等传统生产型企业开设网上商城，开展网络直销业务。支持商贸流通企业通过线上线下融合，推进传统业务与电子商务整合，拓展销售渠道。围绕红色文化等特色旅游资源，开展集餐饮、住宿、景区门票等消费于一体的电子商务业务。重点培育本地电子商务龙头企业，打造地区电子商务品牌，形成带动和示范作用，促进区域电子商务市场的发展。

6）积极推进电子商务精准扶贫

加快落实电商扶贫攻坚工程。依托农村专业合作经济组织和专业协会，加快建设双向互动的新农村综合信息服务平台；积极开展农村信息化普及培训，引入实用性、网络化的农业信息化辅助手段，辅助农产品产业化发展；积极搭建农产品网上交易平台，鼓励农业产业化龙头企业利用网络全面、快捷地发布供求信息，引导农业生产以市场为导向，开展网上交易；推进农业电子商务建设，支持特色农业网上推广销售系统；建设铜川移动电子商务平台，通过移动平台实现手机信息交流、手机支付等，实现"企业信息下乡，农村产品进城"，以信息化推动城乡融合，支持相关企业建立农村电教室，启动农村电教工程，从有条件的农村出发，带信息下乡，提高农村电子商务应用意识及能力，以信息化推动农业产业化。

5.8　渭南市县域电子商务

5.8.1　渭南市县域电子商务发展现状

（1）电子商务发展粗具规模。渭南市充分利用本地化优势开展电子商务交易。截止到 2016 年 11 月，渭南市从事电商活动的企业 1000 余家，网店数目达 10 000 余家，2015 年实现网上交易额 50 亿元，2016 年上半年，渭南市电子农产品销售订单 500 余万单，销售额约 15 亿元。其中富平柿饼在年前销量火爆且卖断货，大荔冬枣 2015 年网上销售突破 2 亿元，华阴市乐村淘电子商务有限公司 2016 年上半年交易额达 932 万元。2016 年上半年，渭南市生鲜农产品电商销售下单 300 多万单，销售额达 15 亿元以上。

（2）电子商务主体初步发展。随着"互联网+"的普及，渭南市电子商务产业蓬勃发展。现已搭建县级电商公共服务中心 10 个，镇（乡）级电商服务站和村级服务点的三级电商平台 800 多个，有各类电子商务企业 10 000 多家，形成以白水盛隆果业为代表的跨境电子商务企业，涌现出柿饼哥、老农乐、关中客、松鼠莲萌、蒲城县创客女子联盟等有一定影响的电商品牌，同城购、潼关微小圈、华州区商道网等区域互联网交易平台，为农村电子商务发展打下坚实的基础。

（3）物流配送体系逐渐形成。近几年，随着渭南市电子商务的不断发展，全市现已形成了较为完备的物流配送体系，从事物流配送的快递企业日益增多。目前澄城县就有快递企业 25 家，物流企业 12 家，其中邮政快递、秦邦速运、圆通快递等物流企业打通了县镇村快递业务，业务量逐步递增。华元易购、澄城老哥、秦邦商城、澄城县诺宇格电子商务有限公司、小刀农场等一批电商企业如雨后春笋一样发展壮大，国内知名电商企业京东商城、苏宁易购等落户澄城，县域内电子商务注册企业 46 家，开设网上店铺 360 余家，建立了 10 个镇级电子商务公共服务中心，传统企业成功转型电商 40 家，电商从业人员达 6000 余人，为电子商务发展提供了有力支撑。

（4）电商发展氛围逐渐浓厚。首先，开展电商培训。2016 年，渭南市共举办电商培训 100 余期，共培养电商支撑人才和基层推动干部等各类人才 3 万余人，已有 2000 余人通过电商培训走上了创业之路；其次，引进人才。渭南市电子商务协会会长单位引进专业电商运营团队，形成了有电商培训讲师 2 人，淘宝大学讲师 2 人，外贸培训讲师 1 人、电商运营人员 20 余人的专业队伍，短短 3 个月时间，销售杏、桃子、红啤梨、青苹果、李子等渭南市优势生鲜水果上百万元，极大地解决了农产品难卖的问题，帮助农民增收。

5.8.2　渭南市县域电子商务存在的问题与对策

1. 渭南市县域电子商务存在的问题

（1）政策体系有待进一步完善。随着全国各地对电子商务产业支持力度的不断加大，渭南市在电子商务发展政策体系建设方面相对落后。就目前情况来看，西安、咸阳和延安等地都已经形成了较为完善的电子商务发展政策体系，而渭南市在电子商务发展方面，有关企业开展电子商务的鼓励、引导政策相对较少。

（2）大园区支撑和大企业集聚缺乏。渭南市电子商务起步较晚、行业整体应用水平较低，在电子商务产业园区规划建设方面，尚未形成完备的产业园区建设规划。并且从事电子商务的企业布局分散，缺少大企业的引领与大项目的集聚，总部企业、研发中心和全国或区域客服中心缺失，导致渭南市很难培育出在全国或者是陕西省知名度高的电子商务企业。

（3）电子商务人才难引难留。电子商务专业人才短缺是制约电子商务发展的重要因素。虽然陕西高校众多，教育资源丰富，但是电子商务高端人才，尤其是领军型人才十分缺乏，"人难引""人难留"已成为渭南市电子商务企业亟待破解的一个难题，原因主要是产业园区规模小、产业聚集程度低、不能为电子商务专业人才提供足够的发展空间。

（4）普及应用仍有待加强。目前，渭南市信息化建设取得了一定成效，但是与沿海城市相比，还存在很多不足。渭南市行业网站较少，且仍处于供求信息发布的初级阶段，急需向网上交易模式转型；工商企业电子商务应用有待进一步普及、离集商流、物流、信息流、资金流为一体的目标还有较大距离；网络零售起步较迟，网络零售企业单体规模和团购等业态落后于发达地区，O2O 等新型业态尚未起步。

2. 渭南市县域电子商务发展对策

（1）出台落实税收支持政策。支持电子商务及相关服务企业参与高新技术企业认定，符合条件并通过认定的，可享受高新技术企业税收政策；落实电子商务项目技术创新的研究开发费用加计扣除政策，对符合小型微利企业条件的电子商务企业按规定予以减免企业所得税；研究解决物流企业代理采购、电子商务税收管辖、税务登记和电子发票应用等相关问题。

（2）完善基础设施建设措施。加快基础通信设施、光纤宽带网和移动通信网建设，推动"三网融合"，构建支撑融合业务发展的下一代信息通信网络。积极利用新一代移动通信技术建设宽带无线城市，实现覆盖城乡、有线无线相结合的宽带接入网。全面推进光纤到楼、入户、进村，实现政府机关和公共事业单位光纤网络全覆盖和新建小区光纤宽带全覆盖。实施信息化和工业化融合战略，鼓励企业基于研发、采购、制造、营销和管理等全领域信息化，推动上下游中小企业信息化应用，加快推进企业信息化。推进农村地区和边远地区的宽带互联网等信息通信基础设施建设，建立健全农村信息服务体系。

（3）完善人才培育发展措施。创新电子商务人才培养机制。鼓励市内高校、职业院校积极开展电子商务、物流等学科建设。建立健全多层次的培训体系，推进中小电子商务企业、配套服务商的中高级人才学历继续教育，支持有条件的电子商务企业、科研院所与高校合作建立教育实践和培训基地，鼓励和动员社会力量举办电子商务职业培训与人才实务培训，为企业输送合格人才。鼓励开展面向农民和下岗工人的电子商务知识培训。建立电子商务专家学者、企业家专家数据库，根据社会电子商务项目评估和研究咨询的需要，随机抽选专家，参与电子商务建设中重大事项评估和决策。贯彻落实渭南市人才专项规划和人才工程项目，健全电子商务人才成长促进机制，建立后备人才队伍，努力构建省内、国内领先的电子商务人才集聚高地。

（4）完善产业发展环境措施。开展电子商务发展战略和政策研究，建立渭南市电子商务企业数据库与信用数据库，建立完善电子商务行业信用评价体系，开展企业信用评价、信用认证服务，实施对电子商务企业的信用监管。强化电子商务数据的质量和应用，提升电子商务统计监测、分析的科学化水平。建立重点电子商务企业（园区）运行监测统计信息发布制度，研究制定电子商务产业统计指标体系，规范电子商务统计工作。应用"数字渭南"地理空间框架，建设电子商务产业集聚区应用典型示范系统，为产业发展提供决策平台。加快研究制定电子商务行业标准，出台针对在线支付、安全认证、物流配送等支撑服务环节的行业标准和规范。加强行业协会等中介组织建设，提升行业管理和服务水平。举办电子商务论坛、峰会等各种活动，推动电子商务企业间交流，以帮助电子商务企业寻找各种资源。加大电子商务宣传力度，积极营造良好的政策导向和舆论氛围。

第6章 陕南县域电子商务发展概述

6.1 陕南县域电子商务发展基本概况

6.1.1 陕南县域电子商务发展环境

（1）陕南县域电子商务发展地理环境。陕南地区地处于秦岭山区，农特产品种类繁多，中药材品质优渥，矿产资源丰富，具有分布广、品种多、数量大、质量高的特点。电子商务在农业和贸易领域的爆炸式增长，有效地推进了农副产品的商品化、标准化、品牌化，加快推动了农业现代化、市场化、产业化和国际化。陕南地区气候适宜，自然风光独特秀丽，拥有 5 个国家级自然保护区和 12 个国家级森林公园；青木川古镇、蜀河古镇、流水古镇等陕南十大古镇历史与自然之美融合，可以利用资源丰富、产品多样、便捷有利的自然旅游资源发展旅游电子商务。同时，西汉、西康、西商高速公路的开通也使陕南地区融入了西安经济圈，成为投资兴业的新契机。

（2）陕南县域电子商务发展经济环境。陕南包含汉中、安康、商洛三个市，涵盖南郑县、城固县、洋县、西乡县、紫阳县、柞水县、旬阳县、山阳县、丹凤县等。总人口 9 410 160 人。2014～2016 年陕南三市 GDP 情况如图 6.1 所示。

（3）陕南县域电子商务发展市场环境。目前，汉中、安康、商洛地区交通发达、物流便捷，陕南地域内有西汉高速、十天高速、宝巴高速、汉中新机场等，现在已经构成了相对完善的立体交通网络，陕南县域内的有机农业、装备制造、生物医药、生态旅游等支柱产业发展迅猛，蕴涵了巨大的电子商务发展潜力。随着中国信息消费的不断提高、内需刺激的扩大，电子商务市场成为了新的经济增长点，促进电子软硬件、信息、金融、物流产业的大发展，市场前景十分广阔。

6.1.2 陕南县域电子商务发展现状

1. 电子商务发展尚处于起步阶段

虽然陕南县域电子商务近年来有较大的发展，但是仍在起步阶段，除了商洛山阳地区已经开始着手从运行机制上确立县域电子商务的产业地位，其他地区的县域电子商务仍未形成规模，前进步伐相对缓慢。

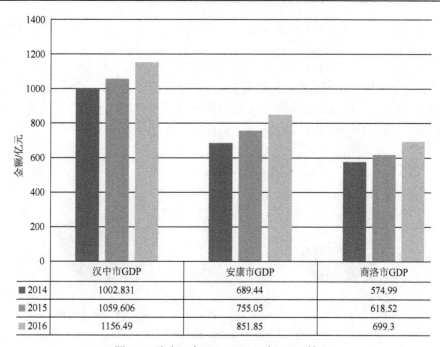

图 6.1　陕南三市 2014～2016 年 GDP 情况

资料来源：汉中、安康、商洛国民经济和社会发展统计公报

从县域电子商务发展指数来看，陕南电子商务发展水平区域差异很明显。汉中市县域电子商务明显高于安康市和商洛市。陕南电子商务虽在发展壮大，但是与沿海地区差距仍旧较大，电子商务规模普遍较小，涉及的行业相对狭窄。从网购指数和网商指数来看，网购指数明显大于网商指数，就是说陕南地区在电子商务交易过程中买进的多，卖出的少。陕南各县电子商务发展水平处于前期起步阶段，发展潜力很大，因并没有形成规模，仍然需要进一步发展壮大。

陕南电子商务发展主要依附特色农产品，网上销售范围进一步扩大，销往其他省份和海外的订单数量大幅度增加。同时，交易规模日益扩大，交易品种非常丰富，特色农副产品受到消费者的广泛追捧，逐渐成为陕西农产品电商销售的主力军之一。

2. 自建平台与三方平台共同成长

陕南电子商务应用平台已逐步渗透到各行各业，在农业、制造业、流通行业、能源产业等相关领域发展迅速，涌现出逛集网等具有代表性的电商交易平台。同时，陕南依靠供销社开展电子商务的普及和推广，通过在京东商城、淘宝网、1号店等第三方电商平台建立销售网店的模式，作为孵化器，辐射带动农村电子商务向进一步的广度及深度发展。除此之外，阿里巴巴、京东商城、苏宁易购等国内知名的大型电商企业已和陕南各县域开展电子商务产业布局与战略合作。

3. 示范效应初步显现

陕南已经拥有 6 个国家电子商务进农村综合示范县，分别是紫阳县、平利县、略阳县、洋县、山阳县、商州区。陕南已经拥有 5 个省级电子商务示范县，分别是留坝县、紫阳县、岚皋县、山阳县、商南县，其分布如图 6.2 所示。

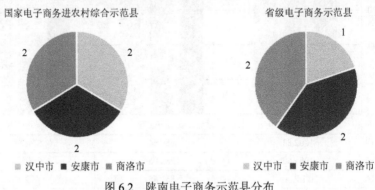

图 6.2　陕南电子商务示范县分布

资料来源：商务部

由图 6.2 可以看出，陕南县域电子商务建设已经广泛展开。电子商务示范县将会起到模范作用，为培育陕南农村网络消费市场，扩大农产品网销规模，延伸农产品产业链起到积极的推动作用，使电子商务成为农民增收致富的有利渠道。

4. 传统产业加快电商应用

"互联网+"战略大潮的兴起，无疑会促使传统行业迎来一场至关重要的发展变革。传统零售企业纷纷发力网络销售端，建立起零售网站，小商品批发市场从实体销售逐渐向网上交易转变。大批企业的目光投向了移动互联网，众多电子商务企业也在手机 APP、移动端应用频频发力，快速发展的电子商务 O2O 模式引人注目，成为企业抢占市场份额的重要据点，也是未来电子商务领域必不可少的一部分。互联网向传统产业的渗透导致传统商业模式的变革，中小型电子商务企业异军突起。

6.1.3　陕南县域电子商务发展思路

陕南县域电子商务的核心是立足特色产业，利用富饶的自然资源、羌族文化、栈道文化、三国文化等发展农业、工业和旅游业，推进地区经济发展。依托逛集网等自建电子商务平台，一方面培育县域电子商务龙头企业，另一方面普及中小企业电子商务应用发展，大力推进"全企入网"，积极推进农副产业及特色旅游电子商务的应用，促进传统农业工业经济与电子商务融合发展。依托农民专业合作社，推动农特产品生产基地和农民专业合作社的转型升级，建立一批产品质量高、特色鲜明、有品牌效应的生鲜农产品网络直销基地。加大共性服务拓展，完善物流仓储、融资支持、质量检测等服务配套体系，上下共进，加快形成产业集群，形成线上线下深度融合的平台服务模式，带动秦巴山区电子商务跨越式发展。

6.1.4　陕南县域电子商务模式特点

（1）三大产业。立足于大秦岭优越产业与极具特色的资源，重点打造绿色、环保生态等为主的县域电子商务。优先发展绿色食品、现代材料、特色旅游三大主导产业。全面推进"大秦岭农特产电子商务"品牌建设，树立有影响力的地方品牌，设立农特产电子商务展示体验馆，集中重点宣传展示陕南主要的名优农特产品、工业品、旅游文化产品、特色手工艺品。支持有实力的第三方电子商务平台开设"大秦岭"特色专区，推广陕南名优特色产品。

（2）二维协作。由于陕南地区多为山地，交通、物流等基础设施建设不足是制约陕南县域电子商务发展的重要因素，要加强应用旅游电子商务、农业电子商务等 O2O 电子商务模式。加快线下基础设施建设，一方面提高企业信息化组织水平，提高电子商务参与度，另一方面推进新型物流配送中心和便民服务站等基础线下建设，并进一步向村镇县域地区延伸构建覆盖全县的线上线下协作网络，加强信息流通，降低运营成本，提高县域电子商务效益。

（3）一个系统。发展电子商务是手段，促进产业升级是最终目标。以打造农特产品为突破口，加强土地流转，把涉及生产、加工、运输、销售的各个环节打通，不仅囊括一二三产业，而且创造较为完整的电子商务生态系统，有助于地方传统产业电子商务化，转变不平衡的县域产业结构，打造"互联网+"时代下的县域经济新的增长路线。

6.2　汉中市县域电子商务

6.2.1　汉中市县域电子商务发展概况

1. 汉中市县域电子商务发展现状

2016 年，汉中市电子商务交易额已突破百亿大关，线上零售额已达 12 亿元，电子商务创业群体发展迅速，有效地跟进了相对应的配套服务业，交易规模在陕西省排名第 5。实物型的网络零售额达到 4.26 亿元，服务型的网络零售额达到 8.32

亿元，交易规模稳步持续提高。

汉中市电子商务在蓬勃发展，但就全国电子商务发展水平来看，仍有较大进步空间。基于此，汉中市鼓励各类企业借助知名电商平台，加速"汉"字号特色产品实体商业"线上线下"互动，在阿里巴巴、京东商城、苏宁易购三大电商平台建立"汉中地方特色馆"，多措并举使电子商务发展越来越受到重视。2016 年汉中市以开展"电子商务建设年"活动为契机，开设了 1000 万元市级扶持电子商务专项资金活动，该资金重点用于电子商务示范县区（园区、企业）、市级电子商务产业园区建设、加强农村电子商务服务体系建设及人才培训。截止到 2016 年 1月，汉中市注册运营电子商务企业 196 户，自建平台电子商务企业 52 户，依托第三方平台发展电子商务企业 540 多户，电子商务服务商企业 92 户，微营销 1688个，现有物流快递企业 169 家。已有 20 多类 350 余种特色产品在淘宝网、京东商城、阿里巴巴等平台交易。

电子商务产业发展迅猛，因此以电子商务为主的市场主体拉动了快递业的迅速发展，阿里巴巴、京东商城、苏宁易购等多家第三方平台落户汉中市，全市电子商务企业超过 4000 户，物流快递企业分支机构达 241 家。据汉中市有关部门统计公布，2016 年前三季度数据显示，汉中市城乡市场稳步发展。城镇消费品零售额 210.29 亿元，同比增长 14%；乡村消费品零售额 49.18 亿元，同比增长 15.8%。线上企业实现消费品零售额 153.38 亿元，同比增长 20.4%，有效拉动社会消费品零售总额增长 12 个百分点，其中，饮料类、中西药品类、服装鞋帽针纺织品类、汽车类零售额分别增长 20.9%、25.5%、28.6%、31%，领跑零售市场。

2. 汉中市县域电子商务发展产业园概况

2016 年 7 月汉中电子商务产业园开园，首批入驻 28 家企业，创客达 272 人。该园区主要在打造集"电商服务、创业孵化、科技创新、咨询培训、投资路演、信息交流、仓储物流、生活服务配套、商务配套"等功能为一体的智能化电子商务及高科技综合服务园区，真真切切地为创业企业提供了其发展所需的新环境、新资源、新模式。在产业培育、技术支撑、创业辅导、科技金融、产学研合作、投融资、人才引进、项目申报、法律服务等多方面提供有效连接服务。通过定期举办的电商峰会、政策讲座、创客沙龙、资本对接、技术交流等各种形式的互动，逐步在产业聚集的基础上形成以创业学习和企业快速成长为主的全新生态。

汉中市县域电子商务得到迅猛的发展。全市以市级产业园区为龙头，以省级电子商务示范县和示范企业（各 1 个）、市级电子商务产业园区（2 个）、培训中心（1 个）、县级电子商务孵化园和培训中心（6 个）为基础发展空间。经过快速的发展，洋县、略阳县已被商务部确定为"2016 年电子商务进农村综合示范县"。

6.2.2　汉中市县域电子商务存在的问题及对策

1. 汉中市县域电子商务存在的问题

（1）人才、物流成本高。多因素的影响使企业发展电子商务受限，首先，专业高端人才严重短缺。原因分析一是企业愿意支付的薪酬与电子商务人才的期望值有差距，导致企业对电子商务人才吸引力不大。二是中小企业招聘途径少、招聘信息少、招聘范围窄，造成需求方与求职者信息不对称。三是电子商务人才留不住。因全市电子商务发展起步较晚，还没能形成一个有利于电子商务人才创业、创新的环境，所以企业的电子商务人才就很难留住。其次，物流成本高相应削弱了企业竞争力。在略阳、镇巴、留坝三县调研中，有多家企业反映物流成本占商品售价的 10%～20%，企业在产品定价上与其他物流成本低的地区的同类型企业相比处于劣势，定高了成交量上不去，定低了成本又难保。通过网络平台销售农产品的店家也常常因物流不及时、产品变质损坏而承担一些退货和损赔费用，间接增加了销售成本。

（2）电子商务市场缺乏龙头企业引领。电子商务龙头企业部分甚至全部具有电子商务"六大中心"的职能作用，对县域电子商务发展具有引导作用，能做一些政府想去做、又可能做不好的事情。全市目前还缺少具有类似作用的电子商务龙头企业。

（3）农副产品质量标准难统一。农副产品生产加工企业基本上都有自己的品牌，都进行了 QS 质量认证；其他许多进行农副产品加工销售的个体工商户和农户销售的产品基本上没有取得质量认证。不管有没有认证，全市销售农副产品的"卖家"基本上都在打汉中或者当地的"地域牌"。

（4）企业面临发展资金不足难题。汉中市农产品电子商务行业协会管理人员估算一个较为成熟的电子商务团队年运营成本：需要运营策划、软件工程师、文案、美工、产品经理和客服等专业人员 10～15 人，月工资 3000～5000 元，再加上网店装修和推广费用，年运营费用在 100 万元左右。这仅是借助第三方电子商务平台的费用，如果自建平台投入还要更大。发展电子商务对传统企业来说就意味着转型，许多企业面临着传统销售渠道业绩下滑和电子商务发展需要资金投入的双重困难。

2. 汉中市县域电子商务发展对策

（1）开阔思路，以高效措施抓好电子商务。紧抓电子商务发展的特点，大胆创新工作思路很重要。一是把电子商务作为先导产业来发展。与交易有关的"互联网+"就是电子商务，发展电子商务既带动了传统产业转型升级，又带动了相关产业发展。二是把发展电子商务作为"一把手"工程来做。就是本地"一把手"

领导高度重视、亲自重点推动此项工作。三是把发展电子商务作为富民兴商的重要举措。政府推动电子商务发展的立足点是富民，从购买的角度是帮助群众降低生产和生活成本；从销售的角度是帮助群众实现产品销售，避免"谷贱伤农"，从而提高经济效益。结合汉中市实际，发展电子商务当务之急就是要解决优质农副产品销售难的问题。四是通过改进工作机制来加快推动电子商务发展。市（县、区）政府应确保有专门的机构（机构可以挂靠在相关部门）及一定数量的专兼职人员来统一指导、协调及管理电子商务发展工作，这些专门机构和工作人员的职责应该明确，并且通过政府网站向社会公布。

（2）着眼长远发展，夯实电子商务发展基础。电子商务作为信息时代商品和服务交易的标志性方式将长期存在，因此应着眼长远，下功夫做好有利于电子商务持续健康发展的基础性工作，避免出现"其兴也勃焉，其亡也忽焉"。一是加快"新四化"建设步伐，不断提高本地区经济发展水平和综合实力。二是突出信息基础设施建设。在农村，逐步实现网络进村入户，重点解决农村电子商务"最后一公里"问题；在城镇区域，宽带实现全城覆盖。三是重点培育区域电子商务孵化园和产业园，积极有效发挥产业聚集效应，为电子商务走上集约式发展之路奠定坚实基础。四是持续加强质量管理和社会诚信体系建设，树立重质量、讲诚信的城市整体形象。

（3）直面当前困难，助推电子商务突破。针对存在的困难，对政府提出推动措施。一是设立专项扶持资金。除了在产业发展、招商引资、就业创业、扶贫开发等现有政策中突出强调发展电子商务，以及积极争取国家、省扶持资金，市政府还应结合实际设立专项扶持资金。此类资金主要用于全市电子商务示范企业、示范园区、示范镇和示范村的奖励扶持与电子商务人才的培训及对企业专项奖励补助。二是积极培育龙头模范企业。发挥电子商务龙头企业的模范带动效用，其中重点支持具有电子商务应用基础的企业，以自建、合作、开发等多种形式，来搭建高端电子商务平台，着力打造行业电子商务龙头企业，高效推动优质资源共享、优势高度互补，进而实现行业协同创新发展。三是力促企业物流成本下降。电子商务物流成本同样存在边际成本递减的规律，只要规模足够大，成本自然就会降低。四是实施电子商务人才专项计划。在人才引进方面，可以与阿里巴巴、京东等国内电商巨头合作，发展"村淘"和"京东帮"服务店，借企业力量吸引人才，实现共赢。在人才培育方面，逐步由宣传普及类培训转为精准化培训，对承担培训任务的电子商务协会及企业给予相应的补贴。

6.2.3　城固县电子商务基本情况

1. 城固县电子商务基本现状

城固县资源富集，盛产茶叶、柑桔、猕猴桃等农特产业；建立了老乡网农产品电子商务交易平台，利用遍布陕西各地的 3000 个线下村级服务网点、80 个县级物流中心，把农产品卖出去、卖得远、卖个好价钱，帮助农民增收和为发展农村经济提供坚实基础，大大提高城固农特产品品牌的影响力及知名度，进而扩大农产品品牌市场占有率。

2. 城固县电子商务存在的问题

（1）思想认识欠佳。一些企业对电子商务应用的重要性、紧迫性认识不足，电子商务发展意识不强、能力不足，大多数只是在网上建立了企业网站，没有开展网络交易；很大一部分电子商务应用企业开展电子商务多依托第三方销售平台，本企业并没有独立自有的电子商务交易平台，本地化、知名度高、大型独立的电子商务平台极度缺乏。

（2）制度环境不够健全。电子商务要发展，环境氛围很重要。政府需要制定产业发展规划，完善基础设施，发展信用体系和市场体系，扶强扶优，鼓励引导骨干企业介入电子商务领域，优化第一、第二、第三产业的产业结构，促进三产融合和加快产业升级转型。城固县还没有编制电子商务发展规划，产业发展缺乏顶层设计。电子商务作为虚拟经济的不可分割的一部分，如果没有相对完善的信用体系作保证，生存和发展都将举步维艰。

（3）支撑体系不够完善。虽然城固县已实现互联网网络全面覆盖，网络平台数量持续增长，但是网速、网络安全等方面仍存在问题，与电子商务相配套的支付体系不够完善，当前农产品标准化欠缺、生鲜物流不配套以及信息不对称等均可对农产品流通构成障碍。

（4）电子商务人才匮乏。电子商务的发展需要具有电子商务知识和专业技术的人才去维护平台及网站，并且需要专业的人员去推介网站。城固县从事电子商务的人员较少，专业人员更少，电子商务方面的专业知识相对缺乏，网站、平台的发展壮大难度很大。

3. 城固县电子商务发展对策

（1）确定合作意向。抢抓阿里巴巴、京东实施"千县万村""渠道下沉"战略的良机，尽快与顶级电子商务企业联系沟通，并委派县政府分管领导和相关部门负责人员参加淘宝大学培训，邀请其业务主管来县实地考察，确定合作意向，签订框架协议。

（2）组建运营团队。成立由党政一把手总负责、部门和镇主要负责人为成员的电子商务工作领导小组。一要培养镇村服务商。二要积极鼓励培养专业人才，引导企业与高校建立长期的合作伙伴关系，推进校企合作，加大委托培训，加强外出电子商务交流和学习，以积累实际操作的经验，培养高素质的复合型人才。三要共青团县委、劳动服务中心、经济贸易局等部门在县内举办电子商务实务培训班，组织企业选派优秀人员跟班学习，加强运用电子商务能力，实现消费对经济发展的强力拉动作用。四要建立由电子商务专业人员、技术人员等组成的农产品电子商务服务团队，帮扶重点农特产品电子商务组织和电子商务龙头企业，提升其电子商务建立及服务水平，努力形成线上线下一体化经营、融合发展的新格局。

（3）加快基础服务站建设。与阿里巴巴工作团队有效配合，科学选址，建设集运营管理、合伙人培训、物流仓储、特色产品展示等功能为一体的服务中心，确定村级服务站。

（4）充分宣传动员。一是在企业内部信息资源高效整合的基础上，设立电子商务公共服务平台，以实现企业间信息采集、交流、共享，以信息流向资金流、物流转化，以信息平台向交易平台升级，积极稳步地开展电子商务。二是充分运用各种媒体，采用各种方式，加强电子商务的宣传，提高社会各界对电子商务重要性、紧迫性的认知，加强电子商务应用意识。三是引导支持经营本地特色和具有电子商务发展优势的经营户大力使用电子商务经营模式，率先推进基础良好的重点企业的信息化建设，打造电子商务示范企业，带动全县企业信息化、智能化建设。

（5）激励政策保障。加快出台与城固县经济发展相适应、相配套的电子商务发展专项扶持政策，在电子商务平台建设、园区参展、税收、房租、建设等各方面给予相应政策扶持，支持制造企业通过国内大型电子商务平台开设销售专区，鼓励制造企业开展网络直销业务，开拓网络零售渠道。

6.3　安康市县域电子商务

6.3.1　安康市县域电子商务发展概况

1. 安康市县域电子商务发展基础

地处于秦巴腹地、汉水之滨的安康被誉为"西安后花园"，是陕西省及西北地区最主要的茶叶、蚕茧、生漆、油桐等主要产区，是闻名中国的优质绿茶、绞股蓝、蚕桑、烟叶、黄姜及魔芋的主要基地，被称为"生物基因库""天然中药材之乡"。安康是中国最大的天然富硒带，被誉为"中国硒谷"。随着西康铁路（双线）、西康高速的全线贯通，安康全面融入了西安两小时经济圈。安康有艺术文化遍地泽根的茶乡紫阳，秦、楚、蜀交融的天然太极城旬阳，巧夺天工、历经沧桑的凤堰梯田，西部最美乡村平利，佛道圣地、神奇灵秀的南宫山，轻灵迷人的后柳水乡，中巴峡谷，福地洞天燕翔洞，百岛竞秀大瀛湖，安康以其得天独厚的地缘优势成为中国西部最耀眼的生态旅游名城。因此，安康市具备了较好的旅游电子商务发展基础。

2. 安康市县域电子商务总体状况分析

安康市属于国家秦巴山集中连片特困地区，是一个农村人口占绝大多数的城市。2015 年，全市乡村人口数占全市常住人口数的 74%，乡村实现的社会消费品零售额占全市社会消费品零售总额的 16.4%，县域电子商务的发展对于充分挖掘拓展农村消费市场，释放农村的潜在需求，提高农民的生活水平，优化产业结构有着重大的作用，全市电子商务发展环境明显改善，聚集发展效果显著，发展速度明显加快，交易规模稳步提高。安康市辖区电子商务园区建设全面开启，紫阳县建立了电子商务服务（孵化）中心，宁陕县建立了县级电子商务孵化中心（大学生创业孵化基地），岚皋县正在推进"创客园"项目的实施，平利县电子商务创业园基本建成。安康市在"十三五"商务发展的预期目标是市电子商务交易规模年均增长 30%，即到 2020 年突破 40 亿元。

宁陕县、旬阳县、岚皋县、镇坪县、白河县发展较慢，平利县发展较好，但是总体而言相对于全国其他地区电子商务的发展水平还是有一定的差距。

6.3.2　安康市县域电子商务存在问题及对策

1. 安康市县域电子商务发展存在问题

（1）农村电子商务人才短缺。全市处于秦巴山区，山大沟深，群众居住较分散，基础条件较差，农村市场多为留守儿童和老人，文化素质相对较低，很少关心新事物、新信息。缺乏会计算机、懂计算机的专业人才，加之城市的各项环境和就业机会优于农村，年轻人和接受过专业教育的人才都留在了城市，不愿意回农村发展，由此导致农村地区严重缺乏专业电子商务人才。

（2）农村电子商务意识有待提高。一直以来，安康市大部分农民的生活方式比较固化，每天勤勤恳恳早出晚归，生活范围主要以家、田地为主，传统观念的实体店消费、农村集贸市场等场所更容易为农民所接受，方便农村住户生活，网络购物对农村住户而言，其普及力度不够、方便程度不够，信心不足。

（3）"生鲜农产品"商品化程度低。工业品都有统一的质量标准，而"生鲜农产品"质量不一，形成工业品下行明显优于农产品上行，而工业品下行是使农民消费，农产品上行才是使农民发家致富，所以要实现增加农民收入的目标，农村地区必须进行农特产品商品化。农产品必须从一开始就要以商品化的思维进行种植，即符合未来消费者需求或者符合市场定位，通过有组织的商品化过程，解决生鲜农产品生产过程中组织碎片化带来的问题。

（4）企业招工不容易，运营成本高。由于地域限制、企业规模较小等因素，企业发展存在招工难、招聘不到专业人才的问题。农村交通不便，虽然已经实现村村通，但道路网络还不够发达，物流配送率低，全市 25 家快递物流企业，真正做到配送到村的还没有一家，都是使用第三方物流二次配送，效益较低，无形中加大了企业运营成本。

2. 安康市县域电子商务发展对策

（1）拓宽增收渠道，提高购买力。解决农村消费的问题在于增加广大农民的收入，把潜在的巨大市场转化为现实的消费市场。一方面，积极拓深农产品的产业链条，带动农村剩余劳动力就业，拓宽农民收入；另一方面，大力开展农村外出务工人员职业培训，提高农民工在城市的就业竞争力。

（2）培养农村电子商务人才，提高农民信息素质。一是增加农村教育力度及投入，让更多的农民深入了解互联网，提高农民信息素质，调动农民电子商务消费的积极性；二是明确培训重点，尤以农业龙头企业为重点，这种企业信息接收能力强、传播速度快，由此可在很大程度上提高培训效率。

（3）加强农村电子商务基础建设，在农村消费市场上增加体验店。受到传统观念的长期影响，以及本身物质经济条件的制约，当农户在接触电子商务时可能会觉得在网上交易过于麻烦，因为互联网运行的条件，农户认为会增加成本，所以在很大程度上导致农户参与电子商务的热情降低了。只有在体验店让农户体验了电子商务的乐趣，才能更有效地促进电子商务的发展。

（4）建立农产品物流配送体系，改善和提高服务水平。特色的农产品和特色的农业资源也是可以吸引别人的眼球的，应持续加大对农业物流基础设施及科技的大量投入，包括加快农村道路建设、加快农村信息网络建设、加强各种农产品的仓储设施建设、发展农产品加工配送中心特别是针对连锁超市所需配送食品的加工配送。一条较为完整的冷链物流应包含冷冻加工、储藏、运输与配送、销售等各个环节，以便在物流服务过程中实现物流服务增值的最大化。

6.3.3　石泉县电子商务基本情况

1. 石泉县电子商务发展基础

（1）农产品资源丰富。石泉县可提供经营的农产品项目达 100 多种，主要经营项目有黄花菜、紫苤果、绿茶叶、黑花生、食用菌、板栗、核桃、中药材等。近几年，石泉县确定了"生态立县、产业强县"战略，着力培育蚕桑丝绸、富硒茶饮、苗木花卉、特色农产品、生态旅游等五大产业。根据"区域式布局、版块式发展"的思路，分别在中高山区、南北区域、川道沿线规划开发不同类型的农业经济，初步形成了"南茶北果、川道蚕桑、水果干果互补"的产业发展格局。

（2）旅游资源丰富。石泉县是陕南的旅游胜地，县内独特的"山、水、洞、峡、滩、城"等自然景观和人文景观，为世人泼染了一幅色彩斑斓的山水人文画卷，成为秦巴汉水生态旅游重要目的地。近年来，石泉县紧紧围绕"旅游兴县"发展战略，把旅游产业作为重要支柱产业，以创建中国优秀旅游城市目的地和省级旅游示范县为目标，以"秦巴水乡，石泉十美"为品牌形象，推进旅游景区开发建设和管理，探索和创新了一条"政府引导、企业主体、部门联动、市场运作"的发展模式，"山、水、洞、峡、滩、城"等旅游资源得到充分利用和开发。

（3）文化底蕴深厚。鬼谷子文化、蚕桑文化、古建文化、汉水文化、地域美食文化等底蕴深厚，发展旅游潜力巨大。围绕文化旅游结合和发展文化产业，布局了县城古街改造、杨柳陕南风情园、禹王宫广场、古戏楼以及后柳、秦巴风情园、熨斗古镇改造等项目。围绕石泉特有文化，深挖内涵提升农产品经济附加值和旅游产品的品质品位。

（4）水陆交通便捷。石泉辖区东西最大距离42.75千米，南北最大距离63.05千米，总面积1525平方千米。石泉县位于安康和汉中之间，阳（平关）安（康）铁路横贯东西，与210、316国道交汇于石泉县城，十（堰）天（水）高速、西（安）汉（中）高速横贯其中，已成为东接襄渝、西连宝成、南通巴蜀、北抵关中的重要交通枢纽。

2. 石泉县电子商务发展现状

（1）电子商务发展粗具规模。2012年以来，石泉县电子商务交易额超过0.1亿元，增长速度不断加快，2013年电子商务交易额达0.2亿元，2014年电子商务交易额达0.3亿元，2015年电子商务交易额达0.5亿元，年平均增长率58.5%。截止到2015年底，全县共发展网店100家、物流和快递企业18家、电子商务企业25家、电子商务应用企业40家。

（2）电子商务应用不断普及。石泉县积极推进电子商务发展，促进传统产业转型升级，电子商务应用日益普及。陕西博硒农业科技有限公司、陕西天众源生态科技有限公司、陕西六台山实业有限公司等40家企业都开展了电子商务应用，通过电子商务网上销售持续增长，2015年网络销售额达0.5亿元，同比增长150%。

（3）电子商务主体初步发展。网络消费与网络零售已被大众广为接受，网民数量日益增多，基础互联网用户达 5.7 万户，移动电话用户达 4.3 万户。全县已有 30 家企业和农业大户在网上建立网站，发布企业及产品信息，宣传企业及产品，成立专业电子商务公司 25 家，企业、个人网店加入淘宝、阿里巴巴、1号店、京东、苏宁易购等第三方平台，开展 B2B 和 B2C 等形式电子商务。这些电子商务企业和电子商务个体的迅猛发展，为石泉县普及电子商务应用起到示范带头作用。

（4）物流配送体系逐渐形成。物流基础设施加快完善，多家物流快递企业入驻石泉县，包括中通、圆通、申通、顺丰、韵达、邮政等，同时县域内拥有山东广通速递有限公司石泉县分公司、石泉县兴达仓储物流有限责任公司、石泉县国通快递有限公司等，"县—乡—村"物流配送体系逐步形成，为电子商务发展提供了有力支撑。

（5）网络基础设施趋于完善。通信运营商在石泉县提供宽带网络接入服务，提供有线或无线网络经营服务。移动通信基站、光纤和通信网络基本覆盖石泉县人口居住区，形成多业务、多功能的信息服务网络，满足了各类用户对数据通信的需要。

（6）电商发展环境不断优化。石泉县人民政府颁布《石泉县人民政府关于加快推进电子商务发展的实施意见》（石政发〔2016〕3 号），强调强化行业管理。组建成立电子商务行业协会组织，建立健全行业监管运行机制，充分发挥行业自律、行业管理、行业服务作用。充分发挥公安、市场监管、税务、供销、商务、通信等部门在电子商务及物流快递中的监管职能，加强对电子商务从业人员、企业、网店、相关机构的管理，加大对网络经济活动的监管力度，严厉打击假、冒、伪、劣等经营行为，维护电子商务活动的正常秩序，促进电子商务发展环境不断优化。

3. 石泉县电子商务存在的问题

（1）电子商务发展认识不足。政府部门、企业主管和个体工商户对发展电子商务的作用感受不深，认识不足，不能及时转变传统经济发展观念，接受电子商务发展新模式的能力较弱，积极性不高。发展电子商务，需要政府部门、生产企业、电商协会、网店经营者等全社会力量共同参与和推进。相关职能部门的作用基本没有发挥，存在电子商务相关部门热而其他部门冷的问题，农特产品、农产品加工品、旅游商品的策划征集速度较慢。

（2）电子商务发展人才匮乏。电子商务专业人才短缺是制约电子商务发展的重要因素，尤其是高端电子商务人才的匮乏。很多本土企业对电子商务的认识还很肤浅，程序开发、美工设计等专业技术人才太少，直接制约了电子商务网站的技术支撑能力。全县普遍缺乏开展运营管理的专业人才，电子商务人才缺乏已成为石泉县电子商务企业亟待破解的一个难题，原因主要是石泉县电子商务产业起步较晚，企业规模较小，产业聚集程度低，不能为高端电子商务人才提供发展空间。

（3）市场主体竞争能力不强。石泉县电子商务起步较晚，行业整体应用水平较低，从事电子商务的企业布局分散，没有形成统一的规划，缺少大企业的引领、大项目的集聚、第三方电子商务平台，电子商务产业园和物流产业园亟待建成，农产品没有形成自己独有的品牌优势。

（4）规模较小，发展任务艰巨。石泉县电子商务企业数量不多且规模偏小，电子商务交易仍处在较低水平，与电子商务发达地区相比，尚处于较落后状态。石泉县电子商务应用模式不够丰富，服务模式相对单一，集商流、物流、信息流、资金流为一体的全流程电子商务平台较少，缺乏核心竞争力。

4. 石泉县电子商务发展对策

（1）加强组织领导。由县委县政府统一领导、协调和推进全县电子商务发展，由县商务局、电子商务中心负责电子商务发展的规划和指导以及具体实施工作。建立健全责任明确、分类实施、有效监督的实施机制。明确各有关部门在电子商务重大项目推进、重点企业扶持等方面的目标和责任，增强推进电子商务发展的合力。

（2）强化政策扶持。认真贯彻落实国家扶持电子商务发展的各项政策，进一步建立和完善电子商务发展促进机制。根据石泉县电子商务发展的实际情况与需求，县委县政府研究制定符合县域特色、鼓励电子商务发展的政策措施，实行政策聚焦和工作聚焦，破解石泉县电子商务企业发展中的瓶颈问题，大力扶持石泉县电子商务的发展，并为国家制定和完善相关法规政策提供实践基础。提供相关的创业投资、贷款融资、税收优惠政策，完善电子商务投融资政策，促进金融业对电子商务相关企业的支持，引导以企业为主体的社会各方按照市场化运作方式投资电子商务。积极推进网络消费者权益保护、网络个人隐私、企业商业秘密保护和网络信用评价等方面的制度建设。

（3）加大金融支撑。县财政设立电子商务发展专项资金，保证 5 年内每年 300 万～500 万元的专项资金，主要用于电子商务公共服务平台建设，名企合作与吸引，进高级管理人才以及人才培养、培训教育，中国银联在线（跨境）支付项目建设，重点龙头企业电子商务的建设、运营和项目开发。进一步加大对电子商务发展的投入和引导，重点支持电子商务试点示范企业和重点建设项目，加大对自主知识产权的电子商务基础性、关键性领域研究开发的支持力度。支持新产品应用的配套基础设施建设，为培育和拓展市场需求创造良好环境。加强对共性技术开发、重点应用示范的引导性投入，支持电子商务领域信息资源的公益性开发和利用。

（4）落实人才培养。"十三五"期间力争每年对各乡镇负责电子商务工作的分管领导和职工培训一次。支持行业协会、社会机构或企业开展电子商务应用高级管理人才培训和基础应用培训。启动一批电子商务扶持工程，加快培育壮大"网商"队伍。扶持学校和企业开展电子商务方面的教学与实践，如实操培训、行业实习培训、专业认证考试等。鼓励各相关机构开展电子商务人才与企业双向对接会。积极发展移动学习远程教育模式，培育信息化、电子商务人才软环境。此外，研究出台一些人才吸引政策，吸纳电子商务优秀人才到石泉县就业。培育一批具备先进的管理理念的电子商务骨干企业，制定提升企业电子商务应用水平的培训计划，有效实施企业各类人员的电子商务培训工作以及农产品生产源地农民电子商务培训工作。企业管理人员五年内普遍接受信息化培训，掌握信息化基本技能。

（5）积极宣传引导。加强宣传引导，提高企业和公民的电子商务应用意识。依托新媒体平台，充分利用各种媒体，加强对石泉县电子商务整体品牌的营销推广，扩大石泉县电子商务发展的影响力和吸引力。加大对电子商务发展基本知识、成功案例、重点企业的宣传力度，提高全民认知水平。依托电子商务企业家协会和其他行业组织，积极开展电子商务推广培训活动，引导和鼓励广大企业、消费者学习掌握电子商务知识，培养更多网民、网商、网企。强化守法、诚信、自律观念的引导和宣传教育，提高社会各界对发展电子商务重要性的认识，增强企业和公民对电子商务的应用意识、信息安全意识。

举办有重要影响力的电子商务发展论坛、专业电子商务创新创业大赛等活动，积极争取国内知名电子商务会议在石泉县召开，建立高规模、高层次的年度电子商务培训计划，邀请国内电子商务知名专家或品牌企业领导人讲课，培训范围覆盖全县有关部门领导和科（处）室负责人。

6.4　商洛市县域电子商务

6.4.1　商洛市县域电子商务发展概况

1. 商洛市县域电子商务发展基础

商洛市由商州区、镇安县、山阳县、商南县、丹凤县、洛南县、柞水县1区6县组成，位于大秦岭腹地，陕豫鄂三省交汇处，跨越黄河长江两大流域，兼具南北气候特征，有着"天然氧吧""城市绿肺"之美誉。境内资源富集、物产丰富，有着有中国"天然药库""核桃之都""板栗之乡""北方茶叶之乡"等美誉。商洛市有着悠久的历史、灿烂的文化,既是仓颉造字、四皓隐居、闯王屯兵的地方,也是秦楚文化交汇融合之地,被称为"戏剧之乡""文化绿洲"。商洛市更是红色革命的根据地,已被国务院批准为革命老区。商洛市交通便利四通八达,已建成四条高速,并贯通两条铁路。商洛市凭借其独特的区位和交通优势已融入了西安 1 小时经济圈,并被纳入关中天水经济区。商洛市将成为电商沃土,产业新城冉冉兴起。

2. 商洛市县域电子商务总体状况分析

商洛市大部分地区还是发展较为不平衡的,但是丹凤县发展较为均衡,总体而言还需较大提升。商洛市总体现状分析如下。

1) 多点发力,电子商务引擎活量倍增

中共商洛市委、商洛市政府紧紧抓住"互联网+"的重大政策机遇。从组织机构、政府支持、资金扶持、人才培训建立四大保障体系,如图 6.3 所示。从而形成了自上而下党政一把手亲自抓、分管领导具体抓、商务部门牵头抓、相关部门各司其职合力抓的局面。

商洛有市/县区电子商务服务中心 8 个,互联网经济发展协会和电子商务协会 8 个,出台支持政策文件 16 个,编制电子商务发展规划 8 个,新增加电子商务编制人员 40 名。市县区均设置了最低 500万元专项资金,最高 1000 万元专项资金。积极开展高质量电子商务培训 3 万多人次,创造了空前良好的发展电子商务的生态环境。

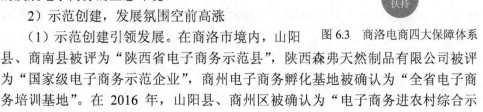

2) 示范创建,发展氛围空前高涨

(1) 示范创建引领发展。在商洛市境内,山阳

图 6.3 商洛电商四大保障体系

县、商南县被评为"陕西省电子商务示范县",陕西森弗天然制品有限公司被评为"国家级电子商务示范企业",商州电子商务孵化基地被确认为"全省电子商务培训基地"。在 2016 年,山阳县、商州区被确认为"电子商务进农村综合示范县"。

(2) 加强合作,共赢发展。市(县、区)政府和京东集团签订战略合作协议,并建成了京东中国特产商洛馆,五县(区)与阿里巴巴合作实施了淘宝农村计划,丹凤县 2015 年首次成为亿元"淘宝县",在陕甘宁三省"阿里年货节"中,农村"淘宝村"均成交总额、镇安县村均单量、合伙人人均收入第一,总成交总额位列第四。陕西君威农贸综合有限责任公司与武汉农畜产品交易所达成协议,建立西北产品交收库,实施了大宗农产品上市交易。

(3) 培育网品,保证发展。商洛市拥有认证和注册的具有明显商洛及秦岭特色的网销品牌达 100 多个，在商南县建立了产品质量检测体系和产品二维码体系。

（4）创新模式跨越式发展。2015 年，实现跨境电子商务贸易额 5000 万元，2016 年已突破 8000 万元。

3）各级支持，发展程度良性、高效

省市及有关上级部门，对商洛市电子商务发展给予了高度重视和热情关怀，多次调研指导商洛市电子商务工作，对电子商务工作给予了高度重视，极大地推动了商洛市电子商务快速发展。

4）发育规范产业提升成效初显

（1）产业规模快速提升。产业规模扩大在吸收容纳就业人员上发挥了"蓄水池"的作用，电子商务企业达 420 家，2015 年电子商务总额突破 20 亿元，2016 年1～9 月达 22.2 亿元，同比增长 48%，全市电子商务直接从业人员约 1.2 万人，间接带动就业人员约 3.6 万人。

（2）区域平台建设各具特色。区域平台建设在传统产业转型升级中发挥了新引擎的作用，众品网、忆秦岭等十多个本土的电子商务交易平台已上线运营。截至 2016 年 10 月，核桃街垂直电商平台线上销售核桃及其加工品 8000 多万元。山阳福茂海尔有限公司和逯集网展开深度合作，商洛苏宁云商依托苏宁易购网上销售在不断扩大发展。2016 年，陕西有色金属交易中心的氮化钒等网上交易额达到 12 亿元，取得了定价权。山阳县建立了钒、镁等有色金属实体交易与网上交易相结合的综合服务平台。

（3）产业集聚效应显现。产业集聚在实施"双创"战略中积极发挥了"孵化器"作用，截至 2016 年底，商州区电子商务产业孵化基地吸纳入驻农产品企业 56 家，累计培训电子商务人才 1 万余人次，全市建成运营电子商务产业园区 4 个，入园企业已达到 237 家，积累孵化企业与网店 5800 多家，商洛市电子商务产业园、商南县电子商务产业园、商州荆河跨境电子商务产业园也正在加快建设中。

（4）配套建设加快跟进。配套建设在联动产业发展中发挥了"助推剂"作用，商贸物流园区建成运营，口岸建设日趋加快，快递业覆盖城乡，截至 2016 年6 月底，全市已注册和登记的快递企业达 22 家，快递服务网点达 170 个，2016 年1～9 月全市发出寄递物品 213.4 万件，同比增长 98.12%。

（5）三级服务体系基本形成。三级服务体系在精准扶贫中发挥了"新动能"的作用，全市累计发展镇/村电子商务服务站点 386 个，网店 5800 多家，其中农村网店 900 多家，2016 年 1～9 月，农产品线上销售额 6.4 亿元，同比增长 367%。商南县郭峰服务镇、电子商务脱贫示范街，建成土蜂蜜、香菇、板栗、核桃、莲菜、魔芋等六大农特产品生产基地，柞水县建成一村一店 80 多家，陕西森弗天然制品有限公司在商洛市北宽坪镇、腰市镇建成 3000 多亩的油葵、万寿菊种植基地，带动贫困户 1200 户，贫困人口 3200 人，户净增收 12 000 多元。

　　全市经过互联网+现代农业、示范园、贫困户、大健康产业的精准扶贫立环发展模式，带动贫困人口 12 000 多人。如图 6.4 所示。

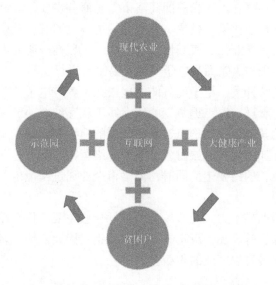

图 6.4　电商助推"精准扶贫"立环发展模式

　　5）抓住机遇，助推商洛腾飞发展

　　围绕市委市政府提出的全力打好现代工业、现代特色农业、新型城镇农业化、精准脱贫四个攻坚战，抢抓互联网发展机遇，深度融合一二三产业，全力推动农村电子商务、工业互联网和跨境电子商务新型业态快速发展，力争到 2020 年商洛市电子商务交易额能超过 100 亿元，网络零售额可达 30 亿元，商贸企业电子商务普及应用率达 70%之上，规模以上工业企业的应用效率达 90%以上，着力把商洛打造成全国电子商务示范城市，伴随"一带一路"倡议，中国制造 2025、"互联网+"行动计划等的实施，阔步迈进互联网、云计算、大数据的新时代。

6.4.2　商洛市县域电子商务存在的问题及对策

　　1. 商洛市县域电子商务发展存在的问题

　　（1）龙头企业缺乏。商洛市县域电子商务的发展缺乏龙头电子商务企业带动。

电商经营规模普遍不大，经济效益偏低，电子商务发展仍处在自生自灭的初级萌芽阶段。电子商务的发展离不开榜样的引领，商洛市电子商务的发展更离不开电子商务龙头企业的引领，但是就目前的规模来说，销售额超过 2000 万元的企业数量有限，急需电子商务龙头企业给予引领支持。

（2）本地平台不够强大。当前的商洛市电子商务主要依靠第三方平台进行销售，商洛急需重点打造核桃、板栗、食用菌、中药材和有色金属等若干主导产品电商平台，打造具有专业化、权威性、特色化、区域性鲜明的电商平台，使其能够在全省同行业领先的大宗商品电子商务交易平台进行交易。

（3）多方领域待开发。电子商务的发展依托于各方电子商务的应用，为能够尽早地实现"网上看样、网点提货"的线上线下相互结合的经营模式，商洛市多方领域待开发，尤其是线下提货点、信用体系的建设等领域。旅游电子商务领域配套建设仍需进行加强建设，旅游景区关于网络营销、网上预订、网上支付等在线旅游业务仍有很长的路要走，同时，商洛市企业通过跨境电子商务开展进出口贸易仍需积极推动。

（4）产业发展助推不力。经市场反映显示一些主要农特产品仍存在难卖的问题，如鲜板栗、柿子等产品，近年来，受市场销售因素制约，客商收购量小，价格偏低，影响了农民发展产业的积极性。

2. 商洛市县域电子商务发展对策

（1）深化认识，大力扶持。应充分发挥政府的主导推动作用，适时邀请外地知名电子商务专家走进商洛大讲堂，给商洛市干部职工普及电子商务知识和发展理念，达成提高商洛市电子商务发展的思想共识。及时成立相关机构，为商洛市电子商务发展提供坚强的组织保障。尽快完成商洛市电子商务发展的顶层规划设计及具体实施方案，力争短期内在淘宝网开建特色中国商洛馆，成为西北第二家市级特色馆。应大力扶持成立商洛市电子商务发展协会，每年从财政资金中挤出500 万元作为电子商务发展基金，同时，制订具体的扶持计划及有利的激励政策，相关部门也要制定出相对应的扶持政策，高度培养孵化本土电子商务企业，以此来吸引大型电子商务企业尽快入驻商洛市。

（2）健全电子商务网络，组建专业营销团队。可从现有大型电子商务企业中挑选优秀专业人才。在各县区及其镇办和有条件的村成立相应的组织，形成全面覆盖全市的市、县（区）、镇、村四级电商协会网络系统。同时，可从机构改革富余人员以及国有事业单位的富余人员中遴选一批懂计算机、掌握一定网上营销知识的年轻人，进行培训，形成商洛市电子商务发展骨干。

（3）夯实供货后仓，做好示范带动。应培育品牌，着力打造产业标准化示范园，做大做强做好产业。帮助注册商标，研发农特产品优质组合包装，实现农特产品全方位大提升，为电子商务发展提供足够的产品储备。重点扶持一批与商洛市主导产业融合度较高的电子商务龙头企业，用以加快电子商务发展，使之积极发挥龙头带动模范作用，形成与农特产品双向互动发展模式，积极推动商洛市经济发展。

6.4.3　丹凤县电子商务基本情况

县政府与阿里巴巴集团签订战略合作协议，短短三个月，实现了县级运营中心和首批 30 个村级服务网站同步运营开业。截止到 2016 年 6 月 22 日，全县累计完成交易订单 5430 单，交易额突破 166.43 万元，日交易金额达到 20.8 万元。其中开业当天，全县网上实现交易订单 1300 单，交易额达到 40 万元。后期，丹凤县将按照"政府搭台、企业主导、市场运作"的原则，以打造发展平台、壮大电商队伍、引进电商人才、建设产业园区为重点，强化宣传培训，加大政策扶持，健全组织保障，实现农村电子商务"三步走"计划。

丹凤县出台相关政策措施，加快电子商务项目建设，电子商务产业蓬勃发展。

（1）扶持政策和奖励资金保障有力。2016～2018 年，县政府每年安排电子商务专项资金 500 万元，主要用于支持电子商务硬件设施建设、电子商务人才培训、村级农淘网点业绩奖励以及电子商务产业发展。同时，成立了丹凤县电子商务工作领导小组，配套制定了《丹凤县阿里巴巴农村淘宝项目建设实施方案》《关于加快电子商务产业发展的实施意见》等相关文件，明确职责，凝聚力量，调动资源，在全县上下初步形成发展电子商务的社会共识。

（2）县、镇、村三级服务网络初步形成。与阿里巴巴签订农村淘宝战略合作协议，建成县级运营中心、物流中心和村级服务站，搭建起县、镇、村三级服务网络。目前，县级电子商务运营中心和 50 个村级服务站运营正常。

（3）电子商务队伍不断壮大。在电子商务进农村、进企业、进市场相关政策的引领下，全县从事电子商务的企业（网店）达到 43 家，从业人员超过 500 人，涌现出一批如西安科农电子商务有限公司、丹凤县智兴伟业电子商务有限公司等专业电子商务企业。围绕农村淘宝项目，在全县招募和培训电子商务从业人员 2096 人。

（4）物流服务业发展迅猛。目前，圆通、申通、中通、韵达、天天、顺丰、宅急送、百世汇通、邮政 EMS 等 16 家快递企业已经先后入驻丹凤县，物流快递日收货量 2000 余件，日派货量 3000 余件。农村淘宝项目的实施，使快递送达区域不断向城郊、镇村组延伸，不仅打通了城市到农村物流"最后一公里"难题，而且解决了广大农民群众的"买难卖难"问题。

（5）积极谋划，绘制电子商务产业发展蓝图。按照政府推动、企业主导、市场运作的原则，以打造发展平台、壮大电商队伍、引进电商人才、建设产业园区为重点，强化宣传培训，加大政策扶持，健全组织保障，实现农村电子商务"三步走"计划，打造 1 个具有一定影响力的涉农电商平台，建成 1 处运营规范的涉农电商产业园区，培育 10 家年交易额超过 1000 万元的涉农电商企业，发展 50 家年交易额超过 500 万元的涉农网商，促使全县 155 个行政村（社区）的淘宝网店全部实现正常运营。

第7章 陕北县域电子商务发展概述

7.1 陕北县域电子商务发展基本概况

1. 陕北县域电子商务发展基础

（1）陕北县域电子商务发展经济基础。陕北包括延安和榆林两市，有洛川县、宜川县、府谷县、富县、靖边县、子长县等 23 个县（市、区）。2014～2016 年陕北各市 GDP 变化如图 7.1 所示，延安、榆林的 GDP 变化趋势相同，呈现先下降后增长的变化趋势，因为近两年国家实行供给侧结构性改革，陕北地区经济转型，且产生效果。陕北地区资源禀赋好，煤、气、油等能源丰富，工业发达，在 2014 年陕西省县域经济社会发展十强县中陕北占据了半壁江山。陕北已经成为陕西省县域经济发展较快和水平较高的地区。

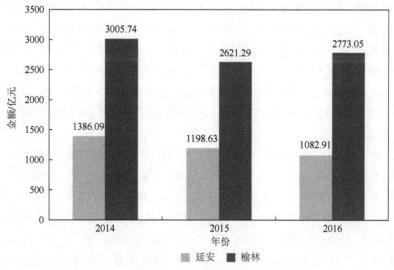

图 7.1 陕北各市 2014～2016 年 GDP 情况

资源来源：陕西省人民政府

（2）陕北县域电子商务发展资源基础。陕北县域电子商务发展基础集中体现在能源资源富足、红色旅游资源和农特产品丰富。陕北煤、汽、油等传统能源富集。陕北是传统革命老区，红色旅游一直是陕北独具特色的风景线，随之带动陕北农特产品和特色饮食文化的推广。陕北苹果、红枣、小米等优良农产品资源富裕，且陕北延安、榆林两市地域优势明显，是联通陕、甘、宁、蒙、晋西北五省的重要枢纽，电子商务发展潜力巨大。

2. 陕北县域电子商务发展现状

（1）粗具规模，陕北示范县成型迅速。2015 年陕西省商务厅、财政厅将延安、榆林两市的 15 个县评为"电子商务进农村综合示范县"。这 15 个示范县分别为：洛川县、神木市、子长县、富县、米脂县、延长县、横山区、宜川县、靖边县、安塞县、清涧县、黄陵县、绥德县、府谷县、延川县，并且延安的宝塔区获得过"陕西省电子商务示范县"的称号。

陕北县域电子商务建设已逐渐开展，电子商务进农村示范县覆盖面广，将会带领陕北各县积极开展电子商务建设，起到示范效应。推进陕北县域电子商务建设有助于拓宽农特产品销售渠道，促进农村网络消费市场的形成，带动农民脱贫致富。

（2）效应显现，电商诸强圈地逐鹿。国内电商企业相继在陕北落户合作。京东集团在榆林启动了"榆林红枣节"并在线上建立了"京东榆林馆"，销售具有榆林特色的农特产品。阿里巴巴集团也与陕西省政府在电商人才培养、互联网金融、互联网民生、大数据和云计算这五个方面进行深入合作；洛川县、子长县分别与阿里巴巴集团签订"农村淘宝"示范县项目；靖边县与阿里巴巴集团签订战略合作协议；富县与京东商城达成战略合作关系，京东富县服务中心建成运营；"中国网库"落地安塞县，启动"腾计划"，建立延安苹果电子商务产业基地。陕北地区正在国内电子商务巨头的带动下逐步扩大县域电子商务格局。

（3）潜力无限，电商发展刻不容缓。阿里研究院搜集了陕北地区 23 个县的电子商务发展的相关指数，从电子商务发展指数、网商指数、网购指数三个方面均可以看出陕北县域电子商务发展不均衡。且网商指数基本上小于网购指数，即陕北地区居民通过淘宝买入的多于卖出的。从阿里研究院的排名可以看出，陕北大部分县还处在全国 1000 名之后，较为落后，其中有 7 个县进入前 1000 名，仅有 4 个县进入全省前 10 名，说明大部分陕北县域电子商务发展缓慢，其发展空间巨大。

从陕西统计局统计（图 7.2）可以看出，陕北地区延安市和榆林市电子商务销售额大于电子商务采购额，说明陕北除了通过淘宝进行销售，还通过各种平台在网上销售，销售平台多种多样。

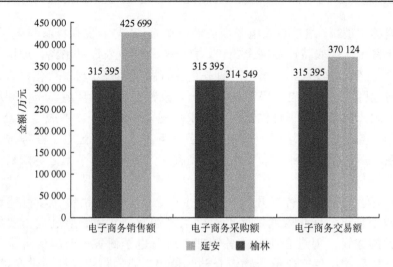

图 7.2　2015 年陕北各市电子商务交易情况

资源来源:《2016 年陕西统计年鉴》

3. 陕北县域电子商务发展思路

陕北县域电子商务的发展要将产业转型和精准扶贫结合起来,将电子商务作为推动陕北经济转型的重要手段。一是要发挥好区域品牌特色。梳理汇总当地农特产品品牌,将农特产品品牌汇集在陕北这一品牌旗下,借助互联网平台和电子商务服务体系,引导和推动农业特色产品市场化、标准化、组织化和规模化经营。二是加速陕北产业转型升级,利用互联网高科技技术和大数据技术支持实现传统工业定制化生产,淘汰过剩产能,提高产业附加值,通过创新链与产业链双向互动促进优势产业提质增效。三是电子商务触角向旅游、文化产业延伸,大力开发红色旅游资源,丰富旅游特色产品,加快发展第三产业,将经济发展与文化传承紧密结合起来,树立旅游区域品牌,通过旅游业的发展带动传统革命老区经济发展。

延安、榆林已建成县级电子商务运营中心 16 个,县级仓储物流中心 21 个,服务站点镇级 101 个、村级 807 个,县域电子商务服务体系粗具规模。但是随着产业转型升级的推进,传统能源领域正在经历改朝换代,加快发展电子商务将为煤炭产业由单一性资源依赖型产业到多元化创新型产业转变提供可能,这将为陕北优化产业结构,保持经济稳定增长注入新活力。

4. 陕北县域电子商务模式特点

(1)陕北电子商务助推精准扶贫。把电子商务扶贫作为增强陕北革命老区经济发展的突破口,通过引入电子商务经营模式,引导农民积极参与电子商务,推动陕北贫困地区农特产品网上销售,打开陕北特色农产品销路,加快传统农业升级,提高农民收入。引入电子商务企业有助于加快农村现代化建设,提升改造农村地区路、水、电、房等基础设施,改善农民生活环境。积极利用互联网信息量大、成本低等平台优势,拉动农户进行网络创业,形成"大众创业、万众创新"的新局面。培育一批电子商务"新农人",通过电子商务进农村来改善民生环境,促进就业,增加农村居民收入,使陕北落后地区尽快脱贫,共同致富。

(2)电子商务促进转型升级。围绕生产运行、产品销售、项目建设、园区发展四个重点,优化陕北地区能源化工产业发展环境。通过大力实施信息化基础设施建设,促进企业的业务管理系统与电子商务平台的信息集成,发挥"原材料采购、生产制造、物流仓储、销售"协同作用,推动供应链整合。鼓励企业间利用互联网进行协同作业,在研发、设计、制造等环节进行衔接,实现一体化进程。发挥本地工业企业的规模化优势,利用电子商务拓展与下游企业的业务合作,提高产品分销能力,促进售后服务水平提高,增强产品竞争力。充分挖掘B2C电子商务平台的大数据优势,引导电子商务企业向"按需生产、个性化定位"逐步转型,改变传统大型企业的产品同质化生产方式,释放消费者的个性化需求,减少资源浪费,提高生产效率。同时,创新电子商务发展路径,鼓励更多传统企业与互联网融合,发挥电子商务促进产业转型的作用,促进县域经济产业结构优化,推动战略性新兴产业发展以及形成新的经济增长点。

(3)电子商务促进区域品牌的建立。陕北革命老区的文化底蕴和内涵是陕北县域电子商务的特有品牌,发展县域电子商务要紧紧抓住这个优势,以政府、企业、协会为驱动,带动陕北特产、红色旅游、文化教育等O2O电子商务业态发展。完善本地化电子商务综合服务商,从市到县、到镇、再到村,把县域电子商务服务延伸到"最后一公里",通过品牌化战略,发展旅游周边产品,扩大消费领域,把红色品牌做大、做强,形成有影响力的区域品牌。

7.2　延安市县域电子商务

7.2.1　延安市县域电子商务发展概况

1. 延安市县域电子商务发展基础

(1)延安市农产品资源丰富。延安是世界最佳苹果优生区和国家现代农业示范区,仅苹果种植面积达353.9万亩①、年产量303.2万吨,占世界苹果种植面积的1/20,全国的1/9、全省的1/3,陕北的红枣、小米、羊肉、杂粮等农副产品特色优势明显。

（2）延安旅游文化资源丰富。延安文化资源包括延安红色文化资源、黄河文化资源、黄帝文化资源、黄土风情文化资源,旅游资源丰富,发展潜力巨大。大力开发陕北旅游资源,借助电子商务大力宣传延安特色旅游产业,将旅游产业与延安独特的文化深度结合起来,增加产品附加值,延长产业链条。通过"互联网+"电子商务文化资源将发挥更大的作用,打造延安旅游强市,创造更多的经济效益。

（3）延安市交通体系较完备。延安陆路口岸、延安海关、延安检验检疫均已运营,对外进出口通道已经连通。延安机场是西北唯一一家与三大枢纽机场通航的支线机场,为延安提供了极其便利的交通条件,也为延安县域电子商务发展奠定了良好的物流基础。

2. 延安市县域电子商务发展现状

2013年以来,延安市政府及相关部门开始将发展目光投向县域电子商务,先后颁布了《延安市关于推进电子商务发展的实施方案》和《延安市商务局关于推进电子商务进农村综合示范工作的指导意见》等政策性文件,成立了延安市电子商务服务中心和电子商务协会,通过延安市电子商务孵化中心建设项目的启动,免费培训城乡居民,尤其是培训电子商务从业人员,召开电子商务交流合作推进大会,指导子长县、安塞区、延长县、延川县、洛川县、富县、黄陵县、宜川县等8县（区）成功申报"电子商务进农村综合示范县"。

2016年,延安已经在淘宝、京东、1号店、苏宁易购四家主流平台建立特色延安馆,入驻电商40多家,销售产品650多种,延安馆内网上零售额达3128万元,中国网库落地安塞区,黄陵县、洛川县等被中国邮政集团公司确定为电子商务进农村综合示范县,洛川县、子长县、延川县、甘泉县、安塞区、黄陵县、黄龙县等7个县（区）级电子商务服务中心陆续建设运营,洛川、子长"农村淘宝"项目建成运营,2016年延安市共建成村级电子商务服务站1210个、物流配送中心15个、市县级电商服务中心14个。延安市网上买家超过了50万户,网络销售商户超过20 000家,物流快递企业达到147家,快递包裹业务量达到825万件,2015年全市电子商务交易额达到25亿元,同比增长26%。延安市网络交易品种覆盖面很广,如图7.3所示,延安市食品酒水所占比重最多,其中延安杂粮和洛川苹果深受国内外客商青睐。

电子商务有助于加速延安"大众创业、万众创新"的进程,延安市中小企业不断创新,如研发的果醋、阿胶、山核桃工艺品、黄土爽身粉、蚕丝被、生态桑叶茶、蚕沙保健枕等新产品不断涌现,并且通过电子商务销售逐渐得到了消费者

---

① 1亩≈666.7平方米。

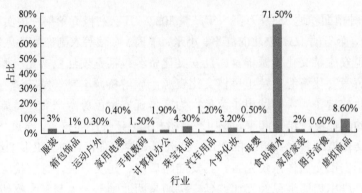

图 7.3　延安市网络交易额分布

资源来源：陕西省商务厅

的认可。电子商务创造品牌的作用得到了充分发挥，例如，黄陵县向国家工商行政管理总局申请了"黄帝赐福"LOGO 六类，宝塔区诞生了"峁圪塔"知名商标。电子商务推进了延安农产品的商品化、标准化、品牌化，电子商务更加注重"QS"质量认证和产品条形码申报以及产品包装保鲜等新技术的应用，加快了农业产业化、现代化、市场化和国际化进程，成为当地经济转型的有力抓手。

通过对阿里研究院延安地区各县（市、区）的阿里巴巴电子商务发展指数进行分析，如图 7.4 所示，延安市黄陵县、安塞区、洛川县、富县等的县域电子商务发展高于延安市平均水平，大部分县低于平均水平，尤其是延川县、延长县两个县县域电子商务发展水平亟待提高。

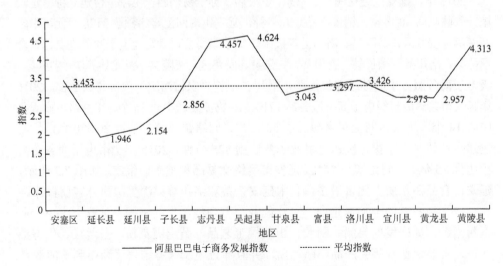

图 7.4　延安市县域电子商务发展情况

资源来源：阿里研究院

其中，洛川县县域电子商务发展较好，洛川县与阿里巴巴签订合作意向协议，洛川县与阿里巴巴合作建设的"互联网+延安·洛川苹果产业带"电子商务园区投入运营，该园区包含电子商务公共服务中心、人才培训中心、大学生创业孵化中心、苹果气调贮藏中心、货物仓储中心、物流中心、配套服务中心、批发和出口及金融服务中心等，在淘宝、京东、1号店等第三方平台新开洛川苹果官方旗舰店3个和"特色中国—洛川馆"1个，各类网店、微店数千家，电子商务生态服务体系基本形成。截至 2016 年 11 月，建成阿里巴巴农村淘宝县级运营中心和 50 个村级服务站，邮政农村便民服务站 56 家，农资直营店 150 家。建成阿里巴巴生鲜批发平台，上线企业 30 家，跨境电子商务平台上线企业 10 家，全县日销苹果 23 000 多单。

7.2.2　延安市县域电子商务存在的问题及对策

1. 延安市县域电子商务存在的问题

虽然延安市电子商务发展空间很大，但与北上广江浙等发达地区以及陕西省西安、宝鸡等市相比，延安市电子商务应用普及率和应用程度低、大型电子商务企业少、总体交易规模小，电子商务在区域之间、行业之间还存在较大差距，具体表现在以下几个方面。

（1）社会各界对电子商务的认识还有待提高。一些地方领导对电子商务是经济发展的新动力、创业就业者的新选择、消费升级的新形势的认识不足，支持力度不够，没有相关政策的扶持、资金投入较少、县区电子商务规划缺乏、部分县还没有完全建立电子商务服务中心或者孵化中心，不能协调各部门之间的分工；一些企业和个体工商户惯于传统交易方式，不能快速抢占网购市场，缺乏利用电子商务组织生产和开拓线上市场的意识；大多数居民对电子商务的认识还不充分，不能很好地操作计算机，网络销售以及购买的普及率还比较低。

（2）网络零售销售额占比不高。延安除石油、煤炭、天然气、卷烟、苹果等拳头产品以外，其他产品品牌影响力弱，知名度不高，网上销售主体和交易规模较小，网络销售商品质量化、标准化体系不健全，与网上交易"QS"认证标准和产品编码化等要求仍有很大差距。销售品类单一、缺少品牌已成为延安推进电子商务发展面临的迫切问题。

（3）农村物流配送体系不健全。延安市城镇物流配送基本实现全覆盖，但农村物流配送体系除中国邮政有完整健全的邮递线路以外，其他物流公司都没有建立起完整的农村物流配送体系，乡镇从事电子商务的企业很少。延安市农民人均收入的一半以上依靠苹果产业，南部地区农民收入的90%以上依靠销售苹果。但是，区域性的鲜果包装、仓储、冷链配送体系不健全，网络销售农产品存在诸多困难。因此，完善农村物流网络是亟待解决的问题。

（4）电子商务人才匮乏。延安市县区培训的电子商务人才仅能够达到开一般网店的要求，平台建设、策划、管理、营销、运营等高端技术人才还得依靠延安市以外的大公司，且电子商务企业存在招不到人、留不住人的问题。

（5）电子商务服务配套支撑体系不健全。与电子商务快速发展相关的信用担保、支付、认证、运营、数据分析、统计、监管和纠纷处理机制等配套服务体系还不够健全。中小企业在电子商务的物流、信息流、资金流等方面还没有形成规范的、成熟的、完善的体系。并且延安缺乏能够支持广泛交易的电子商务运营平台，缺少良好的运营环境和氛围，基础设施建设滞后，总体投入不够。

2. 延安市县域电子商务发展对策

（1）加强管理，引导行业规范发展。延安市政府应设置相关部门，加强电子商务的监测统计和规范管理，引导电子商务健康有序发展。加强工农业产品质量检测、安全监控、分级包装、冷链仓储、加工配送、追溯体系的建设、产品标准的制定和"QS"质量认证标准的建立，打击制造销售假冒伪劣商品、虚假宣传、不正当竞争和侵犯知识产权等违法行为，维护消费者合法权益，促进电子商务企业以及个体户守法诚信经营，维护公平竞争的市场秩序，不断提高延安农产品品牌影响力和市场占有率。

（2）完善电子商务交易平台建设。着力打造大宗商品电子商务交易平台，建立信息发布、产品展示、价格指导、网上交易等服务功能，为石油、煤炭、天然气、烟草、洛川苹果、延川红枣、黄龙核桃等本土优势产品网上交易提供规范、便捷、公正的第三方服务。

（3）拓宽电子商务应用领域。推动电子商务向物流、旅游、教育、医疗、农业、文化、贸易、社区服务、家政服务等领域扩展，大力发展网络教育、网上医院、网上菜市场、社区电子商务等应用。鼓励延百集团、治平集团等本土龙头企业、大型商场、连锁超市、批发市场和专业市场建立自己的网站，展示良好的企业形象，发布商品和服务信息，开展网络购物和网上批发交易，实现实体商店和网上商城有机结合，促进传统商贸流通方式向现代商贸流通方式转变，提高流通效率。

（4）积极培育电子商务示范企业。在延安市现有的门户网站、"网络品牌"创业企业、基础电子商务平台和电子商务配套服务企业中选出一批基础扎实、成长性好的企业，给予政策资金扶持，打造本土电子商务品牌，推广成功经验，增强区域引导、行业辐射和产业带动能力。

（5）加快完善农村物流体系。统筹城乡物流体系建设，特别是把电子商务服务平台建设作为基础设施建设的重要内容，加强交通、商贸、农业、供销、邮政等部门和单位及电子商务、快递企业对农村物流服务网络和设施的共享衔接，加强农产品产地采集和冷链等设施建设，大力发展社会化移动终端分销，并与传统超市、社区销售终端联合，鼓励传统农村商贸企业建立乡镇商贸中心和配送中心，逐步建立全平台、大网络的电子商务销售体系。发挥好中国邮政和供销社普遍服务的优势，发展第三方配送和共同配送，打通"工业品下乡"和"农产品进城"的通道。

（6）加大金融支持力度。加大对电子商务创业农民尤其是青年农民的授信和贷款支持，简化农村网商小额短期贷款手续，鼓励村级电子商务服务点、助农取款服务点相互依托建设，支持银行业金融机构和支付机构研发适合农村居民的网上支付、手机支付等金融系统，为交易提供便利。

（7）大力培养电子商务人才。实施积极的人才战略，进一步加大对中小企业、城乡居民、农村合作社等各类人员电子商务技能培训，努力培养一批懂理论、会经营、能带头致富的复合型人才，鼓励支持能够策划整合各类资源通过电子商务卖出本地特色商品的高端人才脱颖而出，努力形成区外人才源源不断引入、区内人才不断成长的新景象。

7.2.3　洛川县电子商务基本情况

洛川电子商务模式采用"互联网+洛川苹果"的模式，洛川县突出"洛川苹果"这一主题，加速"互联网+县域"的建设步伐，利用公共服务平台，推出有中国特色的线下农村商业孵化园区，打造出西北苹果电子商务交易中心、中国苹果定价中心。

1. 洛川县电子商务发展基础

（1）苹果种植条件优越。洛川拥有黄土高原土层最厚、面积最大的塬区，日照充足，夏季伴随着雨季，昼夜温差大，适合农业种植，苹果种植更为适宜，因此洛川有"陕北粮仓"和"苹果之乡"的美誉。

（2）洛川苹果品牌优良。洛川既是中国苹果优生区的核心地带，又是世界最佳苹果优生区，距今已有近 70 年的苹果种植历史，是陕西苹果的摇篮。洛川苹果种植面积达到 50 万亩，占耕地面积的 80%，农民平均每人 3.1 亩。洛川苹果品牌价值估计 65.9 亿元，居全国农产品品牌前列，2006 年洛川苹果被中国排球协会授予中国女子排球队专用苹果，2008 年国家工商行政管理总局公布了"洛川苹果"地理商标，2010 年洛川苹果是上海世博会接待用苹果，2016 年洛川苹果通过绿色食品原料标准化生产基地认证。洛川因苹果而成为一县一业、一业脱贫、一业富民的产业富民典范。

（3）洛川苹果销售范围广。洛川苹果已销售至全国 28 个省（自治区、直辖市）且形成了辐射国内 28 个省（自治区、直辖市）、出口 20 多个国家和地区的市场销售网络。2011 年洛川被农业部评为全国唯一的苹果原产地批发市场，并成为立足洛川、带动陕西、辐射全国的苹果生产、科研、加工、营销基地。

2. 洛川县电子商务发展现状

洛川县县委、县政府非常重视电子商务的发展，并且积极推进电子商务产业园区的建设、农村电子商务建设、第三方平台的建立等工作。洛川县与阿里巴巴、京东、苏宁易购、邮政等均展开合作，引进了淘宝、京东、邮乐购等线上经营模式，洛川县与阿里巴巴合作建立农村淘宝店，并在洛川建立 48 个"村淘"示范点；与苏宁易购合作建立县级运营中心；洛川县邮政局建成农村电子商务服务中心 4 处、旗舰店 7 处、服务点 54 处。洛川县联合旅行社推出了集观光休闲、采摘体验、科普教育为一体的"苹果之都、休闲胜地"系列旅游项目。在国家级洛川苹果批发市场内的电子商务产业园内建成电子商务服务中心、物流配送中心、仓储中心、培训中心，为洛川苹果的网上销售奠定了良好的基础。洛川县拥有电子商务企业 114 家、网店 2580 家、微店 4500 余家，洛川县被授予"电子商务进农村综合示范县"，也是陕西省首批四个"村淘"县之一。

洛川县建成了 5 家果醋饮品加工企业，生产能力达到 4000 多吨。洛川县还以苹果企业合作社为主体，建成了储藏冷库 622 座，提高了优质苹果的存储能力，也为稳定苹果市场价格做好保障。

洛川县电子商务公共服务中心对全县县级、科级领导干部和普通干部开展了"互联网+县域经济"电子商务和微营销培训 17 场次，受益 6424 人；组织千名大学生、农业企业、社会青年和农村创业青年培训 13 期，有 2150 多人参加，实现创业就业 1326 人。

3. 洛川电子商务发展存在的问题

（1）缺乏成熟标准与模式。洛川苹果从种植到收获，物流到仓储，再到消费者手中，这期间苹果的品质、运输、储存、安全等问题都很难像工业品那样加以标准化控制，所以一直难以形成行业标准和规则。洛川苹果在市场上也可以购买，还能保证新鲜和随意挑选，并且选择通过网络购买苹果可能会经过从产地到仓库再到消费者的几次污染，所以亟须制定洛川苹果的标准和品控，让人们通过互联网放心购买。

（2）仓储物流成本高。农产品储存与运输受限于订单量、成本、环境等多重因素，尤其是生鲜电商，受季节波动等环境影响，其在保温、保湿、运输等上要求苛刻，仓储物流成本高。洛川苹果同样如此，受季节影响，且储存、运输要求较高，仓储物流成本也高。

4. 洛川电子商务发展对策

面对以上两个问题，洛川县质量技术监督局、工商局等相关部门需要建立有关洛川苹果的标准，以及品质监控的要求。有效整合交通、仓储、快递网点等物流资源，打造智能化物流配送中心，加快推动物流快递业和干线运输的横向联盟、优势互补，提高配送网络的城乡服务能力和农村覆盖面。

7.2.4　宜川县电子商务基本情况

宜川县电子商务模式采用"旅游+体验"农村电子商务的模式。宜川县是全国电子商务进农村综合示范县，且农产品、旅游资源丰富，所以在发展电子商务的时候紧紧抓住旅游这一主线，利用旅游资源来推进农产品的销售。

1. 宜川县电子商务发展基础

（1）宜川县旅游资源丰富。宜川县历史悠久、文化底蕴深厚、生态环境优良，旅游资源多种多样，山水风光资源、历史文化资源、红色文化资源、民俗文化资源丰富多彩，山水风光资源以壶口瀑布、盘古山、蟒头山为代表，历史文化资源以古老传统农耕文化村落、丹州古城、石堡寨、云岩古镇为代表。红色文化资源以彭德怀指挥所、八路军办事处、第二战区司令长官部秋林旧址、宜川战役旧址为代表。民俗文化资源以壶口斗鼓、胸鼓、剪纸、蒲剧为代表。

（2）宜川县农产品资源优良。宜川县是农产品大县，其花椒、壶口酥梨、宜川苹果、稠酒闻名省内外。宜川苹果生长在世界最佳苹果优生区，日照时间长，昼夜温差大，所以宜川苹果质脆、味甜、色美、耐储藏。宜川县 80%的农民都从事苹果种植，建成现代果业示范园区 3.4 万亩，标准化果业示范园区 10 万亩，实施苹果"三品"认证 10.8 万亩、质量可追溯苹果种植区 7 万亩，宜川果品直销窗口和专卖店 80 个，宜川苹果远销加拿大、俄罗斯，成功进入国际市场。宜川被评为全省优质苹果生产基地。

（3）宜川县电子商务产业链条初步形成。陕西九龙农产品、宜壶、鸿盛电子商务企业入驻宜川县，与华联超市、客都购物中心合作，通过韵达、中通、邮政、圆通等物流企业运输，初步形成宜川县电子商务产业链。邮政局的邮政综合服务平台"邮乐网"2013 年就在宜川县开展工作，目前已经覆盖全县九个乡镇，内部电商平台和惠民优选项目平台已经投入使用，内部电商平台可以代收代缴电费，方便了宜川县群众，还可以销售特色农特产品，实现了农产品进城，惠民优选项目平台实现了工业品的下乡。

2. 宜川县电子商务发展现状

宜川县抓住建设电子商务进农村综合示范县的契机，建设宜川县电子商务孵化中心、电子商务公共服务中心和宜川县农村物流配送中心，与京东合作建设宜川馆，重点建设农村电子商务服务网点，建成乡镇电子商务服务站 10 余个、农村电子商务服务点 200 余个、物流配送服务站 13 个、村级配送点 105 个，电子商务网络交易额突破 1 亿元。宜川县电子商务的发展依靠"万村千乡"市场工程、电商企业、物流企业的支持，重点突出宜川县农产品资源和壶口瀑布的旅游资源。

3. 宜川电子商务存在的问题

（1）宜川农产品缺乏统一的特色商标。宜川县特色农产品众多，但受传统农业生产经营的影响，农产品销售的核心仍然是产品不是品牌，缺乏品牌创建与保护意识，对打造宜川品牌形象缺乏长远规划。

（2）宜川县电子商务规模较小。宜川县电子商务起步较晚，电子商务企业数量少、规模小，缺乏上规模的龙头企业，农产品没有深加工，产品附加值低。电子商务交易额较小，从事电子商务的企业较为分散，缺乏大企业的带动和大项目的支持与聚集。

（3）电子商务支撑力度不足。宜川县农产品品牌创建不完善、政策扶持力度不够，资金投入不足。宜川县科技保障不足、农产品深加工较少，没有科技含量，附加值低。

（4）电子商务人才难引、难留。宜川县电子商务专业人才缺乏，特别是管理、营销、运营、高端技术人才短缺，这限制了企业运用电子商务进行销售和提升品牌知名度，影响电子商务的全面发展和运用。电子商务人才问题成为宜川县电子商务发展亟须解决的一个难题。

（5）电子商务服务能力不足。宜川县电子商务平台功能不够全面，大多数平台仍处于发布信息的状态，缺少物流、信息流、商流、资金流于一体的电子商务平台，缺乏核心竞争力。

4. 宜川县电子商务发展对策

宜川县面对这些问题，应紧紧抓住"互联网+""大数据""电子商务进农村综合示范县"等发展契机，制定一些保障措施。例如，明确主导产业和特色产品，制定品牌发展规划；加强政府领导，组织协调相关部门，促进企业实施电子商务；加快相关优惠政策的制定，鼓励电子商务发展；对电子商务企业和从事电子商务的人员进行培训，保证人才培养；积极宣传推广电子商务的支持政策，吸引企业来宜川县投资。

7.3　榆林市县域电子商务

7.3.1　榆林市县域电子商务发展概况

1. 榆林市电子商务发展基础

（1）资源优势突出。榆林市矿产资源丰富，已经发现 48 种矿产，共 8 大类，其中煤、油、气、盐资源丰富，储藏量大，潜在价值高，开发潜力巨大。预测煤炭储量约 2800 亿吨，天然气约 6 万亿立方米，岩盐约 6 万亿吨，石油约 10 亿吨。丰富的矿产资源能够为榆林市吸引众多投资，为电子商务的发展奠定良好的基础。

（2）人文优势独特。纵观历史，榆林从春秋战国时起就是兵家争抢之地，有"九边重镇"之称。近代解放战争时期，毛泽东、周恩来等开国领导曾在榆林生活、战斗过。榆林是国家历史文化名城，有万里长城第一台镇北台、摩崖石刻、白云山道观、李自成行宫等重点文物古迹。榆林拥有丰富的人文资源，可以利用人文优势发展旅游电子商务。

（3）交通优势明显。榆林地处陕甘宁蒙晋五省（自治区）交界之处，连接东南西北。在交通方面，铁路、高速公路、航线四通八达，其中高速公路总里程居全省第一。优越的地理位置加上便捷的交通为榆林建设物流基地提供便利，能够方便快捷地将货物中转以及运达。

2. 榆林市电子商务发展现状

榆林市电子商务和物流业近两年才起步，没有完善的法律法规、基础设施落后、管理粗犷、市场分散、品种单一。但是榆林快递物流业发展迅速，2015 年比 2014 年增长 71%，呈几何级增长。

由陕西省商务厅发布的 2015 年陕西各市网络零售行业交易额分布可知，榆林市网络零售额分布行业不均，如图 7.5 所示，箱包饰品、图书音像制品的交易额占比均为零，可能这两类交易额很小，虚拟商品销售额所占比重最大，达到 60.7%。并且榆林市网络零售行业交易额占全省比重均小于 5%，说明榆林网上交易的各行业比重在全省都很小，电商发展较落后。

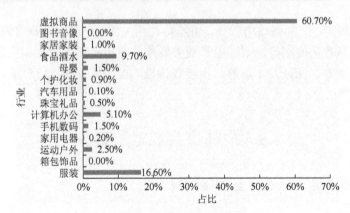

图7.5 榆林市网络零售额行业分布

资料来源：陕西省商务厅

　　榆林市增加对电子商务的管理，促进传统企业转型升级，推进传统企业发展电子商务。榆林市的12个县（市、区）分别与京东签订合作战略协议，其中横山区和清涧县被京东认定为产业扶贫县，榆林市在京东电商平台设立京东榆林馆，经过一年半的运营，交易额已经达到500余万元。榆林市在天猫、淘宝、京东三大电商平台开设1000余家网店，如本土企业老闫家、羊老大、七只羊等在天猫、淘宝、京东等电子商务平台均有自营店铺。榆林市电子商务企业1295户，快递业务量达到2416万件。2017年5月榆林市政府与中国网库签订了战略协议，采用线下线上相结合的方法展示推广榆林本地特色产品。

　　根据阿里研究院的榆林县域阿里巴巴电子商务发展指数分析，如图7.6所示，神木市、府谷县、绥德县、靖边县、定边县的县域电子商务发展水平在榆林市的平均水平之上，但是清涧县、佳县、子洲县三个县的县域电子商务亟需扶持。

　　3. 榆林市县域电子商务存在的问题

　　榆林市电子商务近几年才发展，起步较晚，网上交易额较少，传统企业参与电子商务的较少，榆林市电子商务还处于初级阶段。对榆林电子商务的发展现状进行分析，发现榆林市电子商务发展存在的问题如下。

　　（1）企业电子商务工作发展滞后。企业的管理体制、管理理念与组织机构不适应企业发展电子商务，企业对于电子商务的重要性认识不足，不利于企业发展电子商务。通过调查研究可知，榆林市电子商务企业存在规模小、信息管理水平低、信息机构不完善、信息化投入不足等问题，外来投资企业、进口企业、出口企业虽开展电子商务的不少，但与发达地区的电子商务企业相比还较为落后。

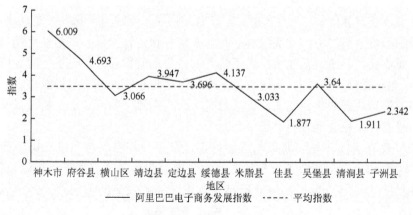

图 7.6　榆林市县域电子商务发展水平

资料来源：阿里研究院

（2）缺乏较成熟的电子商务网络平台。榆林的电子商务门户网站少，规模较小，电子商务活动主要在榆林市以外的门户网站上进行，另一些可能在榆林市电子商务中心行业网站内进行，因为仅有榆林市电子商务中心行业网站是综合性电子商务网站，一些企业只是建立了公司网页，企业难以有效地参与到电子商务中，信息不对称，难以发挥电子商务的优势。

（3）金融市场还不健全。近年来，银企合作仍停留在传统的合作领域，如贷款。企业参与电子商务交易需要在网络上通过银行卡完成支付和结算，但榆林市银行开展电子商务方面的业务较少，配套的服务和宣传跟不上电子商务的发展。

（4）有关电子商务法律法规、鼓励政策等需要完善。从全国来看，电子商务的相关法律还在修订，修订速度较为缓慢，且现行的行政法规不适应电子商务的发展，从榆林市来看，榆林市没有一套完整的鼓励电子商务发展的规定以及奖励办法，同样，每个县（市、区）也需要一套鼓励电子商务发展的奖励办法，有利于鼓励外来投资者参与电子商务，促进榆林市电子商务的发展。

（5）电子商务人才匮乏，人员素质亟需提高。电子商务对于榆林而言是新生事物，既精通计算机知识又熟悉电子商务流程及相关知识的人比较少，所以需要加强电子商务从业人员的计算机培训，从而进一步提高其计算机操作能力，并且普及电子商务的相关知识，鼓励更多的人参与到电子商务中来。

4. 榆林市电子商务发展对策

（1）加快企业信息化的进程。结合榆林市的实际情况，加强企业信息化需要做好以下几个方面的工作。一是建立和完善以财务管理为核心的管理信息系统，逐步推进企业信息化发展。二是先推进基础设施条件较好的企业进行信息化建设，使其起到示范带头作用，加快榆林市企业的信息化建设步伐。三是建立信息共享的电子商业社区，通过互联网将上下游、同业之间的贸易往来记录下来，降低中间环节、消除信息不对称、实现信息共享。四是将企业内部信息资源整合，实现企业间的信息数据共享、交流，促进信息流向资金流、物流递进，将交易平台升级为信息平台，稳健地开展电子商务。

（2）政府积极参与，促进电子商务良性发展。政府和企业参与电子商务有助于推动榆林市电子商务的发展。政府参与电子商务发展有助于引进先进技术，促进企业扩大发展规模。加大政府部门对电子商务发展的影响，一是可以对积极参与电子商务的单位，给予资金、税收等优惠政策，二是制定适合企业发展电子商务的法律法规，三是相关部门加大对电子商务安全技术的研究，尽快解决电子商务的安全技术问题，如认证技术、密码技术、支付技术等，且随着计算机及电子商务的发展而不断更新这些技术，以求达到将电子商务交易风险降到最低。

（3）加强市场体系的培育，搭建电子商务平台。榆林市应建立综合性电子商务网站，促进商品流通，通过构建综合性电子商务网站推动榆林市电子商务的发展。主要体现在以下三个方面：一是榆林市需加快物流中心的建设，减少物流配送时间，提高物流配送速度；二是培养买方市场的形成与发展，为电子商务发展奠定良好的基础；三是建立电子商务导购平台，将供应商、银行、运输物流、消费者需求等信息准确地传送至电商平台。电商平台以各企业的商品信息库为基础，且要求企业的商品信息库标准与电商平台标准相一致。

（4）加强人才培养。榆林市电子商务的发展离不开人才，不仅需要计算机方面的人才，还需要掌握电子商务理论与实务和现代信息技术的综合型人才。所以榆林市政府应该引进一批计算机、网络及电子商务知识扎实的人才，并进行合理分配使用，还可以将企业人员派到计算机院校跟班学习，进而将其培养成高素质综合型电子商务人才，形成政府、企业、高校通力合作的局面，共同促进榆林市电子商务的发展。

7.3.2　定边县电子商务基本情况

定边县将电子商务作为经济转型和结构调整的战略之举，致力于将其打造成陕甘宁蒙电子商务集散地，将定边农特产品卖向全球，使其成为陕西省"农产品上行"的县域电子商务先锋。

定边县县委、县政府高度重视电子商务发展，逐步加强电子商务工作的部署。定边县成立了由县政府主要领导任组长的电子商务工作领导小组，并制定了《定边县推进电子商务发展的奖励办法》和《定边县电子商务进农村实施方案》。多次召开县委常委会、县政府常务会、专题汇报会、领导小组工作会议，研究部署全县电子商务发展重点和政策措施，解决电子商务产业发展中的困难和问题。定边县领导多次赴南京、杭州、北京、湖南等地实地考察学习。

定边县政府抓龙头企业，发挥龙头企业的带头作用，并形成了 30 多家电子商务企业的产业集群，以社区电子商务、农村电子商务、传统电子商务以及微商为主。共为 2000 多人解决了就业，且全部是青年创业者和毕业大学生。

定边县已建成的四个电子商务进农村综合服务点从 2015 年年底正式运行以来，已帮助 400 多户村民在网上做成了 2000 多单生意，总销售额达到 60 多万元，部分村民月均网上销售收入近 500 元，增加了农民收入。并采取电商扶贫政策，在电子商务从业人员的来源和培训等方面重点关注贫困农民，培训贫困人员支持其参与电子商务。

定边县农特产品质优良。定边是全国特色农牧业供应基地之一，也是省级马铃薯、无公害蔬菜、荞麦、油料、小杂粮生产供应基地县，有西北"油海"之美称。2015 年，定边将黑豆、土豆、小米、荞麦面、亚麻籽等特色农产品整合销售，共计 1.1 亿元。2016 年农产品销售额已达 1.6 亿元。定边县县域电子商务主要是解决农产品的销售问题，将产品变为商品。定边县已在淘宝、天猫、京东商城、苏宁易购、1 号店等开设网店并在网上开设 200 多个店铺进行宣传和销售，已注册企业 14 家，主要以销售农产品为主。县上重点支持电子商务企业与阿里巴巴、淘宝、京东、苏宁易购、唯品会等国内知名电子商务平台进行深度合作。

定边县物流企业 51 家，其中有 300 余人从事电子商务业务。定边县运输全省最便宜，3 元起步，临县甚至榆林市都会到定边县发快递。全县的物流企业每日平均收货量大于 10 000 件，发货量大于 4000 件。

定边县针对电子商务人才短缺问题制订了人才培训计划，与淘宝大学、阿里巴巴商学院等协同进行人才培养。定边县无偿为企业提供 3 年的办公、仓储、冷链、分拣、包装等场所进行贴补，消除电子商务企业发展的后顾之忧，吸引外来电子商务企业来投资，高水平人才来定边创业，为企业生根落户提供保障。

7.3.3　靖边县电子商务基本情况

靖边县电子商务采用"网站+协会+龙头企业+电商"的模式，靖边县在电子商务行业协会的带领下，企业紧紧抱在一起，合作中有竞争，共同促进靖边县电子商务的发展。

1. 靖边县电子商务发展基础

（1）靖边农特产品繁多。靖边县农特产品品种多样，尤其盛产玉米、马铃薯、荞麦、谷子、绿豆等杂粮，并且杂粮类农产品易于储藏，便于运输，可以大力发展杂粮类农产品电子商务。

（2）靖边县旅游资源丰富。靖边县历史悠久，旅游资源多种多样，物质文化遗产、非物质文化遗产、民俗文化、红色革命文化各类旅游资源丰富多彩，物质文化遗产以明长城、大夏国统万城遗址为代表，非物质文化遗产以靖边跑驴、靖边皮影、转九曲、剪纸、勾灯为代表，民俗文化以大秧歌、说书、靖边踢鼓子、信天游为代表，红色革命文化以中共靖边县委旧址惠中权故居、天赐湾革命旧址、小河革命旧址为代表，自然景观以丹霞地貌、毛乌素沙漠、神树涧为代表。因此，可以发展靖边旅游电子商务。

（3）靖边能源资源充足。靖边县油、气、煤、盐等资源丰富，靖边县有80%的面积含岩盐，其盐层深度在2400～3500米，岩盐储量预计1500亿吨。靖边县煤炭储量已探明有35亿吨，预测总储量约150亿吨。靖边县有着中国陆地上最大的整装气田，已探明天然气储量4666亿立方米。靖边县不仅油、气、煤、盐传统能源丰富，还有丰富的新能源，即太阳能、风能，利用新能源带动现代农业、旅游业和服务业共同发展。

2. 靖边县电子商务发展现状

靖边县县域电子商务发展迅速。从2015年开始靖边县政府每年拿出300万元扶持靖边电子商务的发展，促使企业转型升级。靖边县政府与京东集团签订了战略合作协议，与阿里巴巴陕西服务中心签订了战略合作框架协议，与榆林联通签署"互联网"战略协议。2016年，靖边县电子商务行业协会正式成立，为靖边企业抱团发展和靖边电子商务企业的招商引资奠定基石。靖边县电子商务行业协会聚集了聚劲团（聚劲团是一个平台，公司全称是靖边县聚劲电子商务有限公司）、靖边县华商街电子商务有限公司、靖边县黄土之恋农产品有限公司、靖边县万科农业科技开发有限公司、靖边县惠利元泽谷农业科技有限公司、靖边县芦河酒业有限责任公司、靖边县快讯网络科技有限公司、靖边京东帮服务店、靖边在线等企业、自媒体，为靖边县电子商务发展贡献力量。靖边县与中国邮政集团公司陕西省分公司签订了电子商务物流配送战略协议，20个镇级电子商务进农村服务站、物流分拣中心和现代物流配送服务中心建设完成，村级电子商务服务站点覆盖了80%的行政村，加快了物流配送的速度。

3. 靖边县电子商务存在的问题

靖边县农村分布零散、物流运输总量少，造成配送成本很高。物流配送问题已成为制约靖边县县域电子商务发展的重大瓶颈。靖边县虽有丰富的能源和旅游资源，但未能很好地包装策划，对游客没有吸引力。此外，靖边县龙头企业和农民合作社资金有限，难以留住电子商务人才。

4. 靖边县电子商务发展对策

为了破解靖边县物流配送的难题，靖边县应该打造电商集聚区，加快农村物流仓储、冷链物流仓储的建设，落实靖边县物流配送服务站的建设，形成农产品进城、工业品下乡的快速通道。利用电子商务宣传靖边苦荞、土豆、荞麦、绿豆、杂粮等农副产品，加快农村副产品的销售，形成双向的综合服务平台，增加信息流、商流、物流的流通。建立旅游服务信息平台，整合靖边旅游资源，促进靖边旅游电子商务的发展。靖边县政府以及相关机构开设电子商务培训，并积极引进电子商务人才，政府对电商人才进行一定的补助。

第三部分　模式及启示篇

第8章 陕西县域电子商务典型模式

县域电子商务的发展是在没有成熟理论指导的情况下推进的，"摸着石头过河"成为一种普遍状态，基础的实践胜过生硬的理论，也逐渐摸索出一些可行的模式。县域电子商务作为一个新兴产业，依赖政府推动或者少数企业的介入都难以取得良好的效果，应借助电子商务第三方服务商、电子商务企业、政府的有效合作，形成电子商务发展生态圈，有利于县域电子商务的突破发展。良好且适用的电子商务模式有以下几个特征：政府有利作为、平台高效协同、企业主动参与、大众氛围浓厚、生态基本健全、人民享受收益。

陕西县域电子商务在发展过程中形成了以武功模式、山阳模式、照金模式为代表的三类典型模式，本章主要介绍这三类模式。

8.1 武 功 模 式

武功地处关中平原西部，东迄兴平市，西邻杨凌示范区、扶风县，北接乾县，南隔渭河与周至县相望。面积 397.8 平方千米，耕地面积 42.5 万亩，是陕西人均土地面积较少、人口密度较高的县区之一。西宝高速公路、陇海铁路、西宝中线、西宝北线等为武功县提供了便利的交通，武功县地势较为平坦，位置优越，是关中地区显著的交通枢纽及物资集散地。

8.1.1 武功模式基本情况

地区发展应因地制宜但不应局限于本地资源，因此县域电子商务在发展过程中也应扩大视野，如果有资源优势，如便利的交通区位，则可以借助交通优势致力于打造综合性的区域电子商务高地，疏导各类电子商务资源集聚，为县域电子商务发展注入新动力，加快本地电子商务发展。武功县对其便利交通及区位优势进行资源合理配置，制定电子商务"买西北、卖全国"战略规划，提出"立足武功、联动陕西、辐射西北、面向丝绸之路经济带"思路，打造"中华农都·电商新城"，形成电子商务网络中物流与仓储的关键节点，借助地理位置优势大范围带动西北地区并逐渐辐射其他地区。武功县将农特产品作为县域电子商务发展的重点，成功打造了西北地区电商企业及产品的集聚地，形成了"买西北，卖全国"的成功模式。

8.1.2　武功模式的特点

（1）思维更开放。武功县域电商模式的精髓是"买西北、卖全国"，并将理论与实践相结合。传统县域电商以"卖"为出发点，即如何将本地的产品快速销售出去，为地区农产品提供新的销售途径，但是武功县在实际电商发展中坚持农产品销售是电商、农产品采购也是电商，通过将产品"买"与"卖"两端结合，创新县域电商发展模式。如果坚持传统的电商发展，武功县只是将本地的农产品卖出去，那么对于武功县县域电商而言并不能取得大规模发展。武功县通过本地与其他地区的协同发展，扩大了县域电商规模。坚持"买"与"卖"协同发展，为武功县电商发展的空间及思维都带来了突破。

（2）视野更开阔。目前，大部分地区在电商发展中主要以本地区为重点，但武功县坚持"立足武功、联动陕西、辐射西北、面向丝绸之路经济带"的目标，将发展目光放得更远，而不是局限于本地。武功县之所以坚持这一发展目标，是要坚持发挥资源优势，尤其是交通优势及基础设施优势。武功县合理利用穿境的高铁与高速、毗邻的杨凌农业高新技术产业示范区的技术支持、陕西关中地区最大的冷库设施、多家物流公司提供的优质服务，将发展的视野放宽至全国。

（3）目标更深远。如果将电子商务定义为销售途径，则其作为一定新型商务模式的优越性并未显现。电子商务是信息化时代背景下一种新型的经济发展方式，将县域电商发展上升至经济发展层面，可为地区经济发展带来新机遇，通过发展电商将涉及产品销售的上下产业链进行融合，如产品生产、设计、运输、仓储等环节的信息合作，实现传统三大产业的融合，为本地经济发展带来新动力。武功县将电商发展目标上升至县域经济发展层面，突破了县域电商发展模式的初级与中级模式，进入较高层模式。

（4）模式更创新。武功县"买西北、卖全国"的县域电商发展模式，从县域经济发展的视角进行资源配置，为具有各类资源优势的县域经济升级创新发展提供了经验。武功县在县域电商实践中，探索以"智慧乡村"为立足点的农村电商模式，创新农村电商模式，成功塑造了农村地区信息的典型；探索以电商为平台的农村贫困人口脱贫与青年劳动力本地化就业的农村电商模式，激活农村发展动力，为电商扶贫提供了新途径。武功模式通过各类创新，致力于将武功县打造成陕西电商产业、电商人才及电商物流高地，并且武功模式受到了大量关注，各大企业纷纷加入，如陕西美农、后稷商贸、赶集网西北总部和陕西树德等。

8.1.3　武功模式的基本经验

2015 年中国县域电子商务报告资料数据显示，在农产品电商增长领域，陕西武功县域电商农产品网上销售额同比增长达 65%,成为 2015 年农产品电商销售额增长贡献最大的前五名。武功县被称为"西北电商第一县",电商助力农村经济发展,电商从业人员超 1 万人,带动本地就业 5.5 万人,农村人均收入增加 275 元,且武功县电商年交易额超 10 亿元。根据统计数据,2016 年武功县"双十一"电商销售额超 8218 万元。

武功县作为一个传统农业强县,是如何在深入推进"互联网+"战略机遇中,打造了"买西北、卖全国"的县域电商模式?通过综合分析武功县域电商发展历程,武功县域电商发展得益于以下几点:基础设施建设完善,交通、物流、网络等基础设施完备。服务体系健全,在本地物流枢纽的基础上,引进各类服务企业,培育专业电商人才,形成"买西北、卖全国"的县域电商模式。产业升级加快,中小企业及个体经营者积极创新创业,借助本地优势农特产品,形成了苹果产业基地,加快了本地农业信息化发展。武功县县域电商模式经验具体如下。

1. 武功模式——五内核

(1)以政策为导向。武功县电商发展以政府指引为方向,紧密结合本地电商发展思路及目标,一方面,成立电子商务发展工作领导小组,成立电商行业协会,组建特色产品经营者协会及网络销售协会,以县域供销公司为原点,组建武功县特色产品公司;另一方面,政府开展实施各类鼓励与发展扶持办法,开通各类服务网站,如地方特产网联盟武功站、武功特色产品信息网、地方特产网上销售平台,组建特色产品实体展销中心、物流配送中心,积极与第三方合作建设本地电商平台。

(2)以人才为支撑。武功县在发展电子商务中,将专业电商人才培养看作电商发展的基础,并积极与淘宝大学合作,通过政府扶持,为企业与农民提供学习平台。电子商务属于新兴产业,其中电商专业人才是电商突破发展的关键,考虑到人才培养具有长期性,所以在电商人才方面应引进与培养相结合。武功县长期持续进行电商人才培养,对电商人才的引进与培养采取全面扶持,为武功县电子商务发展的人才支撑提供了保障。

(3)以龙头为引领。西北地区电子商务发展起步较晚,电子商务发展氛围尚未形成且缺乏相关经验,因此引进发展较好的企业具有必要性,并能对本地起到辐射带动效应。武功县在电子商务发展中积极招商引资,多家优秀电商企业纷纷入驻,尤其是西域美农的入驻,对武功电商发展具有重要意义,在武功县域电商发展中对中小电商企业及个体经营者将会产生示范作用。武功县积极的电商支持政策及招商引资扶持政策,不仅吸引了外地企业入驻,也培育了本地企业,形成内外结合的发展趋势、强弱相济的电商企业生态圈。

(4)以园区来承载。电商发展的较高层目标是电商经济,因此不是简单地发展电商，而是形成本地优势产业集群，在空间中形成完整的产业链，园区将会成为有利的载体。武功电商园区聚集了西北地区300多种农特产品，并形成了产品的生产、加工、物流等产业链，通过园区聚集，形成了县域电商规模，成为陕西乃至西北最大的农产品集散地及农产品电商企业聚焦地。

（5）以配套为保障。产业集群是在实践中形成的，其扩大发展需要配套产业支撑。武功电子商务园区在发展过程中，引进电商企业需要配套产业的紧密配合。目前，武功县电商发展的配套产业包括高效率、低成本的物流企业，较全的产品质量检测体系，全面的网络服务，完备的冷链设施，专业的电商人才队伍，并成功吸引了大量电商服务企业，进行农特产品的深层挖掘，制定产品创新方案及产品标准，使武功县电商产业集群更为健全。另外，武功县开发智慧乡村项目、3D城市赶集项目为县域电商发展的延伸提供了保障。

2. 武功模式——四促进

（1）武功电商有经济。武功县域电商以农产品为立足点，辐射带动了上下游产业发展，加快了信息流、资金流、物流、人才流的集聚，推动了传统农业转型升级，带动了电商服务业及物流业快速发展，拉动了包装业及加工制造业的发展，为本地经济发展注入了新活力，形成新型电商经济。

（2）武功电商有民生。农村地区信息闭塞，商品类别较少，与群众需求不匹配，农村地区民生有待提升。武功县发展电子商务有力促进了新民生，电子商务的发展实现了农村居民日常生活触网，满足了消费的多样性，实现了生活、购物、销售、创业、金融的"五个不出村"，农村居民较大程度地享受信息化成果，生活质量逐渐提升。

（3）武功电商有增收。农产品电子商务有利于城乡居民增收，随着网商、微商的兴起，武功县农产品电子商务及相关产业在不断蓬勃发展，逐步向研发、生产、流通、消费等领域渗透，对过去发展实体、重视外贸的商贸结构形成巨大冲击，也正逐渐成为增加武功县城乡居民收入的重要渠道。

（4）武功电商有动力。武功县电子商务发展从农村角度考虑，以使农户受惠为目的为发展农产品电子商务注入动力。一方面，武功电商致力于打通"工业品下乡"与"农产品进城"双向流通，解决农村"买难、卖难"问题，通过实施"淘宝村"项目，加快电子商务渠道下沉，提升农村电子商务的应用水平；另一方面，武功县在发展电商中，改变农村传统经济模式，革新农民生活方式，重构传统乡土农村社会结构，吸引了大量外出的青年返乡创业，就地就业，使农村地区充满活力。

3. 武功模式——聚焦三视角

（1）做好农产品电商。武功农产品电商发展采取"基地+公司+电商"形式，通过武功电商平台将西北地区的特色优质农产品集中起来并销售至全国各地，形成了良好的武功电商示范效应。一方面，省内外电商与武功电商积极开展合作，如武功新丝路电子商务有限公司与韩城"广丰挂面"签订了供货合同。另一方面，许多创业者在武功寻求创业机会，将本地的农特产品进行电商创业，如"陕西蜂蜜哥哥"侯晓辉在武功创立武功县蜂蜜哥电子商务有限公司，以陕西秦岭优势蜂蜜为主产品进行电商销售并成功创业。同时，武功县一些电商企业也创立了本地产品品牌，如艾果公社开发出的猕猴桃等系列产品及米豆儿开发出的手剥大瓜子系列产品等。

（2）做大农村电商。武功县从 2014 年开始，创新实施"智慧乡村"项目，大力推进"智慧乡村小店"、邮政驿站建设。此后，在政府的主动引导下，阿里巴巴、京东、赶集网等众多电商企业纷纷下乡布点。特别是 2015 年 11 月份农村淘宝项目运行以来，迅速形成了席卷全县乡村的一股热潮。2016 年 3 月份，武功县苏坊镇李家村农村淘宝服务站出现了月销售突破 400 万元的明星服务站，另外一些周边县区的农民通过武功村淘购买化肥的现象，使武功电商逐渐做大。

（3）做强县域电商。武功县大力推进"十百千万"工程实施，积极引进并培育各类电商企业，并在 190 多个行政村逐步建立电子商务服务点。建立上千家个体网店，近万个淘宝店与淘宝小城，形成了良好的电商发展趋势。武功县集聚整合全县各类资源，一条较完整的电商产业链已逐渐形成，电商园区也紧随其后逐渐形成。武功县在电商园区建设初期，并没有大规模地建设电商园区与大楼，而是转换思路，依托现有的县城工业园区发展电商产业聚集区，将电商园区建设与工业园区建设有机结合，为做强县域电商打好基础。

8.1.4 武功模式的影响

近年来，武功县委、县政府抢抓互联网迅猛发展的新形势，立足县情特征，创新发展电子商务，围绕建设"西北电子商务第一县"目标，唱响"中华农都·电商新城"的口号，推出"买西北，卖全国"营销模式，建立了"一二三四五"电子商务服务机制，实施了电子商务"十百千万"工程，加快推进"智慧乡村"建设，探寻了一条具有武功特色的电子商务发展新路子。经过探索实践，武功县把电子商务作为县域经济"互联网+"的切入口，加快产业升级，推进"四化"融合，成为带动城乡发展、促进群众增收的"千里眼"和"顺风耳"。武功县电子商务从无到有、从小到大，粗具规模、粗显成效，"买西北、卖全国"模式成为全国县域电商八大模式之一，被确定为陕西省电子商务示范县、中华全国供销系统电子商务示范县、陕西省一二三产融合农产品电子商务试点县、国家级电子商务进农村综合示范县。

（1）电商规模扩大。截止到 2016 年 12 月，武功县已建成 1 个电商服务中心，

4 个镇级电商服务站，引导和培育本土电商企业 56 家，电商专业合作社 12 个，自建电商平台 5 个，电商产品供应商 14 家，带动了 3000 余人创业就业。武功县农产品销售成绩良好，在 2015 年阿里平台县域电商全国排名第七，增长速度全国第四名。2016 年，入驻物流快递公司 40 余家，其中"四通一达"、德邦物流等知名快递物流公司全部入驻，中通公司已在武功设立分拨中心，其他公司也即将设立分拨中心，物流成本实现陕西省最低。

（2）电商氛围浓厚。武功电子商务发展氛围浓厚，现在网络深入武功的农村居民的生活方式发生了较大的改变，并且大部分农民积极参与电商活动。随着电子商务发展的不断深入推进，外出务工农民在短时间内返乡创业，为当地经济发展注入了新活力。电子商务发展辐射带动了传统企业转型发展，因此政府部门给予了电子商务更多的关注，从政策方面给予各类支持，同时加强人才培养，为电商的进一步发展营造了良好的发展氛围。

（3）产业建设卓有成效。电子商务的快速发展，推动了传统农业转型升级，带动了电商产业链相关企业发展，如纸品包装、农产品加工等，促进了电商服务业、物流运输业等产业繁荣发展，加快了第一、第二、第三产业的深度融合发展。

2016 年，武功县在产业发展和品牌建设方面已经卓有成效，建立了五大特色产业，包括设施蔬菜、粮食良种、有机猕猴桃、畜牧养殖、手工布艺。村镇建设方面，主要形成了 5 个省级农业特色产业"一镇一业"示范镇，58 个"一村一品"示范村。品牌建设方面，已经建成了 30 多个农产品知名品牌，主要包括麻花、烧鸡、锅盔、香醋、苏绘手织布、倪家大锅盔等。创建特色农产品品牌方面，武功县充分发挥本县的优势条件，将特色推广出去，通过电商平台、网络信息平台、媒体宣传等途径，将品牌知名度打出去，通过促成农业企业同专业领域合作社共同交流合作的方式，进行新产品的研究，总共创造出了十四大类的手工布艺产品，种类达到 300 多种。

8.2　山　阳　模　式

山阳县位于陕西东南部，地处秦岭南麓，属长江流域汉江水系，是镶嵌在古都西安和江城武汉之间的一个宜居宜业、宜游宜养的丝路新城，是连接"一带一路"和"长江经济带"的重要节点城市，也是国家扶贫开发重点县和革命老区县。山阳县域面积 3535 平方千米，辖 18 个镇（办）、239 个村（居）、13.04 万户、46 万人。

8.2.1　山阳模式基本情况

2015 年 4 月山阳电商工作开始起步，山阳县以"打造丝路电商新城"为目标，以国家级电子商务进农村综合示范县、创建省级电子商务示范县为抓手，推进电子商务全面发展。山阳电子商务从"以购为主"转变为"购销同步迈进"，转型跨越发展成效逐渐显现。山阳县以"互联网+旅游+农业"为核心，自建平台"逛集网"，发展形成了以山阳漫川古镇、天竺山为代表的旅游电子商务，以核桃、香菇、木耳为代表的农业电子商务，产生了"自建平台+政府+协会+龙头企业+合作社"的县域电子商务新模式。山阳县通过带动广大农民运用电子商务创业创新，带动了传统的农业、旅游业成功转型升级，形成了从传统农业到电子商务及周边配套旅游产业的全产业链发展趋势，并且实现了政府、协会、服务商和网商多主体参与，构造了一个健康、高效、联动的县域电商生态体系。山阳模式是一种以特色农业产业为依托，以保持农村原有机理和风貌为前提，由广大农民通过电子商务创业创新实现农业产业升级，并在政府科学指导下形成农村电商生态体系，营造人与土地和谐发展环境。

8.2.2　山阳模式的特点

山阳模式的特点在于：一是搭建以逛集网为代表的自有平台，并积极与第三方平台开展合作；二是立足于大秦岭特色资源和优势产业，重点打造特色产业电子商务；三是政府和服务商共同承担并提供配套服务；四是线上线下融合及进城下乡互动；五是以打造农特产品为突破口，建立完整的电子商务生态系统，有利于地方传统产业电子商务化，从而进一步扩大县域经济规模，形成"互联网+"时代下的县域经济发展模式。具体如下。

1. 自建电商平台

山阳县电子商务发展坚持突出地域特色，积极建设农产品、生物医药及生态旅游等产业电子商务平台，培育行业性电商交易平台，发挥平台示范效应，促进电商平台与线下实体市场融合互动发展。2015 年 2 月山阳县自建的电子商务平台逛集网正式上线，并且在县域境内形成了多家企业电子商务服务站，如家金商贸、天源隆魔芋等；多家景区电子商务服务站，如天竺山景区、月亮洞景区等；多家乡镇电子商务服务站，如中村形象店、杨地示范店等，形成了企业、景区、乡镇的山阳电子商务产业集群网络。

逛集网以"农产品进城，工业品下乡"为导向，树立了打造中国唯一且国内最专业的土特产、农副产品等特色农产品网上购物平台的发展目标。逛集网公司经营地址位于山阳县文化广场，公司布置了服务网点，以自主创新、科技兴农、服务社会、造福百姓为企业宗旨，打造了以逛集网为营运中心，线下县级体验展示馆为展示中心，各级乡镇电子商务为服务中心，农村电子商务服务站为营销配送网络的县级电子商务模式，全方位地阐释"让乡村更美丽，让生活更美好"的美好愿景。逛集网将农村产业资源与网络平台进行对接，拓展了农村信息服务业务种类和范围，并且集农特产品展示、质量检测、物流运输、后期服务为一体，将逛集网打造为县、镇、村三级农业信息服务平台。逛集网作为农村电子商务平台的载体，直接为农村地区提供"三农"信息服务，为农村居民带来了信息便利并使农民成为最大的受益者。

2. 培育龙头企业

山阳县在电子商务平台建设中，积极培育龙头企业，将电子商务服务技术企业扩大发展作为主要目标，并且给予各行各业的实体龙头企业电商化发展支持，鼓励其建设网上销售平台，零售、订购、展示、合作等业务以线上发展为主。山阳县为中小企业提供电商应用支持，将逛集网进行推广，在扩大龙头企业影响的同时实现中小企业电商触网，同时加强与第三方平台合作，实现与淘宝、天猫、京东等企业协同发展，实现产品推广。山阳县坚持产业资源优势，鼓励企业创建产品品牌，适时通过互联网平台及线下实体店进行产品宣传与售卖。支持有实力的企业与农村专业合作社合作，发挥合作社在农特产品专业化种植方面的优势，推动农产品种植基地与专业合作社的转型发展，并开展农产品预定直销活动，组建一批质量高、有特色、有品牌的农产品网络销售基地。

3. 提供政府六服务

（1）物流仓储服务。推动物流渠道下沉，整合各类物流资源，提高配送网络的乡镇服务能力，扩大物流乡镇服务面，促进物流运输业与干线运输的跨越式联盟，实现优势互补。组建现代物流配送体系，支持建立县域木森电子商务物流园及农特产品交易中心，进行网售产品区域性电子商务物流节点与分支体系组建规划。积极发展冷链物流，使有潜力、信誉良好、服务周全、高效运营的现代物流企业为全县电子商务发展提供有效的支撑。

（2）电子标签等物流技术服务。加快提高现代物流服务和管理水平，大力推广新型物流技术、自动识别技术等物联网技术，提升技术服务城镇率。政府支持产品条形码等技术的推广，逐渐实现网上与实体商品条形码、二维码及数字证书等电子标签的统一，使电子标签技术全面推广使用。

（3）知识产权服务。鼓励中小企业积极开展电子商务并提高管理水平，加强对中小企业社会责任教育，并强化中小企业知识产权保护意识，学会利用协议、规则等措施进行监督。积极组建中小企业电子商务知识产权保护工作协会，加强与质检、工商、市场执法等机构的合作，对线上的产品交易活动及广告宣传活动进行核查，对假冒伪劣产品、信誉不良商家、违规操作人员进行严格查处。

（4）经济信息服务。政府统计部门、商务部门时刻关注市场情况，对山阳县相关的工业品及农副产品的供需情况、价格波动情况进行实时跟踪，为企业提供市场价格参考信息，使企业和个体经营主体能够迅速获取市场信息，把握价格走势以调整农产品种植及生产规模，为企业发展电子商务提供经济信息支持，保障高质量完成电子商务交易。在电子商务发展形成规模时，建立电子商务经济信用服务系统，加快线上、线下交易合同履约信用记录同步，对各类经营主体进行信用评估，评选信誉良好的企业，发布具有市场公信力的电商经济信息。

（5）电子商务交易会展服务。山阳县政府为龙头电商企业逛集网等企业提供办公场所，布置装点"大秦岭农特产电子商务山阳展示体验馆"，为电子商务交易提供会展服务，主要宣传工业品、农副产品、旅游景点产品及传统手工艺品。鼓励优势企业在第三方平台上建立特色专区，开设"大秦岭"专区，主要展示并推广山阳特色产品。

（6）电子商务技术培训服务。山阳县为各类主体提供电子商务技术培训服务，对象包括企业经营主体、职业农民、专业养殖大户等，开展的培训内容包括电商平台应用技术、营销技巧、电商政策宣传、农业信息宣传等电商知识，为经营者提供了电商应用技术支撑，其中电商专业技术培训课程结合学员特点进行个性化设置。

4. 实现电商"五进"

（1）电子商务进商场。通过扩大宣传，加快山阳县各类型商场电商网站建设，搭建实体与虚拟市场的互补销售链条。将以电子商务开展的"网购""网销""话销""视销"等业务运用于大、中、小等各类型商场、超市日常经营活动中，鼓励商场建立农村地区线上店铺、物流配送站、便捷支付点等。

（2）电子商务进市场。基于现有健全的市场体系，丰富市场业务类型，将产业支撑与市场需求相结合，组建第三方交易平台。根据市场活跃度，结合产业支撑力度、活跃度较高的市场全面建立电商网站，活跃度中等的市场鼓励经营者积极开设网店，活跃度较低的市场经营者应转变思维实施电商活动，同时政府应为电子商务进市场提供支撑，将物流和金融支持这两个配套服务市场全面完善。

（3）电子商务进企业。山阳县全面提升电子商务企业主体且企业信息化普及率逐年提高，2017 年达 60%以上。山阳县鼓励中小型企业开展电子商务应用，且覆盖率超 70%，并且对有潜力的企业进行政策扶持，鼓励企业积极扩大市场范围，适时开拓国内及国际市场。山阳县借鉴省内外经验，鼓励农业企业及旅游业企业进行电商化发展。

（4）电子商务进社区。加快社区信息化建设，山阳县城区80%以上的社区建有自己的门户网站并建有社区信息服务点，运用各类通信设备为居民提供日常生活便捷服务，如购电服务、餐饮服务等。建设社区服务信息化，通过对社区各类服务资源的协调整合，综合考虑社区居民各类需求，为电子商务进社区能够安全、高效地开展提供保障。山阳县各部门支持较为成熟的电商企业在社区开设服务站，鼓励各类物流企业在社区设立服务点，实现电子商务企业的全面发展。

（5）电子商务进农村。山阳县推动农村电子商务扩大化发展，制订行动计划，搭建农村电商平台。山阳县以地区龙头企业为基础，制定适宜的电商发展政策，在各镇及行政村进行电子商务服务点布置，为农村地区居民的线上购物及农村地区产品的线上销售提供途径。山阳县通过个体户及中小型企业进行考察，鼓励优质企业加盟农村电商服务站，实现农村地区电子商务全面发展。

8.2.3　山阳模式的基本经验

山阳县已确立了具有山阳特色的电子商务发展"65433"工作理念、思路和目标。"6"即政府主导、企业带动、协会引领、统筹资源、社会参与、融合发展的"六位一体"工作思路。"5"即实施产业联盟建设、电商平台建设、线下园区建设、共性服务建设、智慧县城建设。"4"即四级架构模式：县级架构，设立领导小组办公室、电商协会、电子商务公司、电商服务中心；镇级架构，设立电子商务综合服务站和电商协会；村级架构，设立电子商务服务站；景区架构，设立电子商务服务中心。第一个"3"即以三个体系化为推进措施：平台建设体系化、产业支撑体系化、配套服务体系化。第二个"3"即达到三个目的：促进产业转型升级，促进农民增收致富，促进城乡创业就业，努力把山阳建成"丝绸之路电商新城"，形成具有山阳特色的电商发展道路。

山阳县积极探索实践，勇于发展创新，准确分析定位，以建设电子商务区域资源集聚为导向，坚持建设"丝绸之路电商新城"的发展目标。农民、农业和农村是山阳模式发展的核心，电子商务是山阳模式发展的基础，创业创新是山阳模式发展的动力，政策环境是山阳模式产生的催化剂。良好的组织保障、便利的平台建设、扎实的产业支撑、健全的配套服务、严格的质量监管、电商创业五大竞赛、电商创业十大扶持是山阳模式形成的关键因素。

1. 良好的组织保障

山阳县在发展电子商务过程中，组建了电子商务工作领导小组和电子商务服务中心，为电子商务工作的顺利进行提供了组织保障。山阳县预计每年提供1000万元的电商发展财政资金支持，为各项政策落实提供了资金保障。

2. 便利的平台建设

山阳县以地区电商企业逛集网为依托，结合逛集网的特点，按照"县、镇、村和景区"四级架构模式，发展电商服务网络。逛集网主要业务包含陕南地区农特产品、手工艺品及日常生活用品的线上销售，目前在山阳县域内设有 18 个乡镇级电子商务服务点，具有覆盖面广、业务范围广的优势，山阳县电子商务发展可以高效地运用逛集网便利的电商平台。

3. 扎实的产业支撑

山阳县电子商务发展坚持"龙头带动、园区承载、品牌助推、科技支撑"的发展思路，根据山阳县域内天然优势产业，通过规划生态化、生产标准化、经营品牌化、营销电商化将建设秦岭绿色农产品生产及加工基地作为发展目标，大力发展"果、畜、药、茶、特色农产品"五大优势主导产业，为山阳县农产品电商化提供市场保障。

4. 健全的配套服务

为促进电商产业健康发展，山阳县着力完善相关配套设施，努力打造全业态的电商产业链。物流配送方面建成了智慧物流服务平台，将物流企业和快递公司集中经营，通过企业间竞争合作形成规模化发展以降低物流成本。在通信设施建设方面加快县城百兆光纤工程和宽带乡村工程建设步伐，互联网基础设施服务得到极大改善。推进电子商务企业与第三方物流企业的合作发展，为线上活动提供物流保障。支持电子商务企业建设仓储、配送等物流设施，推动电子商务和物流配送融合发展，建立健全的电子商务物流配送体系。加快建立物流信息网络，降低物流成本，提高现代物流效率和效益。

5. 严格的质量监管

以健全监管机构、完善责任体系、强化监管整治为重点，大力开展电商企业产品质量安全监督活动。设立农产品质量综合检测、产地准出、市场准入、质量追溯、退市销毁等监督体系，坚持标准化种植及养殖，强化农产品质量安全监管，强化农村个体户、农民专业合作社、种养大户及家庭农场的各类支持。大力推行农业标准化生产，开展质量安全认证，对所生产的农产品在出厂时统一加贴二维码防伪标识，建立产品质量可追溯体系，确保产品质量和市场信赖度。加强生产经营全程监管，实施常态化的质量抽检检测，构建守信激励、失信惩戒机制，促进农业电子商务健康运行。山阳县充分发挥独特的生态资源优势，坚持把农产品质量安全监管放在促进产业发展的首要位置来抓，着力构筑农产品质量安全屏障，全力为特色农业发展保驾护航。山阳县先后荣获"全国无公害农产品标志推广与监管示范县""陕西省无公害农产品产地环境合格县""陕西省农产品质量安全监管示范县""陕西省食品安全放心县"等称号。

6. 电商创业五大免费

一是免费提供办公场所,对招商引进的各类电子商务公司免费提供办公场所。二是免费提供住所,对引进的电商高端人才免费提供住房。三是免费开展电商培训,分五个层次,免费开展电商知识和应用培训,实现培训的全面化及质量化。四是免费提供网络服务,在山阳县大型商业场所、标志性景区、重点乡镇建设无线网络,提供免费网络服务。五是免费办理注册登记手续,对在山阳县投资的电商企业、在山阳开展商品交易及服务的企业提供"贵宾式"企业服务,免费办理注册登记等相关手续。

7. 电商创业十大扶持

(1)产业发展扶持。坚持"总量持续增加、比例稳步提高"的发展速度,加大对电商创业企业的产业发展支持,对农产品生产加工业、种植业开展农业经营的主体政策及资金扶持,推动农村地区农业标准化发展,实现农业电商企业加工标准化,为农业产业电商提供产品上行保障,提升产品质量。

(2)经营主体扶持。山阳县对省内外在山阳开办企业的商家提供相关政策优惠服务,如认缴资金在 1000 万元以上且运营 1 年后,给予 20 万元的一次性奖励。对开发建设电商楼宇总部、建设平台等,实缴资金 2000 万元以上的,给予 50 万元的一次性奖励。对企业对个人电子商务年销售收入突破 50 万元的,企业对企业的电子商务网络年交易额突破 300 万元的,分别给予 1 万元的奖励,同时结合销售额的变化提升奖励标准。

(3)平台发展扶持。山阳县第三方电子商务服务平台会员数超过 300 位的给予最少 1 万元的奖励,随着会员数量的增加提高奖励标准。对实际运营 1 年以上的,实行"线上+线下"综合性地方特色产品网销,面积超过 1500 平方米的,给予最高不超过 10 万元的一次性奖励。

(4)人才培育扶持。山阳县对引进外地年薪超过 10 万元且聘用时间 1 年以上的电子商务高端专业人才,按其个人所得税地方留成部分给予等额的奖励,每年拿出 10 万元专项资金用于电子商务培训。

(5)网货供应商扶持。对从事山阳特色农产品加工包装的企业、年供货销售额 500 万元以上的,给予 10 万元奖励扶持;年供货销售额 300 万元以上的,给予 6 万元奖励扶持;年供货销售额 100 万元以上的,给予 4 万元奖励扶持;年供货销售额 50 万元以上的,给予 2 万元奖励扶持。

（6）强化用地扶持。对重点电子商务项目优先安排用地指标，保障项目落地。集约利用土地，鼓励电子商务企业利用工业厂房、仓储用房等存量房产、土地资源兴办电子商务企业和园区。

（7）金融信贷扶持。各金融机构把电子商务企业优先纳入信贷扶持对象予以支持。对在山阳县实现网上创业、依法纳税的优先享受国家创业贷款扶助政策和小额贴息担保贷款扶持政策。

（8）营销宣传扶持。对来山阳投资兴办服务平台、物流货运、数据信息等各类电商企业的营销宣传活动，给予一定程度的扶持。

（9）通信资费扶持。对建设服务平台、开办网店或实现网上创业的企业和个人，电信公司减半收取网络服务费。

（10）物流配送扶持。对邮政、供销社等农村物流企业根据从业人数、派件量、收件量等情况，给予适当的补助扶持，保障农村电子商务健康运营。

8.2.4　山阳模式的影响

目前，山阳县已经建成集农产品展示、农产品质量检测、线上线下运营、物流、售后服务为一体的县级运营中心；建成天竺山、漫川古镇等 3 个景区电子商务服务中心，十里镇、高坝镇、杨地镇等 18 个镇办电子商务服务中心站，下河村、合河乡等 25 个村级服务站已开业运营；建成"臻秦岭""秦岭八大件"系列产品的分拣品控包装中心，完成"逛集物流 APP"，"逛集生鲜 APP"上线运行。2016年 1 月到 10 月，山阳县电子商务交易额 7.5 亿元，同比增长 29%；网络零售购买额 2.9 亿元，同比增长 56%；全县接收包裹数量约 280 万件，同比增长 66%；寄出包裹约 47 万件，同比增长 58%。

为培育和壮大农村电子商务经营主体，有效突破信息流及物流瓶颈，推动农村电子商务普及应用，实现"工业品下乡"和"农产品进城"双向流通，破解农村"买难、卖难"问题，进一步提升农村农民生活质量，山阳县政府与阿里巴巴集团正式达成"智慧县域农村淘宝"项目合作协议，共推农村电子商务，普惠农村、农业、农民。

2016 年 6 月 23 日，山阳县"智慧山阳"及"农村淘宝"项目签约仪式暨国家级电子商务示范县创建仪式举行。"农村淘宝+智慧县域"项目是山阳县域经济发展、产业转型升级的一大举措，也是缩小城乡数字化鸿沟，形成农村电子商务经营多主体，优化农村电子商务发展软环境、吸引青年返乡创业就业，为农民提供共享电子商务致富机会和便捷的生活提供了有效载体。

"农村淘宝"由阿里巴巴派员工设服务点，建立"农村淘宝"山阳中学。"智慧县城"是阿里巴巴推出的一项针对县域经济发展的惠民工程，重点围绕"郡县图治"和"智慧民生"展开。"郡县图治"是以阿里巴巴阿里云大数据产品和处理技术为依托，整合政府统计数据和互联网数据源，动态反映山阳县经济发展态势，集中呈现基础产业、特色产业、内需消费等关键指标，为政府决策提供参考。"智慧民生"依托"支付宝"，在山阳发展"互联网+城市服务"，并以此为基础输出金融服务、云计算、大数据、风险控制等能力，让广大农民享受和城市人同等便利的基本公共服务，缩小城乡差距，推动山阳经济转型升级。

2016 年以来，山阳县抢抓政策机遇，以"六个体系化"为抓手，下硬茬出实招、立体化全方位推进县域电商快速发展，入选国家级电子商务进农村示范县。各村镇积极响应，具体如下。

1. 中村镇

中村镇坚持将"互联网+精准脱贫"作为贫困农民脱贫致富的着力点，让本地区手工挂面、食用菌等特色农副产品搭上电商"快车"，助力群众脱贫增收。中村镇在电子商务发展过程中，一是成立组织机构，完善工作机制。镇上成立了主要领导为组长，相关部门负责人为成员的领导小组，并落实了专职人员负责村服务点选址、建设和运营等工作。形成了主要领导亲自抓、部门领导各司其职、齐心协力、合力推进的工作机制。二是强化宣传，营造浓厚氛围。镇政府通过微信、QQ、进村入户讲解等方式强化宣传，让农村居民对电商有充分的认识，宣传农村电商带来的诸多便利，开展农村淘宝合伙人招募活动，鼓励和指导辖区群众积极参与到"农村电商"工作中来。三是加强基础设施建设，提供硬件保障。中村镇借助新农村建设和精准脱贫契机，积极争取项目申请，完善基础设施建设，力争所有村水、电、路、网四通。四是整合人力资源，优化农村电商队伍。镇政府将脱贫攻坚驻村工作队、"第一书记"、村干部有效整合，形成优秀农村电商站点管理队伍。将农村淘宝合伙人与种养殖大户和专业合作社负责人有效整合，组建高效的电商运营队伍，推动农村电子商务良好发展。

2. 银花镇

2015 年 10 月，银花镇上店子社区支部根据社区产业发展的现状和电商、微商发展的趋势，成立了上店子社区电子商务服务站，为社区提供便利的电商服务。服务站经营的主要产品可概括如下："三大系列""三大精品""三大土特产"。"三大系列"：商山银花手工挂面系列、银花香菇系列、银龙寨天然放养系列。"三大精品"：陕南烧酒、藏香猪、石磨杂粮。"三大土特产"：核桃、板栗、柿饼。

上店子社区电子商务服务站通过线上、线下相结合的方式促进产业发展和群众致富。一是农产品进城。借助逛集网网络平台将农产品销往大城市。其中，朝安手工挂面对外销售 70 万千克,通过电商平台销售 10 万斤;香菇对外销售 26 万袋,通过电商平台销售 4 万袋;香菇酱对外销售 4800 盒,通过电商平台销售 780 盒;土鸡蛋对外销售 2.8 万盒,通过电商平台销售 503 盒。二是工业品下乡。为居民购买日常生活用品及农资物品提供了便利。其中,购买服装 546 件,鞋包装饰 432 件,日用杂货 113 件,家用电器 56 台,化肥 126 袋,土豆种 304 袋。三是便民服务。主要是物流服务,火车票、飞机票代订,缴纳话费等服务。四是本地生活。这一版块主要是针对在这里上班务工的外地人员,通过平台整合本地及周边各类优势资源,如地方美食、乡村旅游、特色农家乐等,为这一群体提供"一键式"信息化服务。在合理运用这些优势资源的基础上,实现就业 1000 人,社区人均收入增加 6000 元,为攻克搬迁群众就业与贫困群众脱贫难题提供了可能。

3. 漫川关镇

2016 年 6 月 23 日,山阳县"智慧山阳"及"农村淘宝"项目签约暨国家级电子商务示范县创建启动之后,漫川关镇积极谋划,周密部署,多方借鉴,采取四项措施,迅速启动实施了漫川关镇"农村淘宝"项目。

（1）成立领导机构,强化机制保障。成立了由镇党委书记任第一组长,镇长任组长、人大主席,一名副镇长任副组长,8 名副科级领导及 4 名干部为成员的"智慧山阳"暨"农村淘宝"项目创建工作小组,领导小组下设办公室,安排专人办公,负责项目开展及管理。

（2）制订实施方案,明确工作思路。制订了《漫川关镇"智慧山阳"暨"农村淘宝"项目实施方案》,按照"智慧山阳"两个版块"郡县图治"和"智慧民生"及"农村淘宝"项目"五个一"的运营模式,采取农村淘宝"山阳运营中心—村级服务点—村民"层级式结构的"一条龙"服务。由镇政府牵头负责,建立村级服务点,发动筛选代购员,村级服务点将实行"四统一",即统一门头标识、统一装修布局、统一配置办公用品、统一组织代购员参加培训,开展网上代购、代售、代缴水电费、预订酒店、预订出行车票、扶持村民创业等应用推广活动。

（3）全面宣传动员,凝聚创建合力。通过镇上召开干部职工会、村上召开群众会、农村淘宝开业宣传、电视网络宣传、广告横幅宣传、走村入户宣传动员等方式,打响"宣传动员战",积极动员镇村干部职工参与进来,转变观念,接受全新的购物模式,起好带头示范作用,为群众宣讲网上购物方便、实惠等特点,解除群众顾虑,让更多的群众支持、参与购物。联系村社领导和驻村干部带领村淘合伙人进村入户对农村淘宝网站、开业优惠、购物流程、售后服务等进行宣传动员,为电商发展凝聚共识、积聚力量,形成全镇上下共创共建的浓厚氛围。

（4）落实监管责任,规范日常管理。将"智慧山阳"暨"农村淘宝"项目的建设管理工作列入目标责任制管理考核内容，由党政办公室定期对工作完成情况进行专项督查，定期通报发展进度及管理成效。同时，对农村电子商务优秀工作者和合伙人，在年底予以统一通报表彰。

8.3　照金模式

耀州地处陕西中部渭北高原南缘，置县历史 2170 多年，2002 年 10 月撤县设区，总面积 1482 平方千米，人口 26 万，下辖 8 个镇、3 个街道办事处，117 个行政村。

8.3.1　照金模式基本情况

2015 年 11 月 11 日，铜川市耀州区农村电子商务研发中心建成启动，照金镇、小丘镇农村电子商务服务中心，以及石柱村农村电子商务服务站也同日启动，市、县、镇、村四级农村电子商务服务组织的同步启动，打通了逛集网照金商城的农村电商服务"最后一公里"。市、县、镇、村四级电商服务组织均坚持线上线下融合互动的方式，为农村群众享受电商服务搭建了平台，有力地带动了农产品进城及工业品下乡。

照金电子商务发展进程中，将本地化电子商务服务商作为核心，形成区域电子商务生态圈，加快传统产业，特别是农业及农产品加工业实现电商化，政府、电信、电子商务综合服务商、网商、传统产业经营者各主体相互作用，电信企业转型发展电子商务成为主要的特点，在政策环境的催化下，形成信息时代区域经济发展新途径，是新时代下线上+线下模式的新思路，形成了"电信+逛集网"的电商模式。

8.3.2　照金模式的特点

（1）电子商务推进资源整合。电子商务的发展需要推进资源整合，一是要发挥好区域品牌特色，完成当地农特产品名录的汇总，基于互联网平台及电子商务服务体系，引导和推动农业特色产品市场化、标准化、组织化和规模化经营；二是加速传统资源型产业转型升级，积极开拓产业发展空间，利用互联网技术和大数据支持定制化生产，淘汰落后产能，提高产业附加值，利用创新链与产业链双向互动使传统产业提质增效；三是电子商务触角向第三产业延伸，大力开发特色文化资源，丰富相关产品，大力发展第三产业，将经济发展与文化传承相结合，发挥区域品牌特色，通过现代服务业的发展带动农村经济发展。

　（2）电子商务推动信息化建设。电子商务的发展"倒逼"农村基础设施的完善，尤其是信息科技的发展。大力发展信息及通信技术可以促进电子商务的发展，通过对农村信息的整合，积极利用互联网信息量大、成本低等平台优势，拉动农村进行网络创业，形成"大众创业、万众创新"的新格局。

　　为了实现农产品进城、工业品下乡、建美丽乡村、享美好生活，实现宽带进屋、商场到家、手机随身、交易随时的目标，中国电信集团陕西省电信公司铜川市分公司计划建设 4 个区县级运营中心、30 余个乡镇级农村电子商务服务中心、150 多个村级电商服务站，完成全市行政村光网覆盖，主要乡镇农户光纤宽带入户率超 80%。

　　（3）电子商务助推精准扶贫。电子商务作为精准扶贫的一种突破性尝试，为落后地区经济发展提供了突破口，通过引入电子商务经营模式，引导农民积极参与网络营销，推动贫困地区农特产品网上销售，打开特色农产品销路，加快传统农业升级，提高农民收入。同时，电子商务的参与可以活跃农村市场，带动农村地区现代化发展，使农村地区路、水、电、房等基础设施得到了提升改造，改善了农民生活环境。培育一批电子商务"新农人"，通过电子商务进农村来改善民生环境，促进就业，增加农村居民收入，使广大农村地区尽快脱贫，走上共同致富的道路。

　　为帮助农村贫困残障人士成为新型生产力，实现脱贫致富，耀州区残疾人联合会联合耀州区电信局打造"互联网+残疾人"创业模式，累计投资 90 万元为残障人士提供电商平台，并将电子平台加入残障人士精准扶贫工作体系。2016 年在小丘镇移寨村和移村完成了 2 个电子商务服务站的建设，为耀州区残障人士精准扶贫攻坚目标的实现提供了一个重要途径。

　　（4）电子商务推进品牌建设。电子商务的发展促使铜川结合本地区自然、人文资源优势，充分挖掘区域旅游文化、教育文化，树立具有异质性的本地品牌。耀州区发展农村电子商务紧紧抓住这一优势，以电子商务企业为驱动，建立了"政府+企业+协会+高校"的对话机制，逐步形成推动电子商务发展的合力，带动特色农产品、特色旅游、文化教育等 O2O 电子商务业态发展。通过品牌化战略，不断开发耀州区旅游周边产品，扩大体验消费领域，增强体验消费的感受，把本地品牌做大做强，形成具有影响力的产品品牌。

　　（5）电子商务推动企业转型。电子商务的发展依赖于生产运行、产品销售、项目建设、园区发展四个重点，通过加快信息化基础设施建设，实现企业业务及管理系统与电商平台信息共享，发挥"原材料采购、生产加工、物流仓储、销售"协同作用，推动产品链整合。鼓励本地企业、农户利用物联网进行协同作业，在生产、加工、销售等环节进行衔接，利用电子商务促进产业上下游业务合作，提高产品分销能力，促进售后服务水平提高，增强产品竞争力。合理运用各类电子商务平台大数据资源，引导电商企业向"按需生产、个性化定位"逐步过渡，改变产品同质化生产方式，满足消费者多样化需求，避免资源浪费，提高生产效率。同时，创新电子商务发展途径，鼓励更多传统企业与互联网相融合。通过电子商务促进产业转型，优化县域产业结构、形成新的县域经济增长点。

8.3.3　照金模式的基本经验

从 2015 年起，耀州区全面支持发展电子商务，通过设立电子商务发展专项资金，支持各类从事电子商务及相关领域的企业开展生产经营。耀州区政府相关部门积极完善电商经营主体体系，培育各类主体，加快形成电子商务龙头企业，组建了铜川市耀州区云网电子商务有限公司、铜川市供销绿万丰电子商务有限公司、陕西药王谷智慧农业有限公司等电子商务企业，建设耀州农产品电子商务体验中心，即大学生电子商务创业孵化基地。一方面推动电子商务应用普及，引导传统商业电商化发展，如永乐商城、鼎尚购物中心、锦都电器等企业，并先后邀请艾瑞咨询集团、易观科技等电子商务策划公司专业人士来耀州与传统商业企业座谈交流。另一方面积极推动成立区电子商务协会，为电商参与主体搭建健全的合作平台；创建电子商务物流园区，利用关庄镇良好的交通区位优势，打造关庄电商物流园区。具体如下。

1. 打造农村电商精准扶贫四级架构

逛集网照金商城作为耀州区农村电商平台，建立了完整的农村电商服务体系，包括市农村电子商务研发中心、县级农村电子商务运营中心、镇级农村电子商务服务中心、村级农村电子商务服务站。现已建成 1 个平台、1 个研发中心、1 个市级运营中心、7 个乡镇级服务中心、1 个农村电子商务培训中心。

2. 发挥跨界合作全面八大职能

通过"政府牵头、学商协同、企业主导、市场运作"合作模式，利用社会资源整合实现跨界合作，结合当地现有电信代理服务点和信合金融便利店，将电信业务代理、电商服务站即信合金融便利店进行整合，逐渐转化为农村电商服务站，将电信手机融合信息流与进行信合金融 APP 的资金流进行整合，实现网上买卖，网上金融的便民服务，并延伸至实现跨界全面合作八大职能：工业品下乡、农产品进城、物流服务、本地生活金融服务、组织培训、再生资源回收及二手销售、发展村级服务点、生态领养，实现电子商务全面发展。

3. 全面推进 "逛集网照金商城" 平台应用

"逛集网照金商城" 平台主要由四大版块组成,其中包括: "农特产品进城" "工业品下乡" "本地生活天地" "家庭生态领养"。通过不断地完善, "逛集网照金商城" 全面打造了当地土特产、生鲜水果、耀州瓷、手工艺品、休闲零时等 77 种网货,合作厂家达 38 家;2015 年底打造的当地明星农产品的年货礼包,销量达 400 多份;2016 年 4 月份,经铜川市果业管理局授权使用铜川地理标识,联合本地两大企业并自己研发网货包装等,以分销模式,获得营业额超过 20 万元的佳绩,效果初显。

4. 突破电信农村业务发展瓶颈

中国电信集团陕西省电信公司铜川市分公司利用渠道网络优势,整合农村电商资源,利用电子平台优势全面代办电信业务,推进农村光纤入户和电信 4G 业务有效渗透,带动农村电子商务健康持续发展。

(1)稳拓渠道。稳定现有农村渠道,拓展延伸新渠道。借助精准扶贫以及金融行业社会资源,全面建设电子商务渠道,鼓励店面组织各类经营,实现电信乡镇店铺形式创新,电信代理点逐渐转变为农村电商服务点,实现留店、留人、扩业务的发展目标。

(2)拉融业务。发展电商三宝——宽带、手机和计算机,推进翼支付农村线上交易。打造电商扶贫专属手机,明确电商扶贫资费套餐,借助政府补贴提升电信终端销售和流量发展,带动农村业务发展明显。

(3)跨界合作。引入保险、金融、物流等资源,让站点经营者收入有保障,让农民办事更便捷。通过打造 "电商扶贫、电信先行、产业发展、农民增收" 的跨界合作模式,使服务站集代办电信业务、金融业务、农副产品销售等功能于一体。

(4)汇聚人脉。让站点成为人流聚散地、业务推广地。

(5)畅通信息。培训农民学会信息应用,消除城乡信息鸿沟,促进农民流量消费。

(6)做好服务。让站点成为电信服务的新起点,树立良好企业口碑,提升综合竞争力。

5. 共享渠道助推农村电子商务精准扶贫

中国电信铜川分公司通过充分发挥运营商自身的渠道优势,面向农村电商开放和共享,打造消费品下行与农产品上行的平台,以信息助农推动精准扶贫,推动了农村电商的快速发展,具有较高的社会经济价值。以瑶区镇农村电子商务服务中心为例,瑶区镇农村电子商务服务中心由返乡青年经营,并雇 1 名店内销售人员和 1 名驾驶员。通过跨界合作，瑶区镇农村电子商务服务中心已经具备了代办电信业务、金融业务、网络代购、保险受理、快递收发、物流仓储、农产品销售、电商培训等功能，激发了青年的创业热情和发展农村电子商务的积极性，使电子商务在农村发展取得了良好的社会效益和口碑。

8.3.4　照金模式的影响

逛集网照金商城的成功搭建，实现了生活用品下乡与农特产品进城的双向流通，逐渐完善了物流服务、本地生活服务及金融服务，发展了村级电商服务店，形成了生态领养等特色电商服务，有效带动了农村地区经济创新发展。逛集网照金商场农村电子商务平台包含的"农特产品进城""工业品下乡""本地生活天地""家庭生态领养"四大版块，全方位整合了电商服务、网商创业服务、农村信息化三大服务版块，对农村电子商务区域发展提供了良好的公共服务平台。

逛集网照金商城有力地解决了本地就业问题，带来了大量就业机会，随着电商平台的逐渐完善，建设铜川本地特色产品馆，将上林源散养土鸡蛋、春光槐花蜜、宜君高山苹果等众多颇具铜川本土特色的农副土特产品进馆宣传，线上售卖，截至 2016 年 5 月底线上交易已经突破 260 万元。

马咀村作为铜川市"智慧村"的代表，已经实现了宽带进村入户，公共场所Wi-Fi 全覆盖。该村建有自己的网站、微博和微信平台，利用 QQ 群等互联网平台改变了村民的生活方式和生活状态。还开办了特色农产品体验店，并培训村民利用第三方电子商务平台销售特色农产品。

2016 年 11 月 21 日，"2016 中国互联网应用创新大会"在上海举行，中国电信集团陕西省电信公司，农村电子商务发展项目获得"2016 中国互联网应用创新奖"，项目主题为"精准扶贫　电信先行　渠道共享　电商下乡"。

8.3.5　结论

通过对陕西电子商务武功模式、山阳模式及照金模式的认识，可以看出一个显著的特点，即具有地域性特征，围绕着现有资源最大化利用，打造地方品牌特性。陕西省各县域应结合各自的优势条件和存在的问题，探寻适合本地区的电子商务发展模式，突破县域电商发展过程中遇到的瓶颈，加快促进县域电商发展，形成特色鲜明的电商发展模式，树立县域电子商务特色品牌。

第9章　陕西县域电子商务发展启示

随着"互联网+"模式的不断兴起，电子商务如今已经成为促进国民经济增长的新动力，对陕西的整体经济发展起着至关重要的作用。近些年来，陕西的电子商务开始逐渐展示出蓬勃发展的态势，尤其是以农村电子商务为主的县域电子商务发展更为迅猛。但是，就目前来看，陕西县域电子商务仍然存在着较大的问题。回顾历史，当以陕西县域电子商务发展所取得的成就而自豪，也应该吸取在过去发展中存在的不足，总结经验，为未来更好地发展陕西县域电子商务提供借鉴。在此基础上，对于陕西县域电子商务发展给出以下启示。

9.1 政 府 主 导

（1）领导需要足够重视。应将发展电子商务作为县政府优先考虑的工程，在县域经济发展过程中着重突出"互联网+"及电子商务的地位与作用，加大对传统产业的改造力度，通过"互联网+"的方式积极打造新的商业业态和模式，使"互联网技术+商业模式+创新思想"三位一体，同时需要加强顶层设计，制定合理的方案，加大投入力度，做到科学发展，形成通过政府的不断引导助推，市场为主体不断发展，企业可以实现自由经营的新局面。

（2）着重加强组织方面。县政府成立电子商务发展工作领导小组，由县长担任组长、主管副县长担任副组长，成员包括县政府办公室、发展和改革局、财政局、公安局、民政局、农林科技局、人力资源和社会保障局、招商局、国土资源局、住房和城乡建设（规划）局、文教体育局、市场监管局、扶贫局、经济贸易局、文化旅游局、供销联社、团县委、县妇联、国税局、地税局主要负责人及各镇镇长，在县供销联社设立领导小组办公室，主要的职责为整体规划全县电子商务的发展、指导具体项目建设、协调处理等工作，各相关部门需要发挥各自的职能，互相合作，各尽其职，共同促进电子商务的稳定发展。

（3）权利和责任要分明。由县委县政府统一领导、协调和推进全县电子商务发展，由县商务局、电子商务中心负责电子商务发展的规划和指导以及具体实施工作。实施机制需要依据按不同特点分类实施、明确各部门责任、有效合理监督的原则。同时，各相关部门在完成电子商务重点项目和扶持重点的有关企业时，需要明确自身的目标和责任，共同助推电子商务的发展。

9.2 强化基础

（1）加强物流基础设施建设。鼓励支持相关物流企业在不同乡镇、各个物流园以及不同的产业园区增加设立分拨、配送中心，形成有效的物流配送体系规划。物流的仓储建设用地需要得到合理的安排，利用现有的存量房产来发展物流仓储，如闲置厂房、仓储房等，仓储的库存需要进行集中管理，使仓储配套能够一体化进行。陕西县域要严格执行陕西县域的物流建设规划，依据"互联网+"的长远发展需要开展基础设施建设，思路有以下四点。一是要争取国家资金的支持。二是物流网点基础设施的建设要充分利用已经存在的农资流通网点，要与商务部开展多年的"万村千乡"市场工程相结合，要与邮政物流已经建成的服务"三农"的邮政物流设施相结合，避免重复建设，减少资金的投入。三是要与第三方物流公司合作，在距城镇较近的地区与民营的第三方物流公司合作，进行物流配送网点和仓储基础设施的建设，针对货运量较大的地区，可以通过当地的企业设立区域性地方物流联盟或第三方公司来支持，地方偏远的区域则可以与邮政物流开展合作。四是要做好物流基础设施建设的服务工作。为了吸引第三方物流公司参与到物流基础设施的建设中来，要把国家给予的支持政策用足，例如，要积极解决物流企业建设用地的使用问题，在税收上给予减免，在企业经营属于公共基础设施的配套设施建设上给予优先照顾。

（2）加强互联网和农村交通网络基础设施建设。将农村电子商务服务站宽带接入和电子商务企业集聚区光纤接入纳入优先实现的工作中，推动宽带网络基础设施建设。同时提高农村网络覆盖率，改善通信成本过高的问题，促进信息基础设施建设。加快旅游景区和农村 4G 移动互联网基站建设，推进通信运营商进一步优化通信资费方案，加快资费调整，降低流量、宽带、光纤使用费用。陕西的县域地域十分广阔，并且农村分布比较分散，单纯依靠陕西县域自身的力量是很难得到快速发展的，急需庞大的资金来支持农村的互联网基础设施和交通网络基础设施建设，目前国家还没有对民营企业开放相关方面工程的投资，所以只能主要从国家获取资金来源。

（3）完善农村物流网络布局。增加农村物流网点的覆盖面积，对农村物流的配送路线重新进行合理规划，使农村电子商务和电子商务物流能够相互协同发展。鼓励快递企业更多地在农村建立快递网点，使"最后一公里"的农村物流问题能够得到解决。在快递运送车辆方面，可以更多地利用客运车辆来开展偏远地区的快递投送业务。对城乡和农村间的配送网络进一步完善，因为已有的供销和粮食部门在村镇设立的网点较多，所以可以更多地整合利用这一配送资源优势来改善物流配送问题，灵活运用政策扶持、招商引资、融资贷款等多种方式盘活资产，搭建覆盖全县、全乡、全镇的仓储、配送网络。

9.3　人　才　当　先

（1）陕西发展县域电子商务，重点在于人才，而县域电子商务人才的获得一方面是引进，另一方面是培养，人才引进与培养要采取多渠道的方式进行。近些年来，陕西在信息化体系建设和政府的重视下不断推出帮扶政策，通过有效地宣传，已经吸引了一批电子商务人才，许多优秀的农村青年和相关的农产品企业也投身于互联网的浪潮，已经有力地推动县域电子商务的快速发展，但在人才建设方面还有许多问题亟待解决。

（2）引进高水平电子商务人才。这种方式主要由陕西市政府和各级地方政府实施，政府要把电子商务人才需求与电子政务人才需求相结合，政府部门需要设置与电子商务相关的职位，增加财政资金，吸引更高水平的电子商务人才支持陕西县域电子商务的发展。陕西农村电子商务发展的顶层设计工作需要将是这些高水平电子商务人才的主要工作，也是最重要的工作，为陕西农村电子商务发展制定出更加合理、有针对性的战略规划和指导方针，协调陕西的学校培养电子商务人才。引进高水平电子商务人才的方式是指陕西省政府引导陕西的高等院校、各类职业院校开设电子商务专业，同时增加电子商务专业的报考吸引力，如通过采取单独设立奖学金的方式等，达到增加本地区高水平电子商务人才的目的。政府要鼓励电子商务企业与高校合作，采取订单的方式培养电子商务人才。陕西职业院校的生源主要来自陕西本地，所以要鼓励电子商务专业的学生毕业后留在家乡创业。这些学生将成为陕西农村电子商务的一线工作人才，主要从事陕西农村电子商务具体业务的实施。

（3）加大电子商务人才培训力度。主要是指通过政府主导，聘用电子商务培训教师以面对面教学或者远程教育等方式对陕西各个县域有电子商务知识需求的人员进行相关培训。参与培训的教师队伍需要具有较强的电子商务理论知识或者具有较强的电子商务平台实践能力，高校教师和电子商务平台企业的技术员工是重要组成部分。培训对象要以陕西县域中有一定计算机基础知识，具有一定电子商务理念的大学生村干部、外出打工返乡农民工、学校毕业返乡就业青年、"九大员"等为主体。电子商务培训工作可以采取政府采购服务的方式进行，鼓励第三方培训机构进入农村物色培训对象，开展培训工作，在培训达标后，由政府向培训机构支付培训费用。

9.4　重　点　扶　持

（1）政府增加相关政策扶持。进一步完善已有的并同时设立新的电子商务发展促进机制，做到真正能够贯彻落实国家所颁布的电子商务发展方面有关的各项政策。目前，许多县域电子商务企业在发展过程中遇到了难以解决的瓶颈问题。对于此，县委县政府可以根据各个县电子商务发展不同的实际情况，研究制定符合各自县域特色的发展政策，实行政策聚焦和工作聚焦，帮助电子商务企业健康发展，实现县域电子商务的快速前进。与此同时，还可以为国家制定和完善电子商务方面的相关法规政策提供有依据的实践基础。提供相关的创业投资、贷款融资、税收优惠政策，对电子商务发展方面的投资和融资政策进行完善，加大电子商务的相关企业从金融行业获得优惠政策的力度，政府需对以企业为主体的社会各方多加引导，使投资电子商务的方式可以按照市场化的方式来运作。对于网络方面的个人隐私、消费者权益和企业间的商业秘密进行保护，构建有效的信用制度。

（2）对电子商务的资金扶持。通过为设立电子商务产业发专项资金的方式，重点扶持电子商务产业的发展，并根据实际情况来适当调整资金的支持力度。对于重大的电子商务项目用地指标进行优先安排，鼓励电子商务企业更多地利用包括工业厂房、仓储用房等在内的存量房产、土地资源来开展电子商务经营。支持资金更多地用于综合服务网络、物流配送机制、人员培训和完善服务功能等方面，认真贯彻实施有关扶持电子商务发展的政策措施。

9.5　技　术　提　升

智慧农业等相关技术是促进电子商务发展的主要动力，农村电子商务需要将农村行业的特点与电子商务相融合并加以优化，用创新的观念和技术引领电子商务。现代的农业技术有规模化大棚、精准化生产的趋势，县域电子商务需要与这些相关技术有恰当的介入时机，才能健康地发展，例如，为实现精准化购买，对农资进行个人定制、火速包邮、送货上门。电子商务的发展还需依靠一个健康、完整的电子商务体系，包括农产品安全、金融支付等多方面的支持。这就要求着重加强这些方面的相关技术的提升。

（1）提升农产品方面的相关技术。农产品生产中的水污染、农药残留、产品质量安全问题，是现在农产品出售中遇到的重要制约因素。因此，应依托电子商务协会或龙头企业，对农业生产技术进行针对性的改进，以增加农产品多样化和改善农产品质量技术水平。同时，在农鲜产品的保存、运输方式方面，需要增加可以更好地保鲜农产品的冷冻仓库和冷冻车，使农产品资源能得到充分利用不浪费，并依托电子商务的广阔平台扩大销路。

（2）增加金融支付手段。目前很多农村的金融支付手段还比较匮乏，支付方式比较单一。加快发展手机端支付、话费支付、网络支付等新型的电子支付手段迫在眉睫，相关组织需要加大这些电子商务支付手段的宣传力度，使其社会认知度可以快速提高，进而提升支付结算方面的效率，促进县域电子商务的快速发展。

目前，中国现代农业正向着智能化、精准化、定制化发展。电子商务在其中的应用，可谓"浑然天成"。比如，做规模化大棚，有了精准化生产，是否能介入电子商务平台，实现精准化购买，进而对农资进行个人定制、火速包邮、送货上门等，不过，这需要投入的资本较多，有积累的朋友不妨开动脑筋试一试。电子商务，不仅是买卖东西，更是可以应用于农业生产各链条的新理念。

发展壮大起来的电子商务，正快速地改变着农村人的商业观念和消费习惯。不过，农村网购市场目前大多还处于往农村输入商品，如果能实现"双向流通"，将对整个农业发展产生深远影响。

9.6　突 出 特 色

（1）重点突出各地域本地特色。结合陕西各县域实际，以各县发展战略为框架，突出各县电子商务发展特色，对于没有产业集群的先天优势的农村经济，重点突出特色农副产品会是促进电子商务快速发展的重要手段，也是促进县域经济转型升级的重要引擎之一。重点以打造区域电子商务产业中心和红色、人文、山水旅游电子商务基地，创建省级和国家级电子商务示范县为总体目标，以示范县建设为抓手，以流通体系建设、人才培养、品牌培育为重点，全面开展电子商务工作，加快电子商务应用普及，构建产业体系，扩大主体规模，提高应用水平，完善服务功能。

（2）协同化发展各县域电子商务。县域电子商务发展要突出各地域的特色，不能单靠某一个电子商务企业来完成，需要包括政府、企业、电子商务平台、各县域企业的共同力量来完成。任何一方面力量的缺失，都会使电子商务的特色发展受到阻碍，没有政府的政策支持，公共服务市场就难以得到改善，没有开放的电子商务平台，没有延伸的渠道，电子商务的生态也难以完善，普通的电子商务企业也会失去发展空间。同时，对县域电子商务的发展也会产生深刻的影响，突出本地特色更是难以实现。

9.7　搭建平台

搭建富有陕西地域特色的县域电子商务平台。平台的发展需要通过与第三方知名平台联合发展的方式进行，同时利用第三方平台的强大影响力和广泛的覆盖面，按照"多平台、多层级、多样式、多品类"的原则进行完善。尝试多种不同的运作模式，从中选取最合适、最优秀的，在短时间内有效率地突出地域特色，如陕西本地已经搭建的具有地方特色的逛集网。现有的农产品交易平台的功能往往是更加多元化的，它包含了商品交易、商品展示、信息提供、外向型等方面的功能，在供应链和融资方面的功能也在逐渐体现。平台的搭建需要顺从目前的电子商务平台多功能化的特点，不断提升经营效率，提高商品品质，使农村电子商务创业者能够获得更多的利润。

在经营方式上要施行不同平台跨平台经营的方式，经营的产品类别既可以包括农产品也可以包括非农产品。在发展方向上本地的电子商务平台需要和第三方平台对接，通过借助第三方平台的优势，打造本土优秀品牌，实现带动本地产业发展的目标。

与此同时，可以整合现有电子商务平台资源，形成更加统一、完善的农村电子商务平台，平台需要满足本地化方面的需求，综合覆盖到信息流、物流、资金流等方面，并发挥出邮政在各县域网点较多的优势，充分利用该配送资源优势来作为发展电子商务平台的推动力。在发展农村电子商务平台的同时，不断促进"一县一品""一村一品"的计划实施。

9.8　创建品牌

农产品需要向品牌化发展。如今已经是品牌时代，转变经济发展方式和增长方式要靠品牌化。陕西农村的物产资源丰富，但截止到目前，有代表性的农业品牌并没有形成，所以在创造富有影响力的农业品牌方面还存在着巨大的上升空间。打造品牌的过程是品牌的价值创造或价值再造的过程。陕西的很多县域农村都有着自己独特的农特产品，但很多还没有形成自身独特的品牌，好的品牌形象所形成的品牌效应可以为产品增加更多的附加价值，带来更多的收益，这也是实现农村电子商务长远稳定发展的重要因素。目前是品牌消费的时代，应顺应县域农业的特征，创建区域公用品牌经济。经济发展需要转型，转型需要有良好的基础，做好标准化，管控好品质，适度规模化，形成信息化、产业化等。这其中最重要的是要有一个灵魂性的、核心的标志，这个标志就是品牌化。有区域性的电子商务，就会有区域性的品牌。特别是农产品的品牌，带有强烈的地域色彩，而这些地域色彩也是吸引消费者的重要因素之一。挖掘和发展县域农产品及其区域特征，建立区域品牌，是增加产品消费量和关注度的重要手段。

陕西县域电子商务要以县域的产业品牌化、产品品牌化、企业品牌化、全域品牌化为核心，借助互联网渠道、互联网思维、互联网方法成就互联网经济，通过发展独具特色的品牌为本身的优势产业的销售市场打开更广阔的销售渠道，让品牌效应能够得到充分的发挥。陕西县域经济的发展，需要通过农村电子商务的发展，而实现品牌经济化是促进农村电子商务发展的重要手段，良好的品牌能真正为陕西县域经济和"三农"提供强有力的助推力。

第10章 陕西县域电子商务发展趋势

10.1 一二三产业融合发展

陕西县域电子商务的持续发展将进一步带动一二三产业的深度融合。县域电子商务对于促进农业产业化程度的提高,调整优化农业产业结构有着重要作用,同时也在不断提高着贫困农民的生活收入。随着移动互联网、大数据、云计算和物联网等新兴信息技术的兴起,电子商务的发展也得到了陕西省委省政府的高度重视。近两年来,陕西政府四次出台相关文件安排部署,对电子商务发展方式、任务和重点措施等都提出了指导意见,并安排专项资金支持电子商务的发展,电子商务在带动产业融合化发展方面已经取得显著成效,尤其对农村经济产生了良好的综合效应,破解了农业千家万户小生产与千变万化的大市场之间的衔接。未来类似于"订单农业"等电子商务形式的出现,将会进一步优化农业结构和产业升级,更加有利于实现农业现代化,带动物流、旅游、包装加工业的发展,推进区域和城乡协调发展与一二三产业的深度融合。

与此同时,电子商务目前已成为县域经济发展和结构优化的新动力,并在不断地与实体经济进行深度融合,对生产、流通、消费带来深刻影响,而且带动了一二三产业的升级,打通了涉及生产、加工、运输、销售的各个环节,形成了完整的电子商务生态系统,传统产业将会电子商务化,县域经济规模也将进一步扩大。电子商务融合化发展的方式意味着电子商务并不是取代传统的农村线下经济模式。相反,将会更多地依托农村现在已有的线下渠道,使电子商务企业和客户可以实现更好的对接,这也是推进供给侧改革的重要内容。

陕西县域电子商务市场现在已经形成了较大的规模,并且还会呈现出爆发式的增长态势,许多县域已与阿里巴巴、京东和苏宁等大型电子商务企业签订的合作协议就是最好的证明,陕西县域电子商务发展水平将会逐步向县域电子商务强省迈进。陕西不断吸引大的电子商务龙头企业项目,将会进一步扩大陕西省内外市场规模,深入企业应用,促进与电子商务相关的服务业的快速发展,逐步渗透在研发、生产、流通、消费等传统经济领域。陕西县域电子商务未来将会引领生产、生活方式的变革,也会成为陕西一二三产业跨越融合发展的重要推动力。

10.2　突出本地化特色发展

陕西县域电子商务的持续发展将更加突出本地特色。最初的农产品在发展电子商务时，多借助工业产品的渠道，单纯地向县域农村方向延伸，套用城市的电子商务模式使电子商务的发展难以适应农村本地特色。农业、农村、农民都有自己的特殊性，陕西县域电子商务要想可持续地发展，需要重点突出本地特色，做到本土化电子商务下一步的发展方向。电子商务产业在陕西的发展需要真正将县域电子商务的各个环节本地化才能够达到进一步推动的目的。区域特色需要更多地得到体现，做到企业、人才、资金、产品能够流通，资源可以更有效地利用，内外发力共同促进县域电子商务走向成熟。陕西县域电子商务的发展将会着重于处理好本地企业和外地企业、本地产品和外地产品、本地电子商务人才和外地电子商务人才的关系。

（1）陕西本地企业和外地企业的关系。现阶段对陕西县域电子商务发挥最主要作用的仍然是通过招商引资而来的外地企业，急需培养一批陕西本地企业来维持陕西县域电子商务的长期稳定发展，这是一个缓慢形成的过程，可以慢慢开展、循序渐进。

（2）陕西本地产品和外地产品的关系。陕西县域发展电子商务，最大的基础是可卖的农特产品非常多，各地都拥有自己独特的农产品。另外，各县域需要将选择地标产品主推出去，由一品带动其他产品的增销，然后再衍生到其他产品。

（3）陕西本地电子商务人才和外地电子商务人才的关系。一般来讲，产业起步的最直接办法是成批量引进人才，以达到迅速带动产业发展的目的。但与此同时，引进人才只是短期地解决了人才短缺问题，并不能从根本上解决。所以要更加注重培育本地的电子商务应用高水平人才，内外结合，全面促进陕西县域电子商务产业的发展。

10.3　突出绿色生态化发展

陕西县域电子商务的持续发展要立足于青山秀水，施行生态化的电子商务发展方式。陕西县域电子商务的发展要更多依托各县域特有的良好的生态环境、传统的农耕文化和开放的社会环境，践行"绿水青山就是金山银山"的绿色生态发展理念，县域电子商务的发展将会与保护县域传统、绿色生态环境相结合。

在发展陕西县域电子商务时，各县域将会更多地结合自身实际，依照特有的自然生态环境条件和经济社会发展水平，采取相应不同的县域电子商务发展策略，在电子商务基础设施搭建时会更多地将当地生态环境的保护考虑进去。

10.4　推进电子商务精准扶贫

陕西县域电子商务的持续发展将推进电子商务精准扶贫。电子商务正在不断地影响着农村地区的经济发展，而对于大部分贫困地区的农村来说，电子商务与扶贫就被紧密地联系了起来。目前，"电子商务扶贫"的扶贫方式正在不断兴起，因为在互联网时代，数字鸿沟是贫富差距产生的重要因素，同城乡间差别、资源间差异和区位间差距也同样会产生重要的影响，而脱贫攻坚的任务一直都是各级政府面临的最主要任务。各方面的原因，使电子商务扶贫在未来扶贫工作中将会起到越来越重要的作用。通过提高电子商务来促进扶贫的带动力和精准度，并改善扶贫绩效，将会是未来助力实现脱贫目标的新的有效方式。

陕西县域贫困人口具有很突出的地域性分布的特点，在地理环境制约上表现尤其明显。随着"互联网+"在各个领域的不断渗透，互联网消费已经成为陕西居民日常消费方式的新常态，农村巨大消费潜力和广阔市场前景为经济新常态下消费升级带来可能，也为贫困地区通过电子商务精准扶贫提供了更多可能。陕西农特产品十分丰富，并且电子商务的普及趋势显著，这都对通过电子商务来实施精准扶贫打下了基础。

电子商务作为精准扶贫的一种重要手段，其本质是通过电子商务方式实现"工业品下乡、农产品进城"，实现双向互动，从而促进农业增产，农民增收，农村社会全面进步，以达到助力贫困地区经济发展，实现精准扶贫的目的。初期的对于电子商务精准扶贫的理解，只是将农民的农产品通过互联网电子商务平台进行线上交易，对于陕西的贫困地区来讲，在拥有独具特色的农产品的同时，良好的生态环境和漂亮的山水景色也是有力的资源优势，淳朴风土人情和民俗底蕴更是锦上添花。对于新阶段的电子商务精准扶贫方式，将类似于山水、文化等独有的优势资源互联网化会是新的趋势，在消费方式上也不再是单一化的现买现卖，而是预售、众筹、领养和亲身体验式的消费相结合的方式，使电子商务精准扶贫方式上更加丰富，顺应"互联网+"的浪潮，向"互联网+扶贫"迈进。

目前，电子商务精准扶贫在陕西已取得了显著效果，众多的类似于"武功模式"的兴起便是扶贫效果最有力的体现，在未来的精准扶贫实施过程中，陕西县域电子商务还将继续发挥重要作用。随着陕西县域电子商务的不断发展，陕西贫困居民在家门口就可以实现创收，实现精准扶贫。

10.5　品种、品质、品牌三品联动

陕西县域电子商务发展将依托于品种、品质和品牌三品联动。农产品电子商务是县域电子商务的重要组成部分，因此，传统农产品的品种、品质和品牌的联动发展对于开展县域电子商务就显得至关重要。

品牌是农产品在未来发展电子商务方面的重要基础。品牌化发展、建立具有标示性的品牌，可以增加农产品市场竞争力。农产品的品牌化发展可以依托区域公共品牌，增强消费者品牌认知度，龙头企业要发挥主力军的作用，企业在渠道建设、品牌推广和市场对接中要发挥其作用。不同于其他行业，农业品牌化一直未在农产品领域得到有效推广，落实农产品的品牌化之路仍然需要大量的工作。在当前激烈竞争的农产品市场背景下，强化农业产业化的品牌营销，发展农业产业的知名品牌，进而通过品牌效应拉动农业产业的持续发展就显得非常重要，农产品电子商务想要实现快速发展离不开农产品品牌化的带动。

目前，陕西的消费结构还处于不断的变化中，并未形成固定的消费方式，消费者正更多地追求绿色健康食品，不断塑造知名的农产品品牌并进行推广，只有不断塑造知名的农产品品牌并进行推广，陕西的农产品电子商务销售才可以持续稳定地发展，未来的陕西县域电子商务发展才能得到重要保障。

10.6　电商平台个性化、定制化发展

陕西县域电子商务平台将会趋于个性化、定制化发展。目前，越来越多的陕西实体企业已经开始考虑涉足电子商务，目的在于搭建自己的电子商务平台，但电子商务平台的搭建存在着诸多困难，如没有强大的资源优势或者极其新颖的思路。

电子商务平台的发展最重要的是追求个性化的定制信息和商品，要将消费者喜好渗透到产品的设计和制作过程中，而个性化的电子商务平台可以提供多样化的需求。因此，个性化的电子商务平台相对于传统的大众模板化的电子商务平台将更会满足消费者需求，个性化是今后县域电子商务平台成功的关键所在。

同时，定制化的电子商务平台可以让消费者更加直观地了解到一个品牌及其商品的特性。定制化意味着可以根据客户的特定需要，从品牌和公司的形象着手，为客户量身打造特定的服务。传统电子商务平台停留在提供模板建站等方式上，但目前县域电子商务竞争的日趋激烈，使市场日益饱和，千篇一律的网站已经无法适应当前竞争状态的需要。因此，不断培养电子商务平台的个性化和定制化，进而找到自身品牌的可持续发展道路，成为未来电子商务发展的趋势和走向。

10.7　突出差异化发展战略

陕西县域电子商务发展将突出差异化发展战略。总体来讲，陕西的县域电子商务还处于起步阶段，要想做到差异化可以从产业差异化、品类差异化、品牌差异化、客户群差异化、渠道差异化和模式差异化六个方面来尝试未来的发展之路。

（1）产业差异化是指从陕西各县域的一二三产业中选择最有优势的产业来发展县域电子商务。当县域的农业有优势时，可以发展农产品电子商务；当县域的制造业有优势时，可以发展制造业电子商务，特别是发展消费品电子商务。一般来讲，适合做电子商务的产品特征主要包括保质时间长、单品价值高和具有较强的地方特色。"保质时间长"可以使产品运输半径更加广泛，可以更大面积地覆盖市场；"单品价值高"意味着消耗同样的物流费用，可以获得更大的利润空间；"具有较强的地方特色"可以使产品在议价时产生优势。

（2）品类差异化是指陕西各县域在同一产业发展电子商务要实现差异化时，可以通过自身的具有当地特色的农产品来实现。陕西有 107 个县级单位，要做到"一县一业"是非常难的，各县域必然会产生竞争，可以从品类不同方面着手来寻求同类产业的差异化。陕西省各县域可以自身特有的农产品种类着手，以此为优势来发展电子商务。目前，陕西积极推进农产品地理标志登记保护，现已有 17 个农产品获得了原农业部农产品地理标志登记，为品类差异化发展提供了基础。

（3）品牌差异化是指陕西各县域在同一品类产品发展电子商务要实现差异化时，可以通过各自品牌的不同来实现。"品牌"本身就是区分不同商品的一个符号，使商品间可以产生差异。对于农业企业和消费者而言，农产品的品牌差异化具有十分重要的意义，是消费者消费和农业企业盈利的重要影响因素。未来可以预见的是，被大众接受并认可的品牌农产品将会是消费者在选择购买农产品时的优先选择。陕西各县域在发展电子商务时，未来会更注重各自产品的品牌建设。

（4）客户群差异化是指要区分不同客户群体不同的消费能力和消费观念。县域电子商务在发展过程中，需要掌握不同潜在客户的不同需求。需要掌握消费者的刚需，知道消费者选择产品的理由，将商家传递的价值主张与消费者的"价值感知"充分联系起来。未来的陕西县域电子商务也会着重注意对客户群进行差异化划分，满足不同客户的不同需求。

（5）渠道差异化是指在发展县域电子商务时，可以根据自身不同的交易类型来选择不同的电子商务渠道进而实现差异化。县域电子商务的渠道有很多种，所以可以从渠道方面寻求差异，避开同品类竞争比较激烈的渠道。对于 C2C、B2B和 B2C 等不同电子商务运作模式可以选择不同电子商务平台来发展电子商务。类似于淘宝、亚马逊等电商平台适合于 C2C，而天猫、京东、苏宁易购、沱沱工社和本来生活网等电子商务平台则适合于 B2C。陕西各县域在发展电子商务时可以广泛接洽，重点合作，寻找到最适合自己的渠道。

（6）模式差异化是指在发展县域电子商务时，各县域根据各自的优势与特色，借鉴已有的县域电子商务发展模式助力于自身电子商务的发展。陕西的各个县域基本情况相差很大，生产力水平也参差不齐，在发展电子商务的方式上不能千篇一律，要根据当地所具有的不同特色，兼顾因地制宜和突出创新的发展策略。在本地特色资源基础上，全力发展自身的优势产业，通过产业来带动县域电子商务的发展。与此同时，还应继续优化品种结构、提升特色产品的品质，培养出具有带动作用的当地领军电子商务企业。县域电子商务在陕西发展近 10 年来，各地已经探索出了不少值得参考的模式。目前，陕西县域已有多种电子商务模式，如武功模式、山阳模式、耀州模式、紫阳模式等，各自具有不同的特点和特色。未来开发出更多的适应各自县域的模式是县域电子商务更好发展的驱动力，也是县域电子商务发展的方向。

10.8　乡村物流整合共赢

陕西各县域的乡村物流将更大程度整合起来以达到共赢的目的。《关于开展 2016 年电子商务进农村综合示范工作的通知》中明确：支持建立完善县、乡、村三级物流配送机制。充分发挥邮政点多面广、物流、资金流、信息流合一及普遍服务优势，着重解决从乡镇到村"最后一公里"物流瓶颈问题，鼓励包括邮政、供销、商贸流通、第三方物流和本地物流等企业在内的各类主体，在充分竞争的基础上，采取市场化的方式建立农村电子商务物流解决方案。中央财政资金支持物流的比例原则上不低于 30%，即商务部等要求"软硬兼施"，将政策资金的最大块投入到县域物流的基础设施建设上，并鼓励在充分竞争的前提下市场化整合县域物流基地和配送线路，形成农村电子商务物流解决方案。

县域电子商务的关键在于县、乡、村三级的物流情况，主要指的是乡村快递，这是限制县域电子商务发展的瓶颈所在，陕西省政府在未来发展县域电子商务上需要在实现物流的整合共赢上做出更多的突破。陕西各县域普遍缺乏具有普惠和效率的县、乡、村三级物流快递体系支撑，农村电子商务服务网点很难发挥出本来应有的作用，使各县域特色农产品网销的门槛难以下降。与此同时，没有快递业务量的支撑，乡村物流快递整合又难以到位，使县级物流中心及通往乡（镇）、村的配送线路也很难维持运营下去，靠政策补贴虽能短暂解决但不是长久的可持续性办法，县域揽派件量及其增速和快递的起续重量及其价格降幅等方面的因素是最终需要考量的关键。

目前来讲，邮政在陕西各县域的物流基础设施和覆盖面较为全面与完善，个别的比较先进的试点的服务和效率较好，但由于体制和各种其他因素，距离完善的服务和更高的效率还有很大的差距，对于整合民营快递也缺乏符合市场化的有效手段。对于此，包括政府、企业在内的各方面都在做进一步的努力。例如，阿里巴巴实行的"千县万村"计划所覆盖的 40%的县域到农村的物流已经能够实现当日送达，99%次日送达，处于初级阶段的陕西乡村物流整合正在快速推进。未来陕西县域电子商务的发展还将会更进一步针对乡村物流进行整合，以达到共赢目的。

第四部分　规划研究篇

第11章 山阳县电子商务"十三五"发展研究

11.1 山阳县电子商务研究背景

中国互联网络信息中心（China Internet Network Information Center，CNNIC）在北京发布的第三十六次《中国互联网络发展状况统计报告》显示，截止到 2015 年 6 月，中国的网民数量已达到 6.68 亿，半年新增的网民共有 1894 万人，互联网普及率达到了 48.8%，比 2014 年底增加了 0.9 个百分点，其中中国手机网民的用户数已达到 5.94 亿，2014 年 12 月增多了 3679 万人，网民中使用手机上网的人群比例由 2014 年 12 月的 85.8%提升至 88.9%，随着手机终端屏幕的不断变大、各种手机应用的用户体验的不断提升，手机正逐步成为网民的主要上网终端。

《2015 年度中国农村电子商务模式调查报告》显示，仅仅只过去了 2014 年这一年的时间，投入到电子商务市场的农村居民的消费量已达到 1800 亿元，农村居民对互联网的接受趋势逐年增加，接受程度是一个飞跃式的增长，农村居民从不通过网络购物到通过网络购物的信任转变程度达到 84.41%，每年农民在网上购物方面的消费量是 500～2000 元。2015 年 7 月 9 日，在浙江省桐庐县举办的"第二届中国县域电子商务峰会"上，各部门积极配合，共同发布了《农村网络消费研究报告（2015）》。报告指出，淘宝网（含天猫）在农村地区的订单金额占全网的比例从 2013 年第一季度的 8.65%，上升到 2015 年第一季度的 9.64%，同比提高 1个百分点，在淘宝市场快速增长的背景下，农村市场的增长速度明显加快。中国农村电子商务自 2009 年以来呈现爆发趋势，统计数据显示，截至 2015 年 12 月底，中国共有 780 个"淘宝村"，农村淘宝目前已累计覆盖全国 17 个省（自治区、直辖市），建成了 63 个县级服务中心、1803 个村点服务站，覆盖的活跃网店超过 20万家，涉农类的农村电子商务企业 3.1 万家，涉农交易类的电子商务企业 4000 家，形成了"两超、多强、小众"的市场格局。市场份额主要由阿里巴巴和京东组成的"两超"占据，一些新型农村电子商务也有了自己的特色发展模式。2015 年全国有 780 个符合标准的"淘宝村"，同比增长 268%，覆盖活跃网店超过 20 万家。

2016 年，中国的农村人口占中国总人口数量的 70%，占中国国民生产总值的 45%，占中国社会消费总额的 38%，全国农村网购市场规模达到 4600 亿元，因此，农村地区农村电子商务的发展正从较低的阶段走向更成熟稳定的阶段，要想更好地发展，就必须抓住机遇，更加努力地生存下去。

随着《2006—2020 年国家信息化发展战略》《国务院办公厅关于加快电子商务发展的若干意见》《国务院关于促进信息消费扩大内需的若干意见》《陕西省人民政府关于进一步加快电子商务发展的若干意见》等规划和政策文件的出台，利用互联网发展县域电子商务成为县域发展的重要方式。加快"互联网+山阳县域经济"，发展电子商务是山阳经济社会信息化，促进产业转型升级、服务民生、带动就业的重大举措，有利于山阳经济产业结构的优化，可以支持战略性新兴产业的发展，并且利于推进形成新的经济增长点，所以意义十分重大，对于建设山阳新丝路区域电子商务资源集聚和发展中心的战略目标具有重要的作用。

11.2　山阳县电子商务的发展现状

11.2.1　县域经济与电子商务发展现状

1. 县域经济总体发展状况

山阳县位于陕西省商洛市，属陕西东南部。地处秦岭南麓、商洛市南部。全县辖 18 个镇（办），239 个村（居），46 万人，县域面积 3535 平方千米。山阳县有着丰富的资源，尤其是农业、药材、矿产，这些资源是山阳县的主要经济支柱。山阳县始终坚持以"干精品、创一流、争第一"为导向，坚持推进"1234"发展战略，并坚持实施"六大行动"，使全县经济社会增长平稳且较快。

2016 年，山阳县以"适应新常态、全力保增长"为主题，在全国各省市全面实施推进的一系列决策和计划投资稳定增长，积极应对经济不断下行带来的逐渐增大的压力，积极面对挑战，坚持改革创新、稳中求进的总基调，全力调结构、促转型、增后劲、弥补短板，更好地完成目标任务，县域经济呈现出稳中有进、稳中向好的趋势。在陕西全省县域经济综合排名中，山阳县由 2011 年的 59 名上升到 30 名，连续两年在全省获得县域经济社会发展争先进单位奖，全市年度目标责任考核连续四年获得优秀，先后荣获国家科技进步先进县、中国美丽乡村示范县、省级生态园林县城等六十多项荣誉称号。

2016 年，全县生产总值完成 121.3 亿元，增长 11%；规模以上工业总产值完成 151.3 亿元，增长 20.9%；农林牧渔业总产值完成 33.05 亿元，增长 4.2%；全社会固定资产投资完成 130.72 亿元，增长 23.3%；财政总收入完成 8.91 亿元，同口径增长 12.3%，其中地方财政收入完成 4.04 亿元，同口径增长 11%；城镇居民人均可支配收入达到 25 135 元，增长 8.1%；农村居民人均可支配收入达到 8501 元，增长 8.3%；社会消费品零售总额完成 27.77 亿元，增长 13.6%。

此外，在工业经济方面，截至 2016 年，山阳县实施工业基建技改项目 26 个，完成投资 29 亿元。建成投产了必康二期大颗粒制剂生产线、中药材饮片车间生产线，投入使用了全自动物流仓库；基本建成了金川公司 300 吨双烯、3 万吨淀粉饲料加工项目厂房。必康医药产业园、中村五洲钒产业园等 4 个园区晋升为省级重点建设工业园区。县域工业集中区中，有 10 家企业新增入园，实现了 52 亿元的工业产值，增长 22.8%。制定出台了工业稳增长的十条措施，建立了县级领导包抓规模企业和重点工业项目机制，加强创投公司等融资平台建设，积极为企业排忧解难，32 家规模以上企业正常生产，工业品产销率达到 94.2%。

农村经济方面，截至 2016 年，山阳县着力发展现代高效农业，新发展现代农业园区 10 个，建成省级现代农业园区 1 个，市级现代农业园区 2 个，商洛优源秦岭生态农业示范园项目得到国际认可，并获得 1.65 亿元国外贷款支持。新发展药、果、茶等特色产业基地 57.2 万亩，发展立体生态农业 204 户、8650 亩，新培育专业大户和家庭农场 61 个、农民专业合作社 85 个、立体农业示范户 169 户，新建万头养猪基地 3 个、百万只养鸡基地 2 个，认定"三品一标" 7 个。建设高标准农田 1.8 万亩，发展节水灌溉 0.5 万亩，粮食总产稳定在 10.9 万吨。

2. 电子商务发展现状

电子商务在充分发挥社会生产优势的基础上，可以减小生产和消费之间的距离，解决市场中信息不对称的问题，减少交易的费用，扩大交易范围。电子商务与农业、工业和第三产业等各个方面都息息相关，可以促进县域工业、农业走向产业化，与县域经济的发展密不可分，极大促进着县域经济的发展。近些年来，在农业产业化过程中，电子商务对农产品经营的市场化作用越来越重要。在第三产业方面，电子商务也在逐步发挥着越来越大的促进作用，能够有效地改善县域企业面临的信息不对称问题，提供更多的市场信息，有利于县域中小企业了解国际市场趋势，进行国际水平上的产品创新，可以帮助企业打破时间和空间的限制，突破经济规模的限制。通过使用虚拟网络，中小企业、农村乡镇企业和个体企业进行网络营销与管理的成本更低、获取信息更加及时、突破地域的限制。这有利于企业间加强联系与合作，从而形成产业集群，建立紧密的供应链伙伴关系。

随着电子商务发展态势越来越好，各地的县域电子商务也快速发展起来。新的消费需求被创造出来，从而引发了新的投资、新的就业渠道，人们的收入也快速增加。山阳县一直密切关注发展形势，积极探索和实践，加快电子商务的发展，现阶段取得了一定成效。成功实现了"省级电子商务示范县"和"省级供销系统电子商务试点县"创建目标，逛集网被评为"省级电子商务示范企业"。

2012年以来，电子商务交易额超过35.1亿元，其中2012年交易额为9.6亿元，2013年交易额为11.6亿元，2014年交易额为13.9亿元，年均增速20%。网络消费与网络零售已被大众广为接受，网民数量日益增多，基础互联网用户达9.7万户，移动电话用户达22.08万户。山阳县逛集网电子商务平台具有明显的地方品牌优势，"大秦岭农特产电子商务•山阳展示体验馆"建设初见成效。景区、镇、村电子商务服务站（点）达到"标识统一到位、产品摆放到位、网络配套到位、便民服务到位"四到位。陕西丰源钒业科技发展有限公司、陕西必康制药集团控股有限公司和山阳奥科粉体有限公司都开展了电子商务应用，如陕西丰源钒业科技发展有限公司建立了陕西有色金属交易中心，2014年网上交易额达150亿元，其中钒产品交易额近2亿元。以茶叶、核桃、魔芋、九眼莲等为主的农产品电子商务发展迅速，其中逛集网仅半年时间就已发展10万会员企业。陕西丰源钒业科技发展有限公司、陕西必康制药集团控股有限公司、陕西天元隆农业科技有限公司、山阳县家金商贸有限责任公司、陕西智源食品有限公司已经显现了县域电子商务龙头企业的发展潜力。

11.2.2　基于 SWOT 模型的山阳县电子商务分析

1. 山阳县电子商务的发展优势

根据国家"十二五"及"十三五"规划和对农业产业化、信息化的有关方针政策，经过多年发展，山阳县电子商务已经初步具备了一定的硬件、软件、市场、技术等基础和条件。

（1）生态农业优势。山阳县自然环境独特，境内有野生中药材1000余种，全县以黄姜和"五大商药"（丹参、连翘、桔梗、五味子、黄芩）为主的中药材基地已发展达到35万亩，享有"西部药乡"的美称。土石山区的地理环境在发展山地农产品上具有得天独厚的优势。以核桃、板栗、茶叶为主的林果基地发展到94万亩。山阳县是六大"中国核桃之乡"之一，拥有两个国家农产品地理标志保护产品：山阳核桃和山阳九眼莲。山阳县的产品目前已销往日本、加拿大、西欧、东南亚等20多个国家和地区。另外，山阳县正通过一系列政策扶持、机制创新，加快推进高效生态现代农业发展，努力增加农民的收入，致力于统一经济、社会和生态效益。重点从加快基础设施建设、发展立体生态农业、转变农业发展方式等措施入手，坚持龙头引领、大户主体、特色支撑、循环发展，全力推动传统农业向特色化开发、产业化推进、园区化承载、生态化发展、品牌化营销的高效生态现代农业转变。

（2）旅游资源优势。一是资源丰富、品质优良。全县有旅游资源单体93个，其中有1个达到国家5级旅游资源标准、4个达到4级、16个达到3级，融合了山地、水、森林、洞穴、峡谷、温泉等各种文化历史资源，其中有5个主要大类（包括地理景观、生物景观、物候景观、遗址和建筑）、9个亚类和20种基本类型，是秦岭山水旅游资源的缩影。国家森林公园天竺山、明清古建筑群漫川古镇、省级风景名胜区月亮洞、明末山寨天蓬山寨这四大景区已经被开发建设。海螺宫—黑龙谷是山阳县的又一个旅游资源，目前还未被开发，这一景区的面积有 100 多平方千米，有着大面积的熔岩，属于喀斯特地貌，这种地貌在秦岭一带的高海拔地区是非常罕见的，有专家提出这里可以开发成一个世界地质公园。二是地理优势明显。山阳县距西安 130 千米、十堰 160 千米、武汉 600 多千米，福银高速穿境而过，位于西安—武汉旅游大轴线上，连接 2 个大中城市。随着山柞、丹宁高速的建设，山阳县将成为包茂高速、福银高速、沪陕高速这三条高速路的连接点，为外来资源进入山阳县创造了更加有利的条件，有利于山阳县县域旅游融入国家旅游业。三是产业融合度高。山阳县具有丰富的生态、农业和工业资源，旅游业与农、林、水、城镇、文化高度融为一体。山阳县将继续建立集合一二三产业的泛旅游产业集群，并使其与各个领域进行合作，产生农业休闲游、文化体验游和工业旅游等多种形式，达到延长旅游产业链条的目的，加强旅游业的整合与发展，努力建造整体大区域的旅游。四是文化底蕴深厚。山阳曾是秦楚和宋金的国界，集多个地域的文化于一体，是全市唯一一个"五教"俱全的县；在革命战争年代是鄂豫陕革命老区和豫鄂陕革命根据地的中心区域；有 860 多处文物保护点，1000多件馆藏文物，36 项非物质文化遗产代表作名录。此外，山阳县具有浓厚的民俗风情，有很多民间小吃，如漫川八大件、山阳羊肉泡、山阳油豆皮等，小吃的品种繁多，做法精巧，远近闻名。

（3）基础设施条件逐步具备。在国家的重视支持下，中国农村信息网络建设成效显著，目前国家、省市县各级都建立了农业信息化网站。"十二五"期间，中国陆续建设了一大批农业生产经营的信息化示范基地、农业综合信息服务平台和信息服务支持系统，开展了农业物联网应用示范，为农村电子商务发展奠定了重要的网络基础条件。

（4）电子商务项目建设初见成效。在县域经济发展中，山阳县坚持把电子商务作为促进产业转型、扩大消费升级和增加群众收入的重要举措，抢抓机遇，强化措施，举县一致，强力推进。在县域经济的发展过程中，电子商务始终被山阳县作为促进产业结构调整、消费升级、增加人民收入的重要措施，全县都紧紧抓住这个机会，通过一系列措施，齐心协力地促进电子商务的发展。组织建设也取得了明显成效，成立了县电子商务工作领导小组和县电子商务协会，其中电子商务协会的会长由重点龙头企业的负责人担任，山阳县电子商务服务中心也已建成。

县财政每年预算 1000 万元的电子商务专项资金，用于扶持、奖励和培训电子商务企业、项目及人才，还有电子商务支持服务体系的建设。"大秦岭农特产电子商务·山阳展示体验馆"初步建成，并于 2015 年"五一"实现对外开放；现代物流园、电子商务产业园建设工作正在顺利推进；本地成功自建平台山阳逛集网电子商务有限公司；山阳县家金商贸有限责任公司、陕西天元隆农业科技有限公司等龙头企业的电子商务网站已建成；天竺山、漫川古镇、月亮洞等 3 家景区，中村、杨地等 13 家镇的电子商务服务站均已成功运行。

2. 山阳县电子商务的发展劣势

（1）电子商务意识不高。电子商务的发展水平取决于人们对电子商务的理解与学习程度。交易主体的受教育程度直接影响对电子商务的认识。县域地区交通不便、信息不畅，基础条件差，经济建设落后，相应的文化教育事业也没有得到很好的推广，导致农民文化素质发展受到限制，因此，接受电子商务这个新鲜事物是很难的。另外基础的网络设施还不完善，网络条件差，导致很多县域的人民对发展电子商务存在很大的偏见与不信任。对农村住户来说，一旦发生事故，经济损失可能就很惨重。因此，大部分农民都从心理上不愿接受通过电子商务进行交易的这种方式，所以使用网络进行交易的农民少之又少，他们认为传统的农产品买卖方式比较安全和稳定，而不考虑现如今的市场需要通过电子商务来进一步发展的这种趋势。在电子商务出现时，由网络建立的各方，由于地理条件的限制，难以保障交易的安全和双方的相互信任，对于电子商务缺乏认识制约了其更好更快发展。山阳县"重生产、轻流通"的偏见根深蒂固，对信息化的认识相对欠缺，对电子商务的理解停留在比较浅的层面。网络交易方式认可度低，现金交易还占主导地位，新型的支付方式，如支付宝、财富通等，虽然存在但普及度很低，使用的人数较少。由于信息不及时，观念落后，市场一旦出现变动便无法及时得到消息并作出反应，这种信息滞后或不对称会造成农产品的过剩危机，电子商务的生存发展有一定难度。

（2）电子商务环境不够完善。山阳县农业还未大规模实现信息化，也没有涉农企业成功建设比较高水平的自有电子商务平台。农业电子商务网站不具有对于农业的针对性，而且对于农民来说还不够实用。农村网络普及率较低，电子商务网民较少，农资及涉农产品的配送方式落后。网站安全和支付安全不能做到有效地防范，网络交易发生纠纷时也很难处理，网络信用机制还不够健全等，这些问题都影响着人们对电子商务发展的信心，都是阻碍山阳县发展电子商务的硬伤。

（3）物流支撑体系较落后。中国大部分县级城市都还比较落后，经济规模较小，物流规模自然随之也小。在陕西省农村电子商务发展中，物流配送、货物仓储配套设施建设较滞后。因为大多数农民都在农村且分布较为分散，所以配送时虽然离农产品基地比较近，但难度却较大。山阳县的农村物流，主要还是依靠传统的邮政系统，第三方快递公司虽然开始进入县域，但几乎还未触及乡镇，更没有进入偏远村庄。第三方物流主体数量少、规模小、企业管理和发展水平普遍落后,多数依然采用着"店铺+车辆"的经营模式。快递市场开放准入不够,国内快递企业存在小、差、弱劣势。快递企业与电商企业也只有很少的交集,没有建立深度的合作关系,因为监管不到位,所以农村快递服务网不完善,物流寄递难以保障安全,服务质量也不尽如人意。物流发展意识本身也较为淡薄,无论是从政府层面、社会层面,还是从企业层来看,对于物流方面的发展意识还较为淡薄,没有使物流走向更加现代化、建造供应链物流等方面的意识,发展物流业并没有从根本上引起政府相关部门和社会的重视,企业对发展物流还没有更为全面和长远的认识。

(4)电子商务人才匮乏。县域电商人才紧缺,农民也没有全面认识和接受电商,是发展电商过程中的一个非常严重的瓶颈。山阳县网民较少,计算机普及率低,懂电商技术、会经营管理的人才少之又少,山阳县相关部门对电商实务知识的培训很少,从而严重影响了电子商务的发展。大多数电商企业都存在人才短缺的问题,特别是缺乏既掌握现代信息技术又精通现代商贸实务的复合型中高端电子商务人才。高等学校和社会机构的人才培养与培训,在数量和结构上均不能有效满足电子商务企业的人才需求。

3. 山阳县电子商务的发展机遇

(1)政策导向为县域电子商务突破发展带来新机遇。"一带一路"倡议将会成为电子商务进一步发展的新的机会,随着"新丝绸之路"的发展,中国将会提供很多引进产业、聚集人口的机会,这有利于西部地区抓住机遇,更好更快地发展,对于中西部省区来说,很多机电产品、特色农产品、特色食品等商品都有了难得的走出国门卖向世界的机会。陕西省也先后出台了《陕西省人民政府关于加快发展服务业的若干意见》和《陕西省人民政府关于进一步加快电子商务发展的若干意见》,推动陕西省电子商务的发展,争取在激烈的市场竞争中取得一些优势,提出了关于资金、用地、市场准入、金融、配套服务等各方面的具体的政策措施。因此,政策的发展对山阳县电子商务的发展带来了良好的效果,也为山阳县电商发展寻求突破带来了新的机遇。

2017 年,陕西省电子商务交易额达到 4000 亿元,年均增长速度保持在 20%以上。其中,网络零售交易额突破 800 亿元,占社会消费品零售总额的比例超过10%;企业间电子商务交易规模超过 3200 亿元,80%以上的大中型企业和 60%以上的中小企业开展电子商务应用。可见发展电子商务明显可以大幅度地促进县域经济的发展,如果电商以现在的状态发展下去,未来几年交易额将继续扩大。因此,电商发展的前景大好,未来还有很大的发展空间和很多的市场资源,陕西省这个相对于山阳县的大环境电商的发展可以带动山阳县电商的发展。

(2)工业经济转型升级为电子商务发展带来了新空间。山阳县按照"扩张总量、优化结构、做强特色、增加贡献"的总体思路和要求，坚定不移地坚持"工业强县"战略，实现了全县工业经济持续稳定增长。以生产运行、产品销售、项目建设、园区发展这四个方面为中心，将产业的发展环境进行改善，在电商具体的实施方面多加关注，激发电商发展的潜力。

（3）信息化领先发展和带动战略，加速山阳县电子商务发展。现如今，新一代移动技术的更新换代越来越快，发展速度逐渐加快，云计算、物联网等技术都相继出现，成熟的电商技术越来越多，形式也变得多种多样。为了给电商提供更好的发展环境，未来的五年，山阳县将在信息化方面的基础建设上加大力度，并努力推动和加快网络基础设施的建设与"三网融合"。

（4）线上线下融合模式为电子商务带来更大的发展空间。线上线下融合的模式已成为电子商务发展的主要趋势之一，对原本的商业模式带来一定的冲击，并对消费者的购买习惯产生一定影响。山阳县依托优美的自然环境，在旅游业、特色农产品电子商务发展方面具有得天独厚的优势，今后，电子商务线上线下融合将进入快速发展时期，这必将惠及山阳县本地服务业。

（5）电子商务的发展是民心所向。对于城市来说，电子商务可以使市民在家足不出户，就直接买到想要的农产品，买到有特色的或定制的产品。对于乡村来说，农民不用走出村子去市中心，就直接可以买到需要去城市才能买到的商品。尤其是中国农村网民人数有 1.78 亿，占比 27.5%，数目很大，且还在逐渐增加，是一块很大的"蛋糕"。农民的消费观念也在慢慢转变，之前只要求价格低，现在随着社会的变化开始追求既价廉又物美的商品。这就需要商品种类更加丰富，同时要在众多商品的竞争中脱颖而出。因此，应该加快农村通信基础设施的建设，还有镇、村服务站的建设，优化农村与城市的物流和信息通道，使其更加畅通，从而使农产品的买卖更加便利，农民更容易买到性价比高并且有特色的商品，实现广大农民的共同愿望。同时，促进互联网经济的发展，并以农村电商为中心，吸引更多的青年才俊回乡创业，在家门口开办网店，从事物流配送或网货供应，这是"大众创业、万众创新"在农村的具体实践，另外，也是实施"双包双促"精准扶贫的重要举措之一。

4. 山阳县电子商务的发展挑战

（1）网络设施基础差，缺乏区域性谋略。电子商务是指，通过互联网，改变商品的流通模式，创造新的流通方式，使消费者—商品—制造者间的通道更加高效透明。可见，要想发展县域电商，必须先把宽带等网络基础设施建设到位。相对于城市，农村地区网络基础设施薄弱，获取信息的成本较高。2013 年，陕西省固定宽带接入用户 536 万户，农村固定宽带接入用户只占 18%；农村宽带接入能力是城市的1/6。农村电子商务软、硬件建设条件差，致使农民直接有效参与电子商务的途径受阻。加之山阳县地处内陆，缺江少海，国家沿海发展战略优势不明显，所以需要思考电商如何在与沿海地区的竞争中，发挥内陆所具有的独特优势，甚至取得核心竞争力。因为各地区地理条件存在差异，农业也具有鲜明的地域性差异，各地都存在不同的特征，所以电商问题更为复杂。另外，企业自身信息化水平不高（包括企业的数字化程度和企业信息收集处理加工能力），很多乡镇企业建立网站，但不懂得如何利用网络抓住客户致使贻误商机。

（2）市场商业环境底子薄，影响产业化发展。高附加值农产品的销售渠道不畅，农产品电商存在"散、低、少"问题。农村生产资料的产供销体系开放度低，商业流通效率低下，市场信息滞后，农民消费需求无法满足。同时，农村电商物流"最后一公里"的阻碍使物流成"物留"。此外，电商交易的安全性也影响着山阳县电子商务的发展。

（3）农民"互联网+"意识淡，缺少经营性观念。农民的信息意识在一定程度上表现得比较封闭，主要表现为对信息情报反应迟钝、不积极关注信息，也不积极采取相应的措施来应对问题。这也是他们并不渴望获取信息的原因所在。这种情况使农村地区出现信息不流通、物流不顺畅，生产、销售和需求不协调等问题，然后一些农产品就会被不断压价，甚至滞销。而解决这些问题的当务之急就是信息化建设。农民不乐于接受和采用这种新的模式，这极大程度上影响着电商模式的传播。农民满足他们自身对信息需求的能力是非常有限的，而且专业型的农村信息技术人才又十分匮乏。

（4）农产品冷链物流突破难，制约现代化配送。冷链物流既是关系到民生的一件大事，也是一个前景广阔的行业，因而得到社会各界重视。在国务院总理李克强主持召开的国务院常务会议上，曾部署推进"互联网+流通"行动，要求突破信息基础设施和冷链运输滞后等"硬瓶颈"，打造智慧物流体系，发展物联网。近几年来冷链物流风生水起，但不可回避的是冷链物流存在"硬瓶颈"，即食品行业冷链是薄弱环节。冷链流通中，鲜活农产品的比例仍然偏低，关于冷链物流的基础设施建设远远没有到位，冷链物流技术的推广力度不大，第三方冷链物流企业较少，且都发展较为落后，没有领先的企业可以起到带头模范作用。法律法规体系关于冷链物流的规定还不健全，未能形成健全统一的标准体系。所以，目前还没有形成规范且先进的农产品冷链物流体系，妨碍着农产品生产向现代化的发展，以及农产品物流方面的发展，是山阳电商的梗阻。

11.3　山阳县电子商务发展存在的问题

1. 电子商务发展规模较小，发展任务艰巨

与全国其他省份相比，陕西网上销售主体和交易规模较小。全省线上交易额

不到全国总量的 2%，网上销售、购买金额之比为 1∶2.12。另外，在陕西网上商户购销的商品中，绝大部分是其他地方的产品，陕西省本地的产品，尤其是特色农产品，虽然销量增长较快，但在总销量中所占比例还不到 20%。在这种环境下，山阳县电子商务企业数量不多且规模偏小，电子商务交易额仍处在较低水平，2012~2014 年电子商务交易额分别为 9.6 亿元、11.6 亿元、13.9 亿元。山阳县电子商务应用模式不够丰富，服务模式相对单一，应用电商的企业数量少。县域地区传统产业居多，网上销售局限于当地特产，很多涉农企业难以适应电子商务。所以，一方面，山阳县电子商务平台相对较少，可以把物流、信息和资金等融为一体的综合性平台更是极少，知名度也低，使用的人少，缺乏核心竞争力。现有的电商平台也未能真正发挥相应功能，能实现全过程数字化交易的就更少。主要原因在于交易平台的建构水平较低，提供服务的能力也相当有限。很多因面子工程建立的电商平台因为技术和流量制约已成为僵尸网站。另一方面，县域企业和个人除了对淘宝和京东商城熟悉以外，对其他的电商平台，特别是与本领域相关的平台，了解得很不深入，限制了电商平台的发展。

2. 区域优势不明显，区域竞争压力加大

山阳县电子商务起步较晚，目前整个电商水平还较低，应用区域还不够广泛，与全国电商百强县相比，陕西电商示范县还是数量很少，成交金额较小，电商发展的进程较慢，普及度低。电商领域的企业都小且分布得很分散，没有具有影响力的龙头企业起带动作用，吸引到的项目还不够多，没有企业在这里设立总部或研发中心，物流中心也不聚集，所以在这种条件下，出现大而强的有影响力的电商企业十分艰难。另外，山阳县深居内陆，交通不如沿海地区各县发达便利，从另一方面增大了山阳县的竞争压力。

3. 物流体系不健全，配套服务拓展不足

物流配送止步于乡镇，"最后一公里"问题难以解决。很久以来，物流一直是电商发展中一个很大的难题，可以预见，在县域中物流更加难以解决。县域地区有很多人已经发现了电商的发展可以带来很多机会，但大多数却由于物流方面的问题而无法采取行动。要真正地发展电商，就必须想办法先解决物流方面的问题。陕西县域地区，本身地理条件就不优越，一定程度上造成物流企业数量很少，规模也都不大，冷链物流更不健全，建立高效的物流体系有很大难度。而物流体系方面的问题不解决，就很难进一步解决电子商务在县域地区的"买难卖难"问题。目前的物流网络大部分只触及县城，深入到乡镇的物流企业少之又少，只有个别乡镇存在物流企业。所以这种物流体系的不健全，使乡镇以下的农村很难做到通过互联网买卖农产品进行电商交易。农村地区路途遥远，时间成本、

人力成本都大,再加上农产品一般还需要保鲜,不能拖延太长时间,所以需要花费一些包装费用,这些问题都妨碍着农村电商的发展,单个企业很难支撑下来。物流冷链仓储设施配备不足。农村的电商交易一般都是农产品的交易,而由于农产品本身的特性,客户对新鲜性的要求比较高,但是物流中冷链仓储配备还很欠缺。农产品网络交易多为现货销售,产品鲜活,而物流过程中缺乏冷链仓储设施配备,容易给买卖双方造成不必要的损失,也容易引起交易纠纷。另外,配套的先进物流技术应用性不足,物流效率以及管理水平不高。

4. 电子商务人才匮乏,企业电子商务模式创新支撑不足

电商发展中一直存在的另一个问题就是电商专业人才的短缺问题。很多地区面临着电商专业人员不去,企业招不到电商人才的困境。根据阿里研究院发布的《县域电子商务人才研究微报告》,2015 年和 2016 年县域电商需要的人才数量将超过 200 万。因此,电商人才的紧缺是一个必须被重视和想办法解决的重要问题。在对电子商务的理解上,许多地方企业是非常肤浅的,懂专业技术的程序开发、平面设计的人才太少,尤其是不仅掌握现代信息技术,还懂得现代商务活动中电子商务的高端人才极其缺乏。高等学校和社会机构的人才培养与培训,在数量和结构上均不能有效满足电子商务企业的人才需求。这些都导致电商网站的技术能力有限,不好支撑。在山阳县,现有产业园区的规模很小,产业聚集程度也不高,再加上本身地理条件不够好,经济发展水平不高,难以吸引到高端人才,全县整体都缺少懂得电商技术、可以运营网店的人才。

5. 电子商务意识不足,政府服务与管理机制有待加强

一方面,山阳县整体对电商的认识与理解程度较低,无论政府部门,还是企业和个体工商户,都还没有意识到电商将为山阳县带来的翻天覆地的变化,对电商了解不够深入,他们心目中发展经济的理念还很陈旧,不能跟上时代的浪潮,现在还没有改变思路,认识到电商这种新的发展模式的重要性。要想发展电子商务,就需要全县各个方面各个部门齐心协力、相互配合、团结协作,各种社会力量都应参与进来,共同致力于推进电商的普及与深入。但是现在,有关机构还没有发挥其影响力,也只有电商中心比较有激情和活力,其他部门没有拿出同样的参与热情,不关心电商的发展,对于农产品、工艺品和旅游商品的规划缓慢。

另一方面,电子商务的品牌意识不足。虽然陕西省各县都有着非常丰富的各种资源,但并没有与电商紧密结合起来。这是由于没有打造出农产品中具有影响力的品牌,没有构建出一个农产品体系,思想还停留在传统交易方式,还没有通过互联网这种新的事物进行交易的意识。对比分析淘宝上关于新疆红枣和陕西红

枣的数据会发现，人们搜索新疆红枣的次数远远多于搜索陕西红枣的次数。新疆的红枣从新疆卖往全国各地，而陕西的红枣主要销往陕西及周边地区。因此，缺乏网络品牌建设的战略思考和规划，就不能较好地整合县域内的农特产品优势资源。目前大部分电子商务企业的网络经营仅是实体市场的延伸，自然人从事网络经营在申请注册商标方面尚存在客观困难。

11.4　山阳县电子商务发展对策建议

11.4.1　扩大电子商务发展规模，增强核心竞争力

1. 加快普及电子商务

（1）培育电子商务示范企业。山阳县现在应重点培育几个行业电子商务平台和电子商务应用骨干企业，再在电商企业中评选一批县级电子商务示范企业，加大对电商企业的帮助力度，使这些企业能够做大做强。应出台帮扶企业的详细举措，如设立发展引导资金等，打造出有一定知名度和影响力的龙头企业。

（2）创建电子商务示范村。发掘出一批有潜力发展电商的农村，并给予支持，打造成电商示范村。思考电商发展中可能遇到的问题如何解决，例如，如何保障网络交易的安全性，如何提升交易双方的可信度，交易出现纠纷时的解决方式等，并出台相应的政策促进这些问题的解决。将农业的发展与电商结合，可以促进农业的产业化发展，获取信息更加及时，处理问题更加快速，交易效率进一步提高，交易的自动化程度越来越高，使传统高消耗、低效益的农业生产结构逐渐转变为新兴的低消耗、高效益的生产结构。粗放型的农业生产模式转变为集约型、技术知识密集型的生产模式。渐渐改变农业生产的传统方式，使其走向现代化，跟上社会发展的潮流，切实做到在降低生产成本的同时还能提高生产效率，继而可以带动农副产品加工业的发展，最终达到农村服务业结构的更新和改善。当农村电商环境逐渐好转之后，就更有利于带动电商领域人才的发展，会有越来越多的人懂得并学会电商技术，参与到农村信息技术中来，或者进行电商的信息服务工作，这从另一方面还可以带动农村的就业问题，提供更多的就业机会，然后改变农村就业结构。

（3）打造电子商务特色产品品牌。山阳县在电子商务交易上有一个鲜明的特点，就是在特色食品等方面交易量较大。山阳县应以"陕南黑猪""秦岭山地肉鸡""山阳核桃""山阳茶叶""山阳九眼莲"等特色农产品品牌为依托，重点打造具有山阳特色的电子商务产品品牌。鼓励企业网上销售山阳特产，打造山阳

品牌，明确山阳特产网上拓展市场资金扶持政策，对销售良好的企业给予一定资金扶持，积极引进大的电商项目，把山阳的特色产品资源与阿里巴巴的资本、技术、管理、营销优势相结合，通过设立农村淘宝区县级运营中心和村级服务站，让农民像城市居民一样，生活越来越便利，越来越享受，并帮助农产品更好地销往城市。

2. 推进电子商务 "五进"

（1）电子商务进商场。鼓励山阳县大型商场建立起自己对应的电商网站，与实体店结合，从线上线下两方面进行经营，形成更加完整和现代化的经营体系。支持大型商场、超市运用电子商务方式开展 "网购" "网销" "话销" "视销" 等业务。另外，开办农村网上连锁店和物流配送分中心、支付服务点等。

（2）电子商务进市场。鼓励现有的各行业的市场，搭建有产业支撑的第三方网络交易平台。其中，重点市场 100%建立网上销售网站，市场 80%以上的经营户利用电子商务手段开设网店，大力开展网上营销活动；建立与电子商务配套的市场物流及金融支付体系。

（3）电子商务进企业。企业信息化普及率逐年提高，2017 年达 60%以上；其中应用电子商务的中小型企业达 70%以上；每年扶持 5 家以上企业通过电商开拓国内、国际市场。加快开发农业和旅游业电子商务服务平台。根据发达地区发展电商的经验，电子商务龙头企业可以起到很强的带头作用，作为其他电商企业的榜样，可以吸引到高端企业平台，从而极大限度带动区域经济的发展。有龙头企业的存在，更有利于发掘电商基础建设中的问题与不足进行改进。所以山阳县应重点打造一批有基础、成长性好的本土平台及企业，积极推动传统企业建立电子商务公司，加快开展电子商务业务，促进企业转型。因此，山阳县可以一方面培养本地的电商企业，另一方面从外地引进大型企业入驻，通过开展专项招商活动，与阿里巴巴集团等大的电子商务企业及配套支持企业进行对接，甚至请一些企业来山阳县实地考察。

（4）电子商务进社区。加快社区迈向信息化的进程，城区 80%以上的社区建有自己的门户网站并建设社区信息服务点，方便社区居民通过网站、固定电话、手机和数字电视等终端载体进行身份识别、小额支付、购物消费等服务。可以建立 "一卡通"，将各领域的社会资源联系在一起，形成一个整体。保障各类支付手段的安全性，推进物流行业的信息化与现代化，增加互联网在物流领域的应用，从而使运送更加及时，交易更为安全。这些措施都可以为电子商务进社区提供良好的环境基础。

（5）电子商务进农村。实施农村电商拓展计划，建立农产品、农资等交易平台；依托电商龙头企业，通过政策扶持，在各镇（办）和重点村布点建设农村电子商务服务站，帮助农民从网上购买商品并把农产品卖出去，并鼓励有潜力的人继续加入到服务站中，有能力的单位也可以建立服务站，共同致力于帮助农民开网店、销售农产品，甚至包括物流的运送等一系列环节的服务。

3. 大力发展网店

（1）大力发展第三方网络零售平台。扩大网络零售商品和服务种类，推动服装、计算机及配件、家电、数码、家居、化妆品、母婴用品、土特产等商品进行网上销售；鼓励利用第三方平台开拓市场，引导个人网店逐步向专业化网络销售企业转型。

（2）支持企业自建平台进行电商零售。建立一些针对专门的商品或顾客群的平台，使平台走向更精细化的道路，采取差异化战略，进行更专业的服务。支持一些网络零售企业扩大其市场范围到整个陕西省，并争取扩大到全国范围，而总部在山阳，带动山阳经济的发展，提供就业机会，增加税收。

支持小规模的实体店也加入电商零售，包括一些传统百货、连锁超市、乡镇生活服务等企业，逐渐转向从网上获取各种货源和商业资源，通过互联网进行物流配送等。这种传统实体与互联网的紧密联系，有利于扩大小企业的经营范围，增加销量。长时间后，商品的整个从仓储到配送再到采购等流程将更加现代化、更加高效，最后发展出一批以专业市场为依托的网商集聚区。

（3）重视发展农村网络购物市场。结合农村"万村千乡"流通实体网点建设，支持发展面向广大农民的网络零售平台，一方面，农村购买工业品更加便利，另一方面也更利于农产品销往城市。可以建立起山阳本地具有品牌特色的农产品企业，使其通过电商开展山阳名品的销售，还可以发展多种模式，例如，线上线下结合，在网上挑选好商品后直接到线下实体店拿货等。对于团购，应制定其发展的规范，进入市场应满足一定的条件，要加强对团购组织者和资金的监管，促进健康持续发展。

（4）创办电子商务特色网店。鼓励山阳县个体工商户和中小商贸企业，在第三方平台上开设网店，建立特色品牌以便在激烈的网店竞争中拥有属于自己的吸引力和竞争力。大企业可以自己开设网上专卖店，建立网上零售终端，也可以与大的电商平台谈判，争取开设出一个专区，集中展示、宣传推广山阳名优特色产品和手工艺品。

11.4.2　增强区域竞争优势，减少竞争压力

1. 建设公共服务平台

（1）生产类电商应用平台。以优势产业的龙头企业为先导，支持装备制造业

电子商务平台建设，提供企业供应链管理、集团采购、客户关系管理等商务流通信息平台。

（2）消费类电商应用平台。重点支持日用消费品电子商务平台建设，努力使通过互联网进行的消费不仅更加便利快捷，还安全可信。

（3）服务类电商应用平台。以农村服务电子商务平台等为重点，鼓励构建一体化家庭生活服务平台，并使生活服务应用平台做到更具针对性、更加全面。

（4）特色类电商应用平台。支持各个特色行业的代表企业牵头建立电商平台。支持特色农产品、文化创意、商贸服务、旅游电子商务平台建设。

2. 加强产业组织建设

（1）培育电子商务龙头企业。为壮大山阳本地电商平台，鼓励各行业的龙头企业自建垂直销售平台，通过平台进行销售活动、对外宣传、处理订单与客户谈判等活动。2016 年底，培育电子商务销售过亿元的企业达到 2～3 家。普及中小企业电子商务应用，加快"全企入网"，鼓励县内中小商贸企业和个体工商户利用山阳县自建平台逛集网及其他第三方平台淘宝（天猫）、京东商城、1 号店等设立网店，创建有特色的网上零售品牌。支持生产企业依托自身品牌优势，通过第三方平台开设网络旗舰店、专卖店等网络零售终端。

（2）支持农民专业合作社开展生鲜农产品网上直销。依托农民专业合作社在特色农产品种植、销售等方面的优势地位，推动农产品生产基地的转型升级，建立一批产品质量高、特色鲜明、有品牌效应的生鲜农产品网络直销基地。

（3）加强电子商务协会建设。发挥县电商协会的示范推广、自律规范的作用，建立县、镇、村三级电商工作体系。

3. 线下特色园区建设

（1）建设县电子商务产业园。围绕山阳经济社会发展重点和优势产业、重点行业、特色产品，按照高起点规划、高标准建设、高品位经营的总体要求，建设集商品贸易、平台建设、物流配送、融资支持等于一体的综合电子商务产业园区。内外联系，逐步形成集信息、物流、仓储、加工等于一体的产业集群，使电商产业规模更大、实力更强。引进与电商产业相关的软件开发、代理运营、广告策划、产品设计、认证评估等服务商入驻电子商务产业园，促进电商服务集聚。搭建电子商务产业综合性服务平台，解决企业信息共享、通关报检、结算缴税以及物流等各种问题，降低电商运营成本，提高专业化程度。

（2）建设县域工业集中区现代仓储基地。在县域工业集中区，生产和销售等资源相对比较密集，应把这个优势利用起来，整合资源，在县域工业集中区建立现代化的物流仓储基地，以农副产品、中药材、工业品仓储配送为主，构建快捷高效的供销平台。

（3）建设电子商务示范镇（景区）。支持全县各镇、重点村依据自身优势发展电子商务，山阳县农产品、中药材、现代材料等较有优势和特色，应在这些领域建立电子商务示范镇。依托山阳生态旅游、红色旅游等景区，建设电子商务示范景区。

（4）提升农产品质量安全水平。建立健全农产品质量安全风险监测、产地准出、市场准入、质量追溯、退市销毁等监管制度，以标准化种植业基地、标准化畜禽养殖示范场为重点，强化农产品质量安全监管。严格落实县乡两级快检预警制度。建立农产品质量安全可追溯信息平台，督促落实生产主体备案制度、生产记录诚信档案制度，从源头开始控制农产品质量安全。

4. 线上特色平台建设

山阳县可以突出其大秦岭特色，在特色产业方面建设电商平台，如农产品、生物医药、现代材料和生态旅游等方面，都是山阳县相对具有独特优势的产业，建立电商平台更有优势。对于各个行业的电商平台，应保持支持，帮助其发展壮大，扩大知名度和影响力，发挥出模仿带头作用，做好一个互联网与实体产业紧密结合、共同发展的代表。另外，特色旅游产业方面也可以结合互联网的因素，建立网络平台，平台上可以宣传山阳县的旅游景点，可以销售景区电子票等，还可以为相关企业统一设计带有浓郁山阳特点的宣传形象，打通携程旅行网、同程旅游等国内大型旅游网站的通道，通过销售景区电子联票扩大知名度、免费为旅游电商提供购物赠品等，带动电子商务旅游业的快速发展。

5. 增强电子商务品牌营销服务

品牌建设有助于电子商务企业迅速建立比较优势，电子商务企业必然要走品牌化之路。走品牌道路离不开标准化生产和规模化经营，不论是工业品还是农业品都要进行产业化升级。电子商务作为一种新的生产力将会对产业升级产生巨大影响。第一，要引导和扶持当地企业与知名品牌积极开拓网络市场。一方面，政府可以通过电子商务培育当地品牌以促进产品的网上销售。另一方面，利用现有品牌的口碑效应将其品牌优势迅速延伸到互联网上，线上和线下双管齐下构建竞争优势。第二，注重网络品牌的推广，扩大其网络知名度。不同的企业和个人对电商模式的选择是不同的，每种模式都各有其利弊特点，可以利用多种电商模式，通过各种形式推广县域品牌。第三，通过健全的品牌制度和多层级组织协会来维护与管理网上的县域品牌。首先，建立品牌的奖惩制度、维护制度和监督管理制度。其次，政府可以通过多种媒体和渠道，宣传自己的县域品牌以提高品牌影响力。最后，动员各级组织和行业协会整合各种资源，协调供应链上各环节，提升个人和企业的网络营销意识。全面提升山阳"秦岭八大件""山阳四宝"品牌影响力，坚持培育与整合并举，对山阳县乃至全市的核桃、板栗、茶叶、香菇、九眼莲、木耳、豆腐干、小杂粮等农特产品品牌进行整合，分类分级筛选、定价、策划包装成礼盒，通过各种行之有效的方式宣传推介，利用实体店和网店进行销售。

11.4.3　健全物流体系，拓展物流配套服务

1. 健全物流体系

整合社会物流信息资源，推进物联网等先进物流技术及装备的应用。大力发展第三方、第四方物流，使物流企业更加现代化，物流体系更加清晰、分工明确。可以建设一些更新型的配送中心，逐步在整个山阳县建立起一个整体的大型物流网络，并且继续延伸至乡村。建立系统的物流网，有利于提高配送效率，工作更加统一便捷，另外为各方都降低成本。电商与物流是密不可分的，如今越来越融为一体，物流的进步代表着电商的发展，所以应该共同发展，互相推进。有实力的电商企业可以建立自己的仓储中心，甚至配送体系，进一步提高企业的效率。

2. 拓展物流配套服务

（1）发展电子商务，需要各方面的服务也发展起来进行支撑。其中包括平台运营公司、为电子商务运营专门做配套的公司，以及数据处理、网络营销、物流公司等。因此要进一步强化发展载体建设，完善配套服务体系。所以，山阳县应积极推进物流业集聚发展，推进各家快递的分拨中心的落户与运营。然后开展同城配送物流体系研究，加快搭建物流配送和资金结算平台，培育社会化、专业化、精细化的物流配送体系，大力推动电子商务交易平台融合安全认证和在线支付，物流配送逐步向信息流、资金流、物流三流合一方向发展。

（2）拓展物流仓储服务。整合公路、仓储、邮政快递、供销社等现有物流资源，使物流网络触及更多的农村。加大县域工业集中区木森电子商务物流园、农特产品交易中心建设支持力度，规划建设网售产品区域性电子商务物流节点和支

线体系，积极发展冷链物流，培育一批信誉良好、服务到位、运转高效的快递物流企业，加快形成有效支撑全县电子商务发展的现代物流配送体系。

（3）拓展电子标签等物流技术服务。推动射频识别技术、自动识别技术等物联网技术应用，推动技术服务城乡覆盖，提升现代物流服务效率和管理水平。加强商品条形码等新型技术的广泛应用，逐步完善线上、线下商品条码、二维码、数字证书等设施。

（4）建设安全溯源体系。建立农产品质量安全追溯监督管理中心平台，把县、镇（乡）、企业三级都纳入其中，从农产品种植的每一步开始记录，并在包装上贴上溯源的标识，这样在平台上就可以查到农产品的源头，出现问题可以马上找到具体的环节和原因，消费者也会提高对商品的信任度。还可以建立一定数量的具备"质量安全可追溯+远程视频系统+物联网技术应用"的高标准示范企业，以点带面逐步推进农产品质量安全可追溯体系建设。

11.4.4　引进电子商务人才，创新电子商务模式

（1）构建电子商务人才体系，优化人才队伍。建立山阳电子商务服务中心，整合培训资源、依托部门或电子商务中介服务平台，针对产业发展的趋势和要求，科学设置培训期限和课程，分层次、分类别做好系统培训，切实增强培训的针对性。

引导鼓励政府与高校、科研机构开展战略合作，一方面可以将专业人才请来为县域企业提供帮助，进行培训，另一方面也可派县域的人去先进企业学习经验。通过委托培养、岗位培训、人才招聘对接等方式，切实帮助入驻企业解决电子商务人才匮乏的问题，形成电子商务专业人才集聚的优势和氛围。

山阳县应根据人员层次的不同，有针对性地开展电子商务培训。无偿培训电子商务从业人员，多渠道强化电子商务继续教育和在职培训，让各行各业的人都学会基础的电子商务应用的技能。培训应根据创建国家电子商务示范县的任务要求，建立较为完整的电子商务基础教育、人才培养、培训和企业孵化等全产业链条教育实训体系。

（2）加强电子商务技术培训，创新电子商务模式。重点针对企业人员、农村种养大户、职业农民、基层服务站开展平台应用技术、店铺经营技巧、政策法规、致富信息等电子商务知识培训，提升企业和农村电子商务应用能力与水平。

11.4.5　加强政策支持，增强电子商务意识

1. 以政策引领为先导，落实配套政策

应针对电子商务制定专项的规划，把电子商务和各个产业紧密结合在一

起，共同发展、相互促进。不断深化改革，重视电子商务行业，及时给予必要的支撑与扶持。重点培养电子商务方面的龙头企业，促进其发挥试点示范作用，并从中进行总结，改善人才培养的制度，在财税方面也提供适当的便利，使电子商务在比较宽松的环境中初期发展起来。建议财政、税务、工商、国土等各相关职能部门及时出台配套文件，形成框架式的扶持电子商务发展的政策体系，从产业引导、资金扶持、要素支持等各个方面为电子商务发展创造优良环境，支持企业快速成长。

认真贯彻执行国家和省市有关电子商务方面的法律法规，健全政策体系，规范企业和个人电子商务交易行为。每个新鲜事物出现都需要相对宽松的环境，所以，关于电子商务的用地方面政策应适当放宽，财税、金融等方面也要给予电子商务企业支持。

2. 加强监管体系建设，营造良好环境

县行政执法部门要加强联合执法检查，依法打击网络违法犯罪，对于假冒伪劣产品、侵权的商品或价高物廉的商品要严厉地处置，违法行为更是要严厉打击，坚决维护经营者的权利和创新者权益。

建立农产品检测中心，严把农产品质量关。通过各方面的联动，卖农产品前控制好其来源，运送途中加强对物流企业的监督，最后做好售后服务，如果出现问题要及时找到原因所在，妥善解决。

创新监管方式，对电子商务相关的各个领域都要监管到位，才能让电子商务在一定规则中自由地发展。电子商务的买卖双方通过互联网进行交易时要注重法律监管，对于卖家的经营资格注意审查，所售商品的质量严格把关，消费者维权机制要健全等，有监管才能发展得更安全，健康的发展才有保障，才能为电子商务的成长提供肥沃的土壤。

3. 强化组织领导，严格督办考核

县委县政府成立由县委副书记任组长，3 名副县长任副组长，相关职能部门（单位）为成员的电子商务工作领导小组，加强对电子商务工作的协调指导和监督检查，及时协调解决电子商务发展中遇到的重大困难和问题，落实责任分工，集中力量推进电子商务产业的发展。领导小组办公室设在县经济贸易局，由经济贸易局局长兼任办公室主任，负责领导小组日常工作和具体事项的协调。各镇（办）各部门要切实加强组织领导，抓紧制定具体实施方案，落实完善和细化政策，推进全县电子商务示范县建设，明确电子商务发展的目标、任务和工作重点。

11.5 结 论

　　本章研究立足山阳县实际，加快推进"互联网+山阳县域经济"，重点打造"1234"的战略框架，形成产业政策健全明晰、管理体制合理高效、配套体系基本健全、公共服务平台基本完善的电子商务产业发展格局，建成省级电子商务示范县、国家级电子商务扶贫示范县，努力把山阳建成新丝绸之路区域性电子商务产业资源集聚和发展中心，形成丝绸之路经济带电子商务强县。

第12章 千阳县电子商务"十三五"发展研究

12.1 千阳县电子商务的发展现状

（1）网络通信基本实现全覆盖。目前，电信、联通、移动、广电网络四家网络运营商不仅在千阳县提供宽带网络接入服务，还提供有线网络经营服务、无线网络经营服务。电信、移动和联通三家公司移动通信基站、光纤和通信网络基本覆盖千阳县人口居住区，形成多功能和多业务的信息服务网络，基本满足各类用户对数据通信的需要。2016 年千阳县移动电话用户 79 900 多户，比 2015 年增长2.6%；建成宽带数据用户 10 186 户，比 2015 年增长了 14.2%。

（2）交通运输网络不断完善。千阳县地处宝鸡市半小时经济圈，宝（鸡）中（卫）铁路穿境而过，陇凤（陇县到凤县）、千凤（千阳县到凤翔）、千灵（千阳到灵台）三条公路干线在此交汇，与县乡公路纵横成网，宝汉高速穿境而过，交通四通八达，该县距离西安 200 千米、宝鸡 37 千米，是关中通往陇东的咽喉，是陕甘交界的交通和运力枢纽，宝中铁路、宝汉高速公路和 G344 国道贯穿全境，省道 212 线千阳岭段之前滑坡塌陷区的公路桥现已建成通车，与周边各市县的公路都已实现通达，县内公路交通网络不断完善，在 2016 年全年完成货运量 9317 万吨，比 2015 年增长 3.6%，货运周转量 20 506 万吨·千米，比 2015 年增长 2.1%，行政村通达率 100%，乡镇通畅率为 100%。

（3）商贸流通服务业日益壮大。县城核心商圈正在逐步成型，商业业态基本齐备，农村商贸流通体系初步建成。2016 年全年社会消费品零售总额达到 9.95 亿元，同比增长 15.3%。

（4）农特产品网络交易日益活跃。千阳县通过第三方网络平台等电商交易渠道，以千阳有机矮砧苹果、桃花米、核桃、蜂蜜、蚕丝、刺绣等农特产品为特色，促成农特产品市场的开拓和销售，千阳县以供销联社的 3 个城区公司为股东，成立了电子商务公司并建成特产体验店，该县申请注册"千誉"和"千曦"两个商标，并在淘宝网、京东商城、亿品柜等知名平台开起了"陕西千誉特产专卖店"，还同上海、西安等电子商务企业达成合作协议，积极推进地域名品的包装推介和日常运营工作。

（5）物流配送体系逐渐形成。千阳县电子商务园区物流基础设施建设项目加快建设的步伐，并规划建成集仓储、停车、汽配与服务为一体的恒兴物流园。目前，千阳县发展运输专业户 2400 多户，建成运输专业村 13 个，带动汽车修理、餐饮服务、装卸等个体企业 500 多户，2016 年中通、申通、圆通、韵达、顺丰、天天、邮政、百世汇通等快递公司在县城运营，"县—乡—村"三级物流配送体系逐步形成，不断完善的物流体系为电子商务发展提供了有力支撑。

（6）电子商务市场主体得到发展。全县已经有多家企业在网上建立了自己的网站，通过在网站上发布企业以及产品信息来宣传企业及产品，具有代表性的企业有陕西千誉电子商务有限公司、宝鸡亿淘电子商务有限公司和千阳县金梦民间工艺制品有限公司。数家公司建立了自己的电子商务运营团队，并加入淘宝网、1 号店、京东商城、阿里巴巴与慧聪网等第三方平台，开展 B2B 和 B2C 等形式的电子商务，相比传统产业拓宽了经营渠道，提升了产品的销售额，增加了企业的收入。同时，千阳县个体网商发展也比较迅速，目前全县共有淘宝个体网商 30 多户。这些电子商务企业和电子商务个体的迅猛发展，带动群众加入到电子商务的队伍中来，为千阳县普及电子商务应用起到了示范带头作用。

12.2　千阳县电子商务发展存在的问题

（1）电子商务意识淡薄。广大人民和大部分企业管理者对电子商务的相关知识了解甚少，对抢占网络零售市场的重要性以及抢占市场份额的紧迫性没有充分认识，对电子商务和现代支付系统突破传统交易的制约因素、提高经济效益的优势认识不足。尤其是农村地区，农村网络普及不到位，电商网民较少，农资及涉农产品配送方式陈旧，大部分农民由于其自身限制，不愿尝试利用电子商务买卖产品，有意愿的农民也对电子商务了解不多无从下手。

（2）基础条件薄弱。千阳县电子商务起步较晚，硬件基础设施欠缺，山区的居民比较分散，导致物流成本较高。电子商务指导服务中心机构、城市公共配送体系、乡镇村综合电子商务服务站点、物流中心等电子商务基础设施有待进一步完善。

（3）产品竞争能力不足。产业结构比较单一，传统工业品和农产品缺乏市场竞争力，千阳县内的现代商业贸易流通业尚不发达，战略性新兴产业培育不足，第一产业所占比重大，第二、第三产业在电子商务领域发展滞后。千阳县的特色农产品的种类多而且品质好，市场需求虽然大，但是由于缺乏规模化生产与标准化加工，无法完全和市场需求对接，造成的后果是无法满足市场的真正需求。产品的知名度不高，没有形成代表千阳县的品牌，就难以提高产品的核心竞争力，限制产品的销量。

（4）市场主体规模偏小。千阳县电子商务由于起步较晚，在行业中的整体应用水平较低,县内电子商务企业数量少、规模偏小,缺乏具有规模而且技术含量高的企业,总体电子商务交易额较小,又缺乏行业领头者的带领,带动电子商务发展的能力弱。该县缺少有规模的大企业的引领,电子商务企业的布局比较分散,难以形成规模效应,从而影响着千阳县电子商务的发展。

(5)电子商务人才短缺。电子商务的相关专业人才短缺,主要是由于电子商务快速普及以及相关行业快速发展所造成的人才需求膨胀。缺乏电子商务方面的中高端人才,尤其是技术人才、管理人才、营销和运营人才,导致了县内企业不善于利用电子商务进行产品营销、对品牌进行打造并提升其影响力,影响着电子商务在企业中的应用和快速发展。电子商务人才不愿在小县城发展,现有的激励政策和人才机制也很难在长时间留住人才。所以"人才难引""人才难留"已成为千阳县电子商务企业亟待解决的一个难题。

(6)电子商务服务能力不足。千阳县电子商务应用模式不够丰富,大多数网站仍处于供求信息发布的初级阶段,服务模式相对单一,全流程电子商务平台较少,普通平台无法将商流、物流、信息流和资金流集中为一体,同时平台缺乏知名度,没有核心竞争力。并且涉农企业自有的电子商务平台建设水平相对落后,农业电子商务网站缺少专业性和实用性,第三方电子商务交易平台较少。另外,网站安全和支付安全防范能力较差,以及不健全的网络信用机制等,都阻碍千阳县电子商务的发展。在电子商务产业园区规划建设方面,尚未形成完备的产业园区建设规划,电子商务服务能力不足。

12.3　千阳县发展电子商务 SWOT 分析

12.3.1　千阳县发展电子商务的竞争优势

1. 资源条件良好

千阳县农业资源广阔,全县有耕地 36.6 万亩,草地 42 万亩,林地 49 万亩,林牧资源非常丰富,当地的气候和土壤等条件适宜发展种养业。目前,果蔬、蚕桑、工艺品、劳务输出等几大主导产业都建起了龙头企业,不仅有发展优势而且潜力很大。矿产资源十分丰富,石灰石储量不仅大而且品位级别高,南山石灰石的储藏量达 40 亿立方米以上,已经探明的雪山矿储藏量就可以保证 70 万吨规模的水泥厂生产 150 年以上;已建成的建陶工业园区、水泥区和环保新材料区发展潜力仍然很大,发展建材工业的前景十分广阔。旅游资源丰富且富有潜力,千阳县拥有深厚的文化底蕴,不仅有儒家文化还有秦汉文化。该县是千阳"三贤"的故里,三贤分别为孔子七十二贤弟子之一燕伋、西汉哀帝丞相司直郭钦、唐朝太尉段秀实。同时还是中国民间工艺美术之乡、民间艺术刺绣之乡。近年来，千阳县成功举办了辛卯年燕伋尊师文化大典，宣传了燕伋文化景区，并且在中国首届农民艺术节上，千阳刺绣荣获"一村一品"优秀项目奖。该县文化产业取得了一系列成果和进步，但是开发的空间仍然很大。千阳县自然资源丰富，其中千湖湿地风景优美，成为国家林业局（现为国家林业和草原局）首批命名的国家湿地公园之一。县内有千湖湿地达万亩的生态观光园、燕望鲁台以及陕西省最大的狩猎场即莲花狩猎场，还有天台山、石鱼沟、臣虎山青崖洞等自然景观。

2. 产业基础雄厚

千阳县现代农业势头强劲，特色优质农产品丰富多样。以打造中国矮砧苹果示范县为目标，该县已建成矮砧苹果示范园 2.4 万亩、矮化自根砧苗圃2230 亩，建成千亩苹果村 24 个，全县苹果面积超过 9.1 万亩，苹果年产量达到 12 万多吨，成为全国最大的矮砧苹果产业发展示范县。宝鸡地区唯一保留的蚕桑种植、养殖、生产产业化基地在千阳，千阳县荣盛茧丝绸有限公司生产的蚕丝被及桑蚕丝系列服饰产品，以其优良的品质、高贵典雅的风格享誉全国；陕西鲁桑源农业科技开发有限公司开发生产的桑果汁、桑叶茶等原生态饮品、茶叶畅销全国。目前，全县有海升、千星和锦泰 3 个省级现代农业园区，累计发展市级农业产业化龙头企业 10 户，年销售总额约 9500 万元，农产品主要有苹果、核桃、红萝卜、蜂蜜、辣椒、蚕桑系列产品及手工布艺品等 50 多个种类，注册省市级著（知）名商标 26 个，特级优质农产品丰富多样，应有尽有，为发展电子商务提供了充足的货源。2016 年全年千阳县农林牧渔业完成产值18.13 亿元，同比增长 4.0%，其中，农业产值 7.29 亿元，增长 5.9%；牧业产值 8.54 亿元，增长 1.6%；林业产值 1.48 亿元，增长 4.6%。同时，该县环保工业产业正在转型突破，产业集群势不可挡，千阳海螺水泥生产线的建成，使该县实现了重大突破。建陶产业已经发展成为全省境内陶瓷企业数最多、产品量最大、聚集度最高的建材工业集中区，并且不断壮大。新引进建设中的环保新材料项目，符合现代环保理念，发展前景十分广阔；依托海升万亩无公害苹果基地规划建设的农副产品加工园区，有望搭建起支撑千阳县农业产业化龙头企业不断发展的新平台。雄厚的工业基础为千阳县的经济发展作出了巨大的贡献，也为该县发展电子商务奠定了雄厚的基础。2016 年千阳县工业总产值达到了 74.6 亿元，同比增长 22.6%，其中达到规模以上的工业产值 71.98 亿元，同比增长 23.3%。同时，千阳县的布艺剪纸、编织、刺绣等民间工艺品别具一格，特别是被称为"母亲艺术"的千阳刺绣布艺品，构图简洁明快，造型夸张，风格雄浑，经久不衰。2004 年，千阳县的南寨镇被文化部命名为"中国民间艺术刺绣之乡"，同年陕西省文化厅又将千阳县命名为"陕西民间艺术刺绣之乡"。2016 年千阳县县文化馆成功创建为国家二级馆,太阳鸟工艺品专业合作社代表千阳刺绣参加联展活动,并荣获银奖。千阳县为引导农民增收致富,把全面开发民间艺术品作为重要的产业之一,提出了新的模式,即专业化设计、工厂化生产、商品化经营、市场化运作。目前千阳县有秀萍绣庄、千阳县金梦民间工艺制品有限公司等刺绣企业、专业合作社 25 家,已形成刺绣耳枕、刺绣陪嫁物、刺绣壁挂、小孩绣品、刺绣福寿壁挂等 30 多个系列上千个品种,其中从事刺绣制作的妇女过万,年制作并销售工艺品达 300 多万件,实现总产值 4000 多万元,带动了当地的就业。千阳县的传统产业规模较大,具有相当大的电子商务发展潜力,在宝鸡乃至西北地区其产业规模都是很突出的,因此电子商务发展就有良好的前景。而且该县有集中化的专业市场,其中有旅游、美食资源,产品有无公害食品、绿色以及有机食品,并且建成了苹果、辣椒、核桃和蚕桑示范基地,尤其是千阳县是古丝绸之路的重要驿站,是秦岭以北最大的蚕桑基地,所以蚕桑产业是农民增收的绿色支柱产业。2016 年全县桑园面积 2214 亩,全年蚕茧总产量达到 350 吨,实现产值 1690 万元。全县建成现代农业产业园累计达到 25 个,其中省级 5 个、市级 8 个、县级 12 个。

千阳县有较为完备的物流系统和电子金融系统,方便建立物流体系和电子支付体系;全县服务类电子商务的发展已经有比较良好的物质和资源储备,除此之外,政府又大力支持电子商务的发展,电子商务目标任务已经下达给县内各部门、各乡镇,同时各类促进电子商务发展的保障措施正在不断地完善之中。

3. 地方政府重视

根据《电子商务 "十二五" 发展规划》,国家、省市有关电子商务发展有关政策,以及促进千阳县电子商务发展的有关政策文件,对千阳县电子商务产业快速发展起到政策导向和巨大推动作用,目前,千阳县电子商务产业在政策引领及企业积极参与下已成井喷发展态势。近年来,千阳县成立了由千阳县县长任组长,以相关行业分管副县长任副组长,由县级重要职能部门组成的电子商务发展工作领导小组的组织形式,统筹研究决策和指导协调全县的电子商务工作。并且设立县电子商务指导服务中心负责推进电子商务相关业务工作的实施。领导小组办公室设立在千阳县商务和工业信息化局,为了营造良好的产业发展环境,将由商务和工业信息化局牵总头,建立联席会议制度,实施联动工作机制,成立电子商务进农村综合示范工作推进实施小组,根据各部门职责分工研究解决电子商务综合示范工作在实施过程中的重大问题。在乡镇和街道职能结构的层级,设立电子商务工作办公室,根据行政区域划分配备电子商务专职人员负责相关区域的电子商务综合工作。选拔培育村级和社区内电子商务带头人,落实电子商务的综合服务。建立政企沟通渠道，定期召开电子商务企业座谈会，了解企业在电子商务经营过程中遇到的问题和困难，听取他们的意见和建议，以此为参考完善政策措施。县领导小组每季度召开一次会议，研究并解决电子商务发展中的重大问题。领导小组办公室每个月需要调度通报一次全县电子商务的发展情况，做好情况调度汇总。组建县电子商务行业协会，向电子商务行业提供公共服务，引导网商诚信经营，指导全县电子商务行业的发展，促进电子商务行业的健康发展。各镇的电子商务发展情况是全县是否科学发展的综合考核内容之一，县政府制定考核办法，进行综合考核，以确保全县电子商务发展目标任务的完成。

12.3.2　千阳县发展电子商务的竞争劣势

（1）电子商务认识不足。县内多数企业管理者和居民对电子商务的相关知识缺乏，对网络零售市场的重要性和抢占市场的紧迫性不甚了解，对电子商务能够突破传统交易的制约因素和提高经济效益、增加经济总量等优势认识不够。"重生产、轻流通"的偏见根深蒂固，对信息化的认识相对欠缺，对电子商务的认识较肤浅。网络交易方式认可度低，现金交易还占主导地位，支付宝、微信等新一代网络支付手段推而不广。市场信息不对称以及观念陈旧造成的市场反应速度滞后，导致了电子商务生存发展举步维艰。

（2）硬件基础条件薄弱。电子商务起步较沿海地区晚，硬件基础设施不完善，导致物流成本较高，电子商务硬件基础设施包括电子商务指导服务中心机构、物流中心、县级公共配送体系、乡镇村三级综合电子商务服务站点等。想要实现真正实时的网上交易，对网络的响应速度和带宽有着一定的要求，对高速网络的支持必须由强大的硬件基础提供。而县域和农村网络的基础设施建设还比较缓慢和滞后，已建成的网络质量还未达到电子商务的要求。

（3）产品竞争能力不足。千阳县产业结构单一，传统工业品和农产品缺乏市场竞争力，现代商贸流通业尚且不发达，战略性新兴产业培育不足，第一产业占的比重较大，第二、第三产业本身发展不足，在电子商务领域的发展就更加滞后。该县的特色农产品种类很多品质较好，但是缺乏生产规模和加工标准，大量的市场需求也无法使供需有效对接，远远不能满足市场的真正需要。

（4）市场主体规模不足。千阳县电子商务起步较晚，县内电子商务企业数量不多且规模偏小，并且在行业内整体应用水平较低，市场缺少有规模性的或者技术含量高的主体，总体来说行业内电子商务交易额较小。因为龙头企业较少，从事电子商务的企业布局又比较分散，缺少大项目的集聚和大企业的引导，所以电子商务带动行业发展的能力比较弱。

（5）电子商务人才缺乏。电子商务专业人才短缺。主要是电子商务快速普及和电子商务产业快速发展所造成的人才需求膨胀，特别是电子商务高端技术、营销、运营和管理等方面人才的缺乏，导致县内的企业不善于利用电子商务进行产品营销与品牌打造，影响电子商务的发展和运用。因为县城待遇、环境等因素较差，所以电子商务人才不愿意来县城发展，即使引进人才长时间也难以留住，人才难引、难留已成为千阳县电子商务企业需要马上解决的一个难题。

（6）电子商务服务能力不足。千阳县电子商务的应用模式不够丰富，大多数网站仍然处于供求信息发布的初级阶段，服务模式相对比较单一，缺少集商流、物流、资金流、信息流为一体的全流程电子商务平台，并且缺少知名的平台，使得平台没有核心竞争力。在电子商务产业园区规划建设方面，该县尚且没有形成完备的产业园区建设规划，总体来说电子商务服务能力不足。

12.3.3　千阳县发展电子商务的战略机遇

1. 政策层面

随着国际和国内的电子商务市场快速发展并蓬勃壮大，电子商务的应用领域不断扩大和深入。2015 年国务院提出了"互联网+"的发展战略，继国家发展和改革委员会等 13 个部委联合发布了《关于进一步促进电子商务健康快速发展有关工作的通知》之后，国务院又印发了《国务院关于促进信息消费扩大内需的若干意见》，其中明确提出了"促进信息消费""拓宽电子商务发展空间"。陕西省也先后出台了《陕西省人民政府关于加快发展服务业的若干意见》与《陕西省人民政府关于进一步加快电子商务发展的若干意见》，提出要加快陕西省电子商务的发展，抢占市场竞争新的制高点，而且从资金、用地、市场准入、金融、配套服务等方面提出了具体的政策措施。因此，政策走向不断向好，不仅为千阳县电子商务的发展带来利好，也为千阳县寻求电子商务突破发展带来了新的机遇。"十二五"以来，国务院、国家相关部委及市政府都相继出台了一系列关于电子商务发展的政策、规范和办法，因为国家和省级政府的大力支持，所以千阳县政府为了促进电子商务产业发展，高度重视电子商务的发展，并营造良好的电子商务环境，相继出台了一系列政策文件，将电子商务列为优先发展的新兴产业，从政策层面看，千阳县加快发展电子商务拥有了良好的政策环境支撑。

2. 发展环境

从发展环境看，千阳县地处宝鸡市半小时经济圈，为关中通往陇东的咽喉要地,是陕甘交界的交通和运力枢纽,"一带一路"倡议的逐步实施,将进一步凸显千阳作为丝绸之路经济带的节点效应。随着新型城镇化建设,县内物流基础设施和信息化基础设施不断完善,为电子商务能够有效覆盖乡镇村三级市场提供了发展的基础。新型城镇化会逐步改变县内居民的消费观念和农村人口落后的消费观念,提高城镇化消费群体和农业人口利用信息化手段进行网上购物的普及程度,一定程度上将为千阳县加快发展电子商务开辟较大增量市场。

3. 资源优势

千阳是古丝绸之路的重要节点,拥有悠久的养蚕植桑等农耕文化,刺绣、编织、剪纸等民间艺术是中华文化的瑰宝,土地、林地、水源等生态资源丰富且优越,陶土、煤炭、矿石等矿产资源储量大,多年来千阳打造出了一批在全市乃至全国都比较响亮的品牌,累计注册农产品商标 28 件,其中 7 件获得国家绿色食品认证,无公害产品认证 10 件、年产量 3.1 万吨,无公害基地认证 9 个、面积达 1.9 万亩,有机认证 4000 亩。

(1)农业资源丰富,全县耕地面积 34 万亩,粮食面积稳定在 29 万亩,粮食总产量达到 6.3 万吨;年种植蔬菜 6.5 万亩,蔬菜总产 8 万吨,其中设施蔬菜 5600 亩;奶畜存栏 10.6 万头,其中包括 4.5 万头奶牛,该县建成了 4 个千头现代化奶牛场,35 个标准化奶牛养殖小区;桑园面积稳定在 2.7 万亩,培育了高效优质生态示范桑园 5000 亩。据统计,2016 年该县的苹果面积 9.15 万亩,全年新栽苹果 4715 亩,建成矮化自根砧苗木繁育基地 6680 亩。华圣、大地丰泰苹果示范园粗具规模,海升、千湖、锦泰等农业园区成为省级现代农业园区。全县发展省级一村一品示范村 62 个,一乡一业示范乡镇 6 个,建成陕西省省级农业园区 4 个,宝鸡市级农业园区 8 个,市级产业化重点龙头企业 13 户,县级农业园区 12 个;发展农民专业合作社 216 个,其中省级百强社 5 个,市级十佳社 5 个,28 个注册农产品商标。飞天奶粉、千川胡萝卜、高崖玉米和西秦竞秀红富士苹果 4 个产品取得国家 A 级绿色食品认证,西瓜、双孢菇、桃花米等 5 个产品通过无公害农产品认证,胡萝卜、甘蓝、线辣椒等 7 个生产基地通过省级无公害认定。

(2)千阳矿产和水资源丰富。千阳县境内的石灰石以其储量大、品位高而著名。其中南山石灰石仅雪山矿一个矿的储藏量就有 1.87 亿吨,总的储量更是达40 亿立方米以上;千阳及周边地区高岭土、黑泥、陶土、铝土、透辉石、长石等矿产资源十分丰富,可满足各类建筑陶瓷企业生产要求,发展陶瓷、建筑有着明显的比较优势;县内北部山区拥有大量的优质煤炭资源,预计黄陇侏罗纪煤田永陇矿区蕴藏达 15 亿吨矿产量;水资源丰富,县内水域面积 4.5 万亩,年注入冯家山水库 3.89 亿立方米。

（3）旅游资源丰富。千阳是孔子七十二贤弟子之一燕伋、西汉哀帝丞相司直郭钦、唐朝太尉段秀实之故乡。该县有风景宜人的陕西省唯一的国家级湿地即千湖国家湿地公园；有集休闲和游玩于一体的狩猎乐园即千阳县莲花山狩猎场；有松柏常青、奇峰峻岭的天台山；有历史悠久的燕伋望鲁台；有落霞掩映下的石鱼沟美景；有道教圣地之称的卧虎山青崖洞；有精美绝伦、富有中国特色的民间工艺美术品，受到国内外客商的喜爱和欢迎。诸多风光旖旎的自然景观和文化沉淀的人文景观为千阳提供了丰富的旅游资源。

（4）社会资源良好。近年来，千阳县经济发展快速，社会事业不断进步，百姓安居乐业，诸项工作走在了宝鸡市、陕西省乃至全国的前列，千阳县先后荣获国家卫生县城、国家园林县城、全国绿化模范县、国家生态示范县、全国平安建设先进县、国家计划生育优质服务先进县、全国农村社区建设实验全覆盖示范县、全国"五五"普法先进县、全国科技进步先进县、全国农村中医药工作先进县、国家慢性病综合防控示范县、中国金融生态县、全国文化先进县、国家三类语言文字达标县、千湖国家湿地公园等十多项国家级荣誉和省级文明县城、省级文化先进县、省级"双高双普"县、全省平安建设示范县、全省平安建设先进县、全省民政工作先进县、全省农村社区建设先进县、全省工业增长速度前十名奖、全市目标责任考核先进县等二十多项省市级荣誉。

4. 市场空间

随着互联网应用在全球呈现爆炸性地增长，电子商务以及相关行业在全球范围内加速发展、规模急剧扩大，并且广泛地深入到社会的各个行业，很多国家都将其作为拉动经济增长的新增长点，推动电子商务实现跨地区、跨经济体甚至达到全球化延伸。相关电子商务服务业也快速发展，电子商务的应用已经成为常态，普遍被大众所接受。

据商务部统计，2016 年中国网络零售交易额达 5.16 万亿元，同比增长 26.2%，发展迅猛，中国网络零售交易额已成为全球第一，中国市场变成世界上最大的网络零售市场。中国网民规模已经达到 6.49 亿人，令人震惊的是，在网民中网络购物用户数量就达到了 3.61 亿人，占上网用户 55.6%；全国电子商务交易额达到 13 万亿元，同比增长 25%。网络零售额更是达到 2.8 万亿元，相当于全国社会零售总额的 8.9%，达到同比增长 49.7% 的高增长率，而且依旧保持着高速增长的态势。

截至 2016 年底，陕西省电子商务市场交易规模为 1800 亿元，相当于全省居民生产总值的 11%。省政府出台的《陕西省人民政府关于进一步加快电子商务发展的若干意见》提出新的目标，即到 2017 年陕西电子商务交易额要做到年均增长 20% 以上，总额要达到 4000 亿元。陕西省将支持电子支付等平台的建设，完善物流服务体系，通过推动电子商务在特色农业、旅游业等领域的应用和普及，加大对电子商务项目和园区在土地使用、税收优惠、金融扶持等方面的政策支持，并且实施一系列电子商务重点工程，为电子商务发展营造良好的成长氛围。陕西省商务厅还制定了《陕西省"十三五"电子商务发展规划》，在西安高新区获批国家电子商务示范基地，西安市获批国家电子商务示范城市，陕西熊猫伯伯农业网络科技有限公司和陕西丝路商旅股份有限公司被商务部认定为国家级示范企业的基础之上，陕西省还发展了千阳县、武功县 2 个电子商务示范县，开发了咸阳电子商务产业园、西咸新区空港新城、西安国际港务区等 3 个电子商务示范园区以及陕西中农资讯有限公司和陕西医药控股集团派昂医药有限责任公司等 20 家电子商务示范企业与 50 家电子商务应用重点企业。陕西省加强对电子商务的引导，支持更多个人和企业开展电子商务活动。

到 2017 年，预计陕西省电子商务交易额年均增长速度保持在 20%以上，交易总额将达到 4000 亿元，其中，网络零售交易额预计会突破 800 亿元，占社会消费品零售总额的比例超过 10%；80%以上的大中型企业和 60%以上的中小企业将会开展电子商务应用，企业之间的电子商务交易总额超过 3200 亿元。全球电子商务一直保持高速发展态势，中国电子商务市场规模大幅度提升，作用和地位不断提高。千阳县在电子商务发展方面高度重视，借助升级电子商务示范县建设的契机与省内外良好的大环境，加大投入和支持力度，提升市场规模，充分利用电子商务发展空间。

12.3.4 千阳县发展电子商务的挑战

陕西地处内陆，缺江少海，国家沿海发展战略优势不明显，对陕西县域电子商务如何实现突围发展提出了新的要求。区域地理环境的差异，以及千阳县农业鲜明的区域性特征，导致陕西县域电子商务问题更加复杂化。千阳县电子商务的发展不仅面临着陕西省其他发展电子商务县市的竞争压力，而且也面临发展电子商务先天条件优越的其他地区包括一些沿海地区的挑战，如何发挥比较优势，打造全国知名的千阳县特色品牌，影响千阳县电子商务的长期发展。

（1）农民互联网+意识淡，缺少经营性观念。千阳县总人口 13.4 万人，其中农业人口就占了 11.1 万人，农业人口的落后观念制约着千阳县电子商务的发展。农民对新兴的购物模式接受度不高，影响电子商务模式的传播。同时农民的文化素质水平比较低，对新信息、新技术、新模式的接受能力较差，对电子商务也了解不深。电子商务应用人才缺乏是影响千阳县电子商务发展提速增效的关键，而懂得电子商务技术的人才又不愿意到农村地区服务，这使农村电子商务应用人才严重缺乏。

（2）运营费高是制约因素。虽然在经济发展水平和客户认知水平上县域电子商务与城市电子商务在区域上存在着一定的差异，但是也需要第三方的电子商务平台或者自营的平台来进行流量的变现。不论是淘宝网、微信、京东商城还是其他的电子商务平台，除了基本的运营费用，同时还需要非常高的流量费用和营销费用，平台费用高始终是影响城镇居民和农民参与电子商务热情的一个重要因素。

（3）物流快递行业成本控制面临挑战。千阳县位于陕西的西部，处于渭北的沟壑区，多为旱原和丘陵，地形地貌为"七山二塬一分川"，主要是山区县，虽然为重要的交通枢纽，但域内部分远离主要交通网的农村地区存在人口居住分散、农村地区地理情况复杂、基础设施较为薄弱、物流企业缺乏、商品种类少、规模较小、冷链物流不健全、路径较长、物流需求和供给量较小、物流成本较高，并且农户步调不一，不易形成规模经济，难以建立高效的物流配送体系，同时还存在信息资源匮乏、内外信息交换水平不高等不利情况。这是自然地理条件给当地物流快递行业提出的一个挑战。

（4）公共服务体系和电子商务应用面临挑战。对实体企业考察与调查发现，大多数企业仍然处在信息化向电子商务应用提升的初级阶段。全县大部分企业很少运用网络进行市场宣传和促销、发布供销信息或者进行初步商务沟通，并且利用网络实现网上下单、销售、支付、客户服务和物流管理的电子商务平台服务企业较少，特别是缺乏国内知名的、大型公共电子商务平台。

12.4　千阳县发展电子商务对策研究

1. 积极宣传推广，扩大电子商务消费群体

（1）应该利用县电视台、县政府公众信息网、广播、政府公众号等媒体，开展电子商务知识普及和宣传，全面提高千阳县居民和农业人口对电子商务的认知度。

（2）应定期开展各乡镇（街道）、相关工作人员和有关部门领导的电子商务宣传和应用培训，提升指导推动电子商务发展的意识与能力。加强对传统企业管理人员的电子商务宣传和知识培训，让其充分认识到电子商务对推动传统企业转型升级、促进企业创新发展的重要性。加深当地村民对现代金融交易方式的了解，让农民逐步体会到手机银行、网上银行和网上支付的方便、快捷、安全等优势，提高农民的生活水平，促进农民群体消费。深入调研农村电子商务应用现状，了解农民对电子商务知识的需求，邀请农村电子商务专家和技术人员对乡镇及村级领导干部进行电子商务知识培训，对农民进行电子商务基础知识普及，进行网络经营和技术培训。

（3）应该通过加快电子商务基础设施建设，完善网络信息平台，利用各种培训机会和学习机会，提高居民对电子商务的认识，提高居民的网络消费热情。发挥园区集聚效应，引导大众参与电子商务活动，充分利用微企孵化、创业孵化、科技孵化等园区服务功能。

2. 构建城乡电子商务物流及配送网络

物流体系可以称为电子商务发展的"生命线"，所以，千阳县的电子商务要发展，物流服务体系必须得跟上。

（1）应该完善交通基础设施以及通信。结合"信息下乡""村通畅工程""宽带中国"等重点项目，大力推动千阳县信息网络统筹规划、建设与管理，继续扩大公共无线网络覆盖范围，增强网络的承载能力，提高网络的服务水平。加快建设交通运输通道，完善区域对外大通道建设，提高对外交通的通达性。对县城现有交通主干道进行改建和扩建，提高城镇内部重要道路的通达性。不断提高县内农村道路技术等级和覆盖范围，完善农村道路建设，为电子商务进农村和电子商务的全覆盖做好基础保障。

（2）应积极推动商贸物流基础设施建设，建成关天经济区生态产品电子商务交易中心，加快市场基础工程的建设和完善，加强市场信息化建设，严格实施建设规划，完善网上交易平台的建设，推动构建地区生态产品交易市场体系，保证市场集聚辐射功能得到充分发挥。

（3）加快电子商务物流配送服务网络建设。结合过境千阳的铁路、高速资源，鼓励物流企业、快递企业整合资源，建设专业的仓储和公共物流配送中心，形成农村电子商务物流配送服务体系。建设县级综合货运物流中心，实现全县物流资源的整合，不但如此，县级综合物流中心还包括周边区域，要把县级综合物流中心建设成能够辐射省、市乃至全国的综合货运物流中心。建立快递物流配送的骨干通道，可以引进行业内先进的第三方物流企业，规范线下线上配送体系，统筹全县电子商务物流。为了降低物流成本，提高物流资源利用率，进而增强行业整体竞争力，建成物流信息资源共享系统，实现全县范围内物流资源的有效整合，该县建设城市公共配送体系，引入专业企业进行社区配送服务，实现末端网点和服务点以及快递人员等资源的高效整合；依托便利店、连锁店、报刊亭，自设提货点、物流企业等设置自提点，满足频率次数多、周期比较短、末端物流配送的物流服务需求。在农产品主产地和生产基地所在地建立大宗生态产品品牌产地集配中心，以实现产地农产品的集散为目的，形成具备信息平台、预冷、检测、加工、分选、冷藏和配货等基本功能的集配中心；形成乡村物流配送网络，整合利用农村现有各类服务站点等网络资源，以推进乡村基础道路建设为基础，科学构建乡村物流配送体系。一般情况下，对于县、乡、村三级物流配送节点的建设，县城以及县城郊区应该建立规模较大、较为正式的集散节点，节点的形式可以是物流中心、配送中心、物流园区、物流企业集聚点、分拨中心等多种形式，节点的形成方式可以是新建，但是最好尽可能在原有的车站、货站、批发市场等相关场站的基础上进行改造，以节约建设资金。

3. 建设区域型特色化的电子商务品牌

（1）要统筹营销推广方式，开展特色生态品牌产品推广以及特色旅游网络推广等地区营销，依托千阳独特的自然生态资源优势，以现代矮砧苹果、西秦刺绣、桃花米等特色生态产品和千湖国家湿地公园生态旅游为代表建设地方知名品牌。依托行业一流企业进行总体设计和打造，围绕生态资源优势，广泛搜集农林产品、工业品、工艺品等，统一策划包装、设计。实施品牌计划，解决产品包装不规范、种类单一、不符合电子商务物流标准等一系列问题。要挖掘深层次产品的文化内涵，加强农村特色产品研发，树立产品品牌，改进包装设计，不断丰富产品种类，提升产品的品位和档次，设计出利于物流配送以及符合大众消费趋势的产品。

（2）应精选生态产品品牌和优秀的运营商，依托天猫、京东商城、苏宁易购等第三方平台，支持企业开设网络旗舰店，利用全国知名的网络零售平台，促进县域农特产品的品牌推广和销售。品牌理念必须符合行业的文化，同时品牌的特征也必须符合企业特征和文化，并且在进行电子商务市场品牌建设时，对企业形象的规划必须坚持原有的企业品牌的理念，并加以设计，进而实现其独特的风格。

（3）结合"一村一品，一镇一业"创建活动，通过打造特色镇和典型村，培育特色产业村，鼓励在外务工青年、未就业的大学生、大学生村干部和对电子商务有热情的创业者等开展农村电子商务，鼓励年轻人开发有创意的项目，设计创意产品，策划包装并且推广，积极打造有特色的产品品牌。

4. 加强电子商务市场主体的培育发展

（1）加快县内传统电子商务企业转型升级。支持县内特色农产品行业、农产品加工业、传统手工业等传统生产型企业开设网上商店，在网络上开展销售业务。支持商业贸易和流通实现线上线下的融合，促进传统业务与电子商务结合与整合，拓展销售渠道，增加企业销售额。围绕绿色生态旅游、传统文化旅游等特色旅游资源，开展集景区门票、餐饮、住宿、休闲等消费于一体的电子商务业务。重点培育更多本地电子商务龙头企业，形成带头和示范作用，促进本地电子商务市场的发展和壮大。

（2）加快培育专业电子商务企业。发挥陕西千誉电子商务有限公司、宝鸡亿淘电子商务有限公司龙头带动作用，支持基础好、成长快、潜力大的电子商务企业加快自身发展，提升市场竞争力。加快筹备电子商务企业上线销售，培育若干竞争力较强的，并且在区域内成为领先电子商务企业的行业带头企业。引进提供电子商务服务的专业机构，对千阳县内的电子商务创业群体，提供仓储服务、支付服务、软件服务、营销服务、运营服务等多项服务业务，带动本地电子商务企业发展，培育出新的电子商务企业。另外，应该支持有条件的群体依托电子商务进行创业。规范和引导农业经纪人、家庭农业以及农村合作社等之间开展农产品网上销售等相关业务，通过电子商务服务企业积极推进农村电子商务的发展，为农民和农村合作社提供开设网店、仓储物流、市场推广、市场营销和代运营等专业化的服务，以此带动更多企业参与到农村电子商务发展中。采用"培训+孵化+培育"的模式，充分发挥工、青、妇等相关部门的引导作用，开展返乡创业青年、大学生和个体经营户等群体的电子商务知识培训，以电子商务为依托，在天猫、京东商城等知名电子商务平台开店创业，带动千阳网商发展。

（3）加快推进千阳县"淘宝村"建设。结合"一村一品，一镇一业"的活动，培育特色镇和特色产业村，通过特色产业，鼓励未就业大学生、大学生村干部、农村返乡青年等群体开展农村电子商务活动，鼓励他们进项创业；建设一批成长性好、带动能力强、产业新的网店，带动并鼓励周边群众开设更多网店，培育"淘宝村"建设。通过扩大培训范围，提高培训质量，打造产品品牌，设计精品产品，策划包装推广，完善"淘宝村"整体建设。

（4）积极引进电子商务企业。积极推进与大型电子商务企业的合作，吸收先进经验，改善地区环境，吸引先进电子商务企业把生态特色产品电子商务等千阳优势产业项目落地实施。加大电子商务招商引资力度，重点针对技术含量高、市场带动能力大的第三方平台，包括互联网金融支付平台、交易平台等电子商务重大项目；积极与阿里巴巴、京东商城、1号店等全国知名电子商务平台合作，开设特色专区千阳馆，选出龙头企业、电子商务企业（网店）以及千阳本地的优质产品入驻馆内。

5. 积极拓展强化电子商务的行业应用

（1）推动商贸服务业、旅游服务业电子商务应用。以千阳商贸流通市场为重点，鼓励商贸服务企业建立完善电子购物体系，大力推动传统商业企业发展 B2B、B2C 网购业务。鼓励千阳商场等购物中心、大型卖场、住宿餐饮、连锁超市、批发零售等商业企业建设网上商城，发布商品和服务信息，开展网上销售，实现优化升级。推进实体市场和虚拟市场融合发展，积极发展本地团购网站，支持传统餐饮企业与糯米、美团、大众点评等网站建立合作关系，实现线上付款，线下消费。鼓励商贸流通企业积极承接淘宝、京东等知名平台的区县级、乡镇级电子商务服务中心、配送中心、营销中心等末端网络和体系的建设。促进旅游服务电子商务应用。紧紧围绕千阳绿色生态旅游和传统文化旅游资源禀赋,大力发展旅游电子商务、电子政务和网络营销平台。建立旅游服务信息门户网站,通过互联网、移动通信等现代技术,及时收集和发布各种旅游信息,整合并共享旅游服务信息资源。整合千湖国家湿地公园等景区、西秦刺绣等特色商品、宾馆酒店等旅游服务资源,建立包含各种旅游资源的完整资源数据库,建成具有在线交易功能的电子商务平台。开展旅游服务网络预约与支付,鼓励当地旅游服务企业与银联、商业银行第三方支付服务平台大力合作,实现景区内的在线支付服务。充分利用物联网、互联网、地理信息系统等现代信息技术,逐步实现具备导游、导览和导购等功能的智慧旅游体系,实现旅游消费方式、旅游管理方式的现代化,以及旅游服务和营销的智慧化。

（2）强化农林产品电子商务应用,开拓工业产品电子商务应用。充分发挥现代矮砧苹果、桃花米、核桃、蜂蜜、桑蚕等农林特色产品资源优势,加快建设双向互动的综合信息服务平台,使其成为供需对接、价格发现以及农产品信息汇集的中心。鼓励涉农企业开展网店并进行网上交易。支持农业企业开展农林特色产品网上销售,在农村农产品养殖基地和种植基地建立起直接面向供应市场的电子商务模式,使特色农林产品网上电子商务交易能够购销直通,实现远程电子订货、物流配送、农超对接、信息追溯的农副产品电子服务体系。通过电子商务促进农产品销售,同时,将市场需求作为导向,反向推动农业生产生态化和标准化。以工业园区为载体,重点在特色农林产品加工业、食品加工和新材料产业等领域加快构建一批本地行业性电子商务的 B2B 平台,并推动园区内的企业都逐步应用电子商务交易平台。鼓励工业企业自建电子商务平台,将电子商务与企业采购、生产、销售等不同层面进行深度融合,降低库存、提高产业供应链的效率,实现无缝集成和连接国内外采购商、供应商之间的 B2B 电子商务。鼓励生产企业打造自主品牌,在第三方零售平台上开设网络旗舰店、专卖店等网络零售终端,开展网络合作、网上订货和网络零售与销售等业务。

（3）推广民生服务电子商务应用,扩展政府公共服务电子商务应用。建设城市门户网站,完成服务城市社区的目标,利用电子商务和大数据整合全县民生服务资源,在民生服务平台上集成家教、代购、家政、外卖、订餐等各类社区服务,构建方便快捷、规范、可靠又值得信赖的民生服务电子商务平台,全面提升千阳县社区的服务品质。建成一站式惠民服务平台,为公众提供水电、煤气、天然气和通信等公共事业便民服务,供居民查询与缴费。全面推进医院自助服务平台建设,实现市民的网上医疗服务查询和预约挂号,提高医疗服务效率。对各村镇网点负责人进行定期的电子商务业务培训,为当地农民提供网络代购和农产品销售服务。支持面向城市社区居民的网上缴费、证照办理、数字医疗、智慧教育、数字图书馆、数字档案、劳动就业等一站式电子商务服务，推进网上纳税、网上年检、网上申报等政府公共服务。结合手机等智能终端的微信等应用，扩展千阳政务网的功能和移动电子商务的政务应用。

6. 推进电子商务人才培训

（1）高度重视对电子商务中高端人才的引进，解决高端人才住房、家属安排、子女上学等实质性问题，并给予人才津贴补助或科研经费。

（2）积极与京东、淘宝特色中国馆等成熟团队合作，通过向外地专业团队学习请教，带动本地电子商务人才的进步，培育出本地电子商务专业团队，逐步强化技术支撑。加快农村电子商务带头人、经纪人、代理商等队伍建设，实施京东"农村电商招募人"、淘宝"农村代理商（经纪人）"等计划，提高农村电子商务队伍学习的积极性、人员的稳定性，以及团队的竞争力。

（3）充分发挥高校优势，鼓励与高等院校对接，研究本地电子商务发展模式，支持县职教中心开设电子商务专业，培养电子商务技能人才。设立电子商务人才培养基金，鼓励中小企业联合开展个性化电子商务培训，形成以高校大学生和电子商务培训后的成人学员为实践对象，电商企业为实践指导单位的实战教学培养模式，加速和鼓励校企订单式培养。

（4）应该建立电子商务专家库，聘请一批知名企业家和业内专家作为千阳县电子商务突破发展顾问，建立电子商务学者专家和企业家专家的丰富资源数据库，参与电子商务建设中重大事项评估和决策。

7. 推进实施电子商务进农村示范工程

（1）开展国家电子商务示范县工程。结合千阳县农村的实际情况，以农村物流的现代化为目标，以开拓农村电商消费市场、促进农特产品线上营销为主要方向，开展电子商务进农村综合示范工程。

（2）建设生态品牌的农业电子商务示范基地。依托千阳特色农业综合示范区建设，围绕千阳特色农业综合示范区建立具有当地特色的特色养殖园、特色种植园、特色农产品初加工园和特色农业观光园，利用现代信息技术改造优化种植（养殖），将农产品的加工、销售等流程和服务环节智慧化，结合电子商务的个性化要求，将电子商务展示和营销与农业综合示范充分结合，打造农村电子商务示范基地。积极扩大农村电子商务示范范围，打造覆盖农村农户、消费者以及企业的价值链条，以农业电子商务平台、龙头企业、农业产业化基地、农产品大户、经济合作社及大型餐饮连锁企业、大型超市之间的密切合作和交流为基础，以现代矮砧苹果为依托，提供农产品信息的发布、展示、交易以及溯源和农业技术服务，形成方便快捷又实用的新型农村电子商务服务体系，产生农村电子商务示范效应。

（3）争取知名平台在千阳开展"电商进农村"试点。加强与京东商城、淘宝、1号店等平台的对接，结合其电子商务进农村的相关计划如"京东帮"建设工程，争取将千阳县纳入其优先建设序列，帮助千阳县提升电子商务发展水平。争取纳入淘宝"千县万村"试点范围，支持淘宝网在千阳县建立运营体系，加强物流等基础建设；支持淘宝网在千阳县开展人才培训培育，帮助千阳县发展更多的买家、卖家和服务商；支持淘宝网在千阳县创新发展农村金融服务、农村代购、农资电商 O2O 等新模式，最终帮助农民提高收入、增加就业、实现新型城镇化。

8. 建设区域型特色化的电子商务交易体系

（1）建设西部生态产品电子商务交易平台，重点打造当地特色生态农产品。主要功能包括品牌培育、品牌推广、产品展示和营销、代理加工、行业论坛、商业信息、行业交流等，形成体现千阳、宝鸡乃至西北生态产品特色、功能齐全、物流配送通畅的区域性 B2B 电子商务平台。

（2）以全国知名的第三方网络销售平台为依托，促进地方农特产品销售推广，同时建设区域性 O2O 贸易企业交易平台。精选优秀运营商和生态产品品牌，依托天猫、京东商城、苏宁易购等第三方平台，支持企业开设网络旗舰店，利用全国知名的网络零售平台，促进千阳县农特产品的品牌推广和销售。结合千阳及周边区域商贸企业的发展现状，鼓励传统商贸企业线下盘活实体资源，将用户体验放在重要位置并做到极致，提升企业的核心竞争力。在线上尤其要做好产品的品牌推广，将客户服务放在重要突出位置，建立起大区位 O2O 贸易企业交易平台。

（3）建设千阳旅游电子商务平台，拉动经济增长。开辟政府对外旅游服务的多媒体门户，构建千阳旅游电子商务平台。整合千湖国家湿地公园等景区和景点、旅行社、宾馆与酒店、特色产品、旅游商品以及原生态美食等旅游服务资源，建立了完整旅游要素的资源数据库，支持多种接入方式，全面服务公众。实现景点推介，在线订票，开通酒店、宾馆及景点景区网络信息查询与交易功能。以互联网技术为依托，充分利用千阳县的旅游资源，提高知名度，拉动当地就业和经济增长。

（4）加强对电子商务交易平台的监管，建设生态产品质量安全监管平台。由政府职能监管部门将资源整合，建设千阳生态原产地主要产品、特色品牌的产品质量标准化、食品安全监管、质量控制、生产流通和产品溯源于一体的生态产品质量安全监管体系；同时对各电子商务交易平台加强监管，防范风险。

9. 持续完善电子商务服务体系的建设

（1）应加快推进电子商务产业园建设，建立电子商务实训体系。千阳县电子商务产业园项目位于千阳县原种子公司院内，对原种子公司 5 层办公楼和仓库进行改造升级,总体可划分为"三大版块",即电子商务集中办公区、生产物流区、综合配套服务区;满足园区发展"六大功能",即办公、商住、研发、生产、培训、物流。园区将建成依托全县农产品、手工艺品和衍生品的优势资源,打造以优质农产品、特色手工艺品和无公害蔬菜为主打产品的全产业链型电子商务园区。主要建设内容包括电子商务集中办公区,包括办公研发、金融服务、会议展览等功能。生产物流区,主要建设标准厂房、物流停车场,满足园区入驻企业的物流配送。综合配套服务区,包括建设者之家、蓝白领公寓、保障性住房、商超、医疗服务机构、教育机构等,满足园区各类人群的居住需求。把电子商务培训与扶贫工作结合起来,与青年创业就业结合起来,与下岗工人再就业结合起来,与大学生村干部和"三支一扶"结合起来,积极整合现有培训设施和师资力量,以"政府搭台,企业唱戏,部门支持"的模式进行实战培训。通过培训,达到"一带十""一帮一"电子商务规模逐步辐射发展壮大的目的。对大中专毕业生、返乡创业的青年农民工和合作社带头人等创业青年实行培训和"一对一"创业辅导,培养电子商务行业致富带头人。与中小企业局结合,对从事电子商务的中小企业负责人进行培训,使广大中小企业主熟悉电子商务基本流程和实务操作,学会用互联网思维思考,适应电子商务发展新需要。联合人力资源和社会保障局,开展"大众创业、万众创新"创业培训活动,重点培训电子商务知识技能,培养电子商务专门人才队伍。联合妇联,对在家留守妇女开展巾帼创业培训,主要是培训电子商务实操业务,引导其开设网店,在家中就能实现创业就业。联合职教中心,在职教中心电子商务培训平台上对学生进行电子商务有关知识的培训,让其了解网店创业的具体知识。联合农业局,对特种养殖、种植专业户进行培训,帮助其开设特色网店,进行网上销售。要积极"走出去、学进来"。由县领导带队,组织镇村干部及有发展电子商务意愿的创业人员,深入电子商务先进地区进行参观学习,感受电子商务发展的良好氛围,真正学习到发展电子商务业务的先进经验。

（2）同步建设城镇电子商务综合服务网络与农村电子商务综合服务网络。加强政府引导,以市场化运作方式,打造千阳县电子商务产业集聚区,完善网络基础设施、仓储和物流配送等公共设施,提供全方位优质配套服务,促进企业之间的交流互动。通过政策解读、企业税务办理、规范网络交易秩序等政策宣讲,企业与政府之间增强信任,形成良性互动。通过吸引银行、信息服务、人力资源管理、财务管理、网店策划设计等配套服务机构入驻为企业提供各式专业服务。建成功能齐全且配套完善的电子商务产业集聚区,集人才培养、网络购物用户体验、电子商务产品展示、电子商务宣传等为一体。建设千阳县电子商务公共运营服务中心,以中心为支撑提供政策扶持、线上运营管理、企业融资帮助等服务,形成高效有序、服务规范、主体多元的电子商务综合服务体系。通过运营中心与各乡镇电子商务服务站连接,使电子商务服务平台成为一个全县联动的覆盖全县的综合平台。结合新型城镇化建设,利用并且整合农村现有的乡镇内的商贸中心和邮政物流等资源,充分发挥城镇商贸中心的销售、电信、供销、金融等服务功能,形成乡镇级、村级电商综合服务站点体系,适应农村电子商务发展的需求。结合千阳县电子商务公共运营服务中心和县级电子商务产业集聚区、乡镇电商综合服务站、村级电商综合服务点等三级服务体系,统一进行信息采集与发布、电商技术服务支持,形成全面覆盖县、乡镇、村三级电子商务技术服务网络。为了形成以点带线、以线带面的技术网络格局,加强对各层级专业技术人员的培养,定期开展培训。

(3) 建立信息资源共享机制,完善电子商务技术支撑服务体系。建立在部门间、各行业统一的电子商务信用数据库平台,可以借鉴国家金融信用信息基础数据库建设平台,通过该平台的建设可以逐步实现数据开发、资源开发和业务协同等重要功能。政府可以采取积极措施推动电子商务服务企业建立交易诚信档案,建成有公信力的第三方电子商务信用信息服务平台,使信用监督更加健全,对失信行为加大惩戒,促使社会公众建立守信意识,做到自律诚信;积极开展诚信示范经营者建设,加快建立诚信共享机制,促使企业诚信并且提高经营服务水平,对利用电子商务从事各种违规违法犯罪活动的行为进行严厉打击。引进先进的电子商务运营服务机构,为电商服务发展提供专业支持。寻求电商发展的技术支持与团队建设。建立有效的人才引进和奖励机制,为积极开展电子商务高端人才特别是成熟团队引进工作创造条件,通过营造良好创业氛围和环境吸引人才加入。与成熟的电子商务专业团队进行长期合作,对千阳各种产品的营销推广、品牌策划、产品运行等提出建议并进行指导。同时,通过专业团队的引进带动本地电子商务人才,培养自己的专业团队,强化本地的专业团队支撑。深入调研农村电子商务应用现状,结合农民对电子商务知识的需求,邀请农村电子商务专家和技术人员对乡镇及村级领导干部进行电子商务知识培训,对农民进行电子商务基础知识普及,对农民网商进行网络经营与技术培训。

12.5　结　　论

电子商务在转变经济发展方式、推动传统产业转型升级、促进物流流通方面发挥着重要作用。加快发展电子商务,有利于千阳县产品及企业打破地域限制、拓展销售渠道、开拓全国市场;有利于把握发展主动权、提高市场竞争力;有利于优化资源配置、推动经济转型升级;有利于发挥绿色生态产品优势,更大范围开拓产品市场。电子商务成为千阳县域经济转型升级的重要引擎之一,特色农产品等传统产业与电子商务深度融合;线上线下结合的商贸流通、网络金融等服务业创新发展;电子商务产业聚集发展,不断增强产业影响力;电子商务发展的整体环境向好，技术服务体系、支撑体系、电子商务的行业应用推广协调发展，逐步形成完整的产业链条；电子商务的制度体系建立并且基本健全，初步形成规范有序、安全可信的网络环境。到 2020 年，使千阳县电子商务产业规模和竞争力领先宝鸡市其他地区，电子商务在经济社会的各领域、各行业应用将更加广泛，最终会逐步实现千阳县全国电子商务示范县、丝绸之路经济带电子商务节点、关天经济区生态产品电子商务交易中心的创建目标。

参 考 文 献

柴寿升，鲍华，赵娟，2010. 旅游景区电子商务典型发展模式研究[J]. 山东社会科学，（09）：131-134.

陈波，2013. 浅谈有关电子商务认识的几个误区[J]. 中国商贸，（19）：133-134.

陈传红，2013. 《电子商务概论》教学实践与教学改革探索[J]. 电子商务，（11）：80-81.

陈娥祥，2015. 职业院校电子商务专业发展规划——以黎明职业院校为例[J]. 电子商务，（08）：90-91.

陈菲，2015. 电子商务服务业集群的形成和演化研究[D]. 南京：南京邮电大学.

陈柯丹，2012. 株洲芦淞服装专业市场集群物流配送信息系统构建研究[D]. 长沙：湖南大学：21-25.

陈璐，2012. 我国旅游电子商务的发展现状及对策分析[J]. 中国商贸，（02）：125-126.

陈念，2007. 关于高职高专电子商务人才培养的探讨[J]. 武汉职业技术学院学报，（04）：67-70.

陈念东，2016. 县域电子商务发展的路径思考——以福建省连城县为例[J]. 福建农林大学学报（哲学社会科学版），（05）：55-61.

陈仁泽，2011. 靠发展苹果，陕西洛川农民人均纯收入位列延安区县之首——这里的苹果为啥不愁卖[J]. 果农之友，（09）：38.

陈润源，2013. 中国 B2C 电子商务盈利模式比较研究[D]. 北京：首都经济贸易大学.

陈实，2016. "互联网+"背景下我国农村电子商务发展现状、问题和对策[D]. 武汉：华中师范大学.

陈香莲，2013. 我国电子商务物流系统信息化研究[J]. 物流工程与管理，（01）：97，123-124.

陈晓雷，2014. 县级政府推进电子商务发展政策研究[D]. 上海：上海交通大学.

陈妍茹，2016. 电子商务物流城市共同配送网络设计研究[D]. 重庆：重庆工商大学.

陈轶群，2017. 关于如何推进县域互联网金融发展的思考[J]. 中国集体经济，05：84-86.

陈瑛，2010. 电子商务对物流的影响分析[J]. 职业，（15）：115-117.

陈颖，程晓荣，2008. 农村物流体系存在的问题与改进对策[J]. 西部财会，（08）：74-76.

陈哲谦，2016. 农村电子商务发展面临的问题与应对策略[J]. 科技创新导报，（18）：108-110，112.

何梓源，2013. 我国电子商务高速发展背景下的人才供需状况研究[D]. 上海：上海社会科学院.

胡芬芬，2015. 电子商务产业园区服务能力对网商集聚意愿影响研究[D]. 杭州：浙江工商大学.

胡桂芳，王艳荣，2014. 土地流转和电商结合发展现代农业的探索——安徽省绩溪县"聚土地"项目调查[J]. 农村工作通讯，（13）：28-30.

胡桂红，2011. 山东省农产品电子商务模式研究[J]. 黑龙江对外经贸，（07）：80-81.

胡俭，2016. 岐山县农村电子商务发展模式研究[D]. 咸阳：西北农林科技大学.

胡丽丽，2012. 陕西苹果电子商务物流发展问题研究[J]. 北方经贸，（09）：96-97.

胡明宝，2016. 把电商服务站搬上黄土高原[N]. 农民日报，2016-08-12（004）.

华谦生，2010. 会展策划[M]. 杭州：浙江大学出版社.

黄京华，赵纯均，2006. 企业电子商务模式建立方法初探[J]. 清华大学学报（哲学社会科学版），
　　01：112-118.

黄琼，2014. 我国农业移动电子商务的应用研究[D]. 武汉：华中师范大学.

霍海澎，2016. 巨头抢滩，陕北电商现"鲶鱼效应"[N]. 陕西日报，2016-01-22（009）.

霍庆涛，尹辉，傅泊霖，2013. 条条都"给力"——解析《关于加强人才培养引进加快科技创
　　新的指导意见》[J]. 当代贵州，（17）：16-17.

姬静，姜玉婕，郝书俊，2016. 构建社区物流配送平台促进县域电子商务发展[J]. 河北企
　　业，（03）：59-60.

冀芳，张夏恒，2015. 跨境电子商务物流模式创新与发展趋势[J]. 中国流通经济，（06）：14-20.

贾圣算，2015. 中职学校电子商务专业人才培养体系的重构与复杂特性的分析[D]. 广州：广东
　　技术师范学院.

贾晓丹，2016. 探索互联网+农村电子商务发展对策研究[J]. 电子商务，（06）：14，32.

贾云卿，董桃莉，王俊杰，2015. 浅谈我国中小城市电子商务的发展现况和必要措施[J]. 经营
　　管理者，（07）：278.

江向东，梁春晓，2014. 沙集模式引发的思考[N]. 企业家日报，2014-06-21.

姜辰蓉，2016. 黄土地上电商热老区发展铺新路[N]. 国际商报，2016-01-14（C04）.

姜蓉，2011. 沙集：电子商务"小岗村"[N]. 中国经营报，2011-04-04.

降雪辉，刘彩霞，2010. 以市场为导向的电子商务人才培养模式探讨[J]. 长春理工大学学报，
　　（07）：174-175.

焦宏涛，2015. 京东陕西农村电子商务项目启动[J]. 农村工作通讯，（03）：5.

金荣华，何栋斌，2016. 浅析县域农村电子商务建设思路与工作重点[J]. 中小企业管理与科技
　　（下旬刊），（02）：125-126.

康春鹏，2014. 我国农村电子商务研究综述[J]. 农业网络信息，12：82-85.

孔辉，2015. 新农村建设中农村物流体系构建研究[D]. 济南：山东师范大学.

雷宁，2016. 西安市物流业现代化发展思考[J]. 合作经济与科技，（19）：36-37.

雷婷，李存林，2012. B2C电子商务交易平台顾客感知价值、顾客满意与顾客忠诚关系的实证
　　研究[J]. 技术与创新管理，（06）：642-646，654.

李博，2011. 基于电子商务平台的仓储物流运营研究[D]. 上海：复旦大学.

李丹，2013. 我国中小企业电子商务发展的现状及存在问题的探讨[J]. 商业经济，（02）：
　　72-73，86.

李国辉，2016. 惠农支付助力宜君核桃实现"互联网+"[N]. 金融时报，2016-08-18（003）.

李海平，刘伟玲，2011. 农村电子商务存在的问题与模式创新[J]. 陕西科技大学学报，（2）：
　　189-191.

李健，熊红红，2010. 浅谈高校电子商务人才培养模式[J]. 中国管理信息化，（02）：114-116.

李莉雅，熊强，2014. 电子商务品牌设计研究[J]. 包装工程，（35）：86-89.

李琪，张利，彭丽芳，2007. 多样化复合型电子商务人才培养模式思考[J]. 经济管理，（14）：
　　58-63.

李强治，2015. 互联网+创业创新：打造经济发展的新引擎[J]. 世界电信，（08）：44-46.

李爽，2016. 大数据背景下电子商务与快递业联动发展策略探析[J]. 科技创新与应用，（24）：284.

李卫，2016. 秦岭最美是商洛[N]. 陕西日报，2016-05-16（006）.

李文选，2016. 加快我市电子商务发展势在必行[N]. 商洛日报，2014-10-16（002）.

李想，2016. 移动互联网背景下我国农村物流与电子商务的协调发展研究[J]. 商业经济研究，（21）：107-109.

李小玲，任星耀，郑煦，2014. 电子商务平台企业的卖家竞争管理与平台绩效——基于 VAR 模型的动态分析[J]. 南开管理评论，（05）：73-82，111.

李新，2014. 阿里推"聚土地"二期加速布局涉农电商[N]. 粮油市场报，2014-10-11.

李艳菊，2015. 论我国农业电子商务发展动力机制与策略[J]. 求索，（3）：84-88.

李永飞，毛凤霞，2016. 电子商务促进陕西果业精准扶贫和可持续发展动力分析[J]. 农村经济与科技，（23）：121-122.

李永华，2016. 农村淘宝电商体系的发展与展望——以商洛市商州区农村淘宝为例[J]. 湖北函授大学学报，（21）：118-119.

李勇坚，孙盼盼，2014. 电子商务发展存在的问题与对策[J]. 中国商贸，（16）：62-63.

李钊，蒋晓静，2015. 龙头电商蜂拥齐聚"洋货码头"日破万单西安国际港务区获批国家电子商务示范基地[J]. 新丝路（下旬），（07）：2.

李哲平，2015. "新常态"下电子商务发展战略与体制保障[D]. 天津：天津师范大学.

李重，2010. 我国中小企业发展电子商务的利弊分析[J]. 中国商论，（19）：104-105.

李孜，2016. 农村电商崛起-从县域电商服务到在线城镇化[M]. 北京：电子工业出版社.

栗培林，2015. 关于发展我市电子商务的若干思考[N]. 大同日报，2015-10-24（003）.

连红军，2011. 初探电子商务对企业管理的影响[J]. 中国商贸，（05）：86-87.

梁栋，2014. 农村连锁超市电子商务人才培养存在的问题与对策[J]. 商场现代化，（01）：110-111.

梁海霞，张鸿，2016. 面向云服务的陕西电子商务发展影响因素分析[J]. 西安邮电大学学报，（04）：115-120.

梁云，刘培刚，2009. 中国农业电子商务发展途径分析[J]. 华中农业大学学报，（5）：1-5.

廖望，2016. 广东制定农村电子商务发展四条措施[J]. 政策瞭望，（04）：54.

林春霞，2011. 革命老区借力红色产业脱贫致富[N]. 中国经济时报，2011-06-21（002）.

林广毅，2016. 农村电商扶贫的作用机理及脱贫促进机制研究[D]. 北京：中国社会科学院研究生院.

林荷，郑秋锦，陈佑成，2015. "互联网+"背景下传统企业转型 O2O 电子商务现状与对策[J]. 宏观经济研究，（12）：79-85.

林莉，2010. 基于顾客视角的企业品牌资产建立[J]. 中国商贸，（6）：20-25.

林蔚红，徐正红，沈骁飞，2015. 县域农产品电子商务发展对策[J]. 浙江农业科学，（01）：127-130.

凌守兴，许应楠，2015. 高职电商物流人才培养中的校企合作生态模式研究与实践——以"政行企校"共建苏州市电子商务示范基地为例[J]. 物流技术，（09）：291-293.

刘佳，2016. 武功县农产品电子商务发展模式研究[D]. 咸阳：西北农林科技大学.

刘菁，2014. 农村电子商务驶入"快车道"[N]. 各界导报，2014-12-23（001）.

刘利猛，2015a. "电子商务进农村"示范县之县、乡、村三级农村物流体系建设探讨[J]. 怀化学院学报，（34）：31-33.

刘利猛，2015b. 移动互联网、电子商务与物流在我国农村地区的协同发展研究[J]. 物流技术，

（2）：208-210.

刘玲，2014. 特色农产品电子商务发展问题和对策研究[D]. 南京：南京农业大学.

刘敏，2010. 中国生产者服务业的影响因素与关联效应的实证研究[D]. 大连：东北财经大学.

刘瑞，2015. 我国新型城镇化进程中农民工市民化问题研究[D]. 兰州：兰州大学.

刘善从，2016. 2016农村电商如何做?[J]. 农村农业农民（B版），03：15.

刘书艳，2011. 沙集模式：为三农问题提供新指向[N]. 中华工商时报，2011-02-25.

苗生珍，2010. 零售企业开拓农村市场的营销策略——以连锁超市进军农村市场为例[J]. 中国
　　商贸，（19）：18.

缪昊轩，张蕊，2014. 互联网上商贸中心的特征与优势探索[J]. 商业时代，26：4-6.

南卫东，2012. 延安基础设施条件明显改善[N]. 延安日报，2012-11-14（001）.

宁娟，2012. 电子商务网站评估体系分析及评价[D]. 长沙：湖南大学.

宁启鹏，2015. 山阳加快发展农村电子商务[N]. 商洛日报，2015-06-04（001）.

潘松，2011. 国务院公报中成语的运用[J]. 宿州学院学报，（01）：54-57.

潘雨相，2017. 基于PEST分析的西安跨境电子商务发展环境研究[J]. 电子商务，（01）：32-33.

庞东升，2016. 县域农村电子商务发展路径分析与渠道选择[J]. 电子商务，（06）：25，43.

彭玲，2015. 基于企业需求视角的电子商务人才能力构成体系研究[J]. 物流工程与管理，（03）：
　　250-252.

彭水洪，2016. 供给侧结构性改革下的休闲农业发展[J]. 农村工作通讯，（23）：21-22.

齐媛媛，2015. 县域电子商务发展情况调研报告[J]. 商场现代化，06：44.

綦成元，2014. 大力推进电子商务在经济社会发展中发挥积极作用[J]. 中国经贸导刊，（28）：
　　30-31.

秦骥，2015. 西安跨境电子商务平台单日出口突破万单[N]. 陕西日报，2015-04-15（004）.

秦建丽，2006. 加强学风建设培养高素质创新人才[J]. 新世纪论丛，（01）：198-201.

秦亚洲，2012. 跨境贸易电子商务服务试点工作启动[N]. 中国信息报，2012-12-20（002）.

曲涛，2005. 传统企业发展电子商务的风险分析及对策研究[D]. 大庆：大庆石油学院.

权斌，范梦媛，2016. 区域性农产品电商平台的问题与发展对策探究——以江西区域性农产品
　　电商为例[J]. 农业与技术，（04）：139-140.

任晓鸿，2016. 电子商务背景下农村小微企业发展策略探讨[J]. 农业经济，（02）：126-128.

萨日娜，2016. "互联网+"背景下移动电子商务发展的问题分析与对策研究[J]. 全国商情，（24）：
　　15-16.

沙莎，2016. 着力创新发展不负人民期待[N]. 陕西日报，2016-02-02（003）.

上海社会科学院经济研究所课题组，石良平，汤蕴懿，2014. 中国跨境电子商务发展及政府监
　　管问题研究——以小额跨境网购为例[J]. 上海经济研究，（09）：3-18.

沈丽梅，2014. 中小企业电子商务发展的现状与对策[J]. 中国商贸，（36）：101-102，120.

沈晓忠，王丽君，2013. 欠发达地区发展农产品电子商务探讨——以丽水地区为例[J]. 当代经
　　济，（14）：58-59.

盛振中，2014. 县域电子商务发展微报告[R]. 阿里研究院.

盛振中，陈亮，张瑞东，2014. 2013年中国县域电子商务发展指数报告[R]. 阿里研究中心.

石磊，2012. 中国农村信息化中移动电子商务发展研究[D]. 北京：北京邮电大学.

石声波，2015. 模块化体验式教学改革研究——以"电子商务概论"课程为例[J]. 浙江树人大

学学报（自然科学版），（03）：53-57.

史海斌，2010. 浅谈我国电子商务的发展前景[J]. 中国商贸，（28）：112-113.

史晓原，2015. 基于电子商务背景的农村市场物流配送研究[J]. 物流技术，（5）：83-85.

帅晓华，2015. 现代产业体系下电子商务人才需求与培养研究[J]. 湖北成人教育学院学报，（02）：29-30，84.

宋达佑，2016. 我国农村电子商务运营模式优化研究[D]. 武汉：华中师范大学.

宋李敏，李常洪，2006. 社会主义新农村建设中农村物流体系建设的对策研究[J]. 科技与管理，（6）：45-48.

宋胜梅，2010. 电子商务企业风险投资价值研究[D]. 太原：山西财经大学.

宋爽，2016. 西安市小额跨境电商发展的制约因素与提升对策[J]. 现代经济信息，（15）：334.

宋园林，2012. 国内 B2C 电子商务盈利模式分析[D]. 大连：东北财经大学.

苏云峰，2013. 中国网库与浙江嘉兴共建"浙江实体企业电子商务产业园区"[J]. 财经界，（02）：98.

睢素芳，2008. 电子商务物流配送存在的问题与发展对策[J]. 黄河水利职业技术学院学报，（01）：90-92.

孙蕾，2016. 金融支持农产品电子商务发展的思考[J]. 甘肃金融，（06）：53-56.

孙平，2013. 大力加强学风建设，培养高素质复合型人才[J]. 湖北函授大学学报，（06）：3，24.

孙群花，2015. 农产品电子商务物流配送体系优化研究[D]. 成都：成都理工大学.

孙锐，2016. 互联网助力延长苹果产业链[N]. 农民日报，2016-05-20（003）.

孙玮，2016. 咸阳市农产品电子商务 SWOT 分析与对策研究[J]. 农村经济与科技，（24）：50.

孙晓强，2008. 品牌代言人对品牌资产的影响研究[D]. 上海：复旦大学.

孙旭，刘哲峰，2016. 农民致富的"聚宝盆"农村经济发展的新亮点——突泉县"互联网+庭院经济"发展对策思考[J]. 实践（思想理论版），（09）：32-33.

孙艳霞，2012. 电子商务模式研究综述[J]. 现代管理科学，05：59-61.

孙莹丽，马艳国，代馨，2011. 中小城市城镇化过程中电子商务发展现状研究[J]. 内蒙古民族大学学报，（04）：62-64.

孙勇，2010. 我国 B2C 电子商务物流配送问题与对策[J]. 现代商业，（26）：69，70.

汤碧杰，2012. 浙江省舟山港口物流行业发展前景分析[J]. 河南科技，（08）：7-8.

汤世强，吴忠，陈心德，2010. 电子商务物流配送瓶颈及解决方案[J]. 商业研究，（02）：202-204.

唐光海，朱丹丽，2012. 农产品移动电子商务应用研究——以渭南市为例[J]. 中国集体经济，（21）：79-80.

唐娜，2010. 电子商务品牌的营销战术[J]. 广告主，（10）：46-47.

唐娜，2013. 陕西高职院校生源质量提升研究[D]. 西安：长安大学.

陶菲，2013. 区域农产品品牌战略研究[D]. 武汉：武汉轻工大学.

滕飞，刘保奎，申红艳，2016. 电商扶贫中的"短板"与对策[J]. 中国物价，（12）：74-76.

田丽霞，2016. 南充市农村电子商务发展中的问题及对策研究[D]. 成都：四川农业大学.

田甜，2012. 电子商务发展与政府推进策略研究[D]. 西安：西北大学.

童海君，蔡颖，2016. 县域电子商务人才培养实践以及对策——以东阳市为例[J]. 人才培养，（1）：77-78.

童开林，陈祺，李仲明，2014. 秦巴山区文化型"农家乐"景观探析——以柞水溶洞天书山农家乐园规划为例[J]. 安徽农业科学,（13）：3946-3948.

涂小云, 2015. 浅谈农村电子商务发展存在的问题及建议[J]. 农民致富之友,（18）：16, 22.

屠建平, 杨雪, 2013. 基于电子商务平台的供应链融资模式绩效评价研究[J]. 管理世界,（07）：182-183.

万钢, 2014. 大力推动大众创业万众创新　形成全社会支持和参与创新的良好局面[J]. 中国科技产业,（12）：8-9.

汪向东, 2013. 农村经济社会转型的新模式——以沙集电子商务为例[J]. 工程研究——跨学科视野中的工程,（02）：194-200.

汪向东, 2013. "沙集模式 2.0"：一个农村电子商务模式的跟踪研究[N]. 人民邮电报, 2013-03-25.

王斌, 2015. 秦岭最美是商洛　生态休闲在江山[N]. 各界导报, 2015-07-09（004）.

王博, 2016. 我国农产品电子商务金融支持问题研究[J]. 现代营销（下旬刊）,（04）：108.

王超, 2014. 电子商务和对等网络中信任评估模型研究[D]. 合肥：安徽大学.

王崇锦, 2013. 我国农产品电子商务模式研究[D]. 武汉：华中师范大学：4.

王冠宁, 2015. 陕西农特产品电子商务发展趋势分析[J]. 海峡科技与产业,（12）：85-87.

王桂平, 2011. 电子商务环境下我国农产品的物流运作[J]. 山东农业科学,（11）：115-119.

王国庆, 兰叶, 2014. 我国农产品电子商务创新模式研究综述[J]. 商业时代, 31：56-57.

王海燕, 2013. 电子商务发展的金融支持体系研究[D]. 南昌：江西农业大学.

王禾, 2011. 扩权强县背景下的县域经济发展战略研究[D]. 合肥：安徽大学.

王红霞, 谷瑞军, 2013. 基于云计算平台的电子商务应用模式研究[J]. 电脑知识与技术,（36）：8445-8447.

王慧敏, 2009. "西邮寄"的路径选择[N]. 中国邮政报, 2009-09-17（003）.

王佳莺, 王婷, 2012. 论电子商务人才需求及其培养[J]. 中国证券期货,（06）：86-87.

王金良, 2014. 农村电子商务发展策略研究[J]. 现代商贸工业,（01）：178-179.

王锦, 2016. 西安跨境电子商务发展面临的困境和对策研究[J]. 现代商业,（11）：28-29.

王娟娟, 秦炜, 2015. 一带一路战略区电子商务新常态模式探索[J]. 中国流通经济, 05：46-54.

王珏辉, 2010. 论电子商务的基本模式[J]. 社会科学战线, 08：221-225.

王丽丽, 2008. 电子商务对物流的影响及对策研究[J]. 现代商贸工业,（9）：333-334.

王琳, 2012. 河北省矿产资源开发管制研究[D]. 石家庄：石家庄经济学院.

王敏, 金敏力, 2006. 农产品电子商务发展中的问题与对策[J]. 办公自动化,（07）：12-13.

王宁, 2016. S 市农业电子商务发展扶持政策效果研究[D]. 郑州：郑州大学.

王倩, 2016. 县域农产品电子商务主体创新研究[D]. 石家庄：河北经贸大学.

王强, 2016. 农村电子商务发展面临的问题及策略[J]. 当代农村财经,（03）：62-64.

王庆生, 赵建国, 张成富, 1994. 田野上的跨越——睢宁县沙集乡个体、私营经济发展掠影[J]. 群众,（11）：46-47.

王婷, 2015. 电子商务中物流配送模式选择的比较分析[D]. 北京：对外经济贸易大学.

王彤, 2010. 论电子商务与企业管理信息系统的区别与联系[J]. 价值工程,（30）：52-55.

王晓, 2016. 电商将成经济增长关键动力[N]. 国际商报, 2016-12-30（A01）.

王昕, 2016. 陕西省统计局：农村电子商务发展困难[N]. 现代物流报, 2016-07-08（B02）.

王兴宗, 2016. "互联网+"视野下农村电子商务发展环境的优化与策略[J]. 社科纵横,（09）：40-42.

王雪梅，李江涛，2013. 河北县域特色产业电子商务发展路径研究[J]. 企业家天地，11.

王艳，2013. 电子商务商业模式研究[J]. 广西财经学院学报，01：98-102.

王艳丽，都继萌，刘志祥，2016. 跨境电商的现状、问题与升级途径[J]. 商业经济研究，（02）：65-67.

王燕，2016. 西安软件新城获国家首批电子商务示范基地称号[N]. 西安日报，2012-06-05（010）.

王杨，肖旭，于淑艳，2009. 软件产业发展模式研究[M]. 北京：科学出版社.

王勇胜，2014. 生鲜电子商务物流配送模式研究[D]. 郑州：河南工业大学.

王玉珂，2015. 农产品交易领域电子商务 O2O 模式应用研究[D]. 武汉：华中师范大学.

王昭义，2015. 宝鸡市政协聚焦电子商务产业发展[N]. 各界导报，2015-05-22（002）.

王震，王海元，2015. 西安市现代物流发展现状及改进方法[J]. 品牌，（11）：52，54.

韦宏，2014. 以电子商务推进农业产业集群区域品牌的打造[J]. 农业经济，（03）：118-120.

魏波，2014. 电子商务物流配送模式的选择[D]. 成都：西华大学.

魏刚，2001. 浅谈知识管理中的人力资源管理[J]. 北方经贸，（7）：67.

魏敏，2016. "互联网+农业"背景下的农产品电子商务发展研究[D]. 沈阳：沈阳农业大学.

魏薇，王金叶，2009. 乡村旅游发展模式与运行机制研究——以成都五朵金花为例[J]. 乡镇经济，（07）：80-83.

魏文姬，2016. 基于"互联网+"背景下的电子商务研究[J]. 现代经济信息（13）：303-304.

魏延安，2016. 政府推动下的电商扶贫探索[J]. 决策，（10）：48-50.

温茵茵，易飞，2016. 安徽省某县域电子商务平台搭建方案研究——以绩溪县为例[J]. 现代商贸工业，（30）：26-28.

文龙光，潘立军，2011. 我国农村地区开展 B2C 电子商务物流配送的新模式—基于区域客运班车系统的配送解决方案[J]. 运筹与管理，（3）：195-199.

文雪梅，2012. 沙集模式：农村电子商务最新样本[N]. 中华工商时报，2012-12-23.

翁文娟，2016. 基于电子商务平台的农产品营销模式研究—以重庆为例[J]. 中国农业资源与区划，07：206-210.

吴光宣，2012. 电子商务企业淘六网发展战略研究[D]. 合肥：安徽大学.

吴强，2016. 基于电子商务平台的线上供应链金融模式研究[D]. 贵阳：贵州财经大学.

吴世峰，2015. 大力实施人才强企战略推动企业又快又好发展[J]. 商业文化，（12）：113-114.

吴兴华，2014. 我国中小型企业电子商务发展存在的主要问题及解决办法[J]. 电子商务，（12）：8-9.

吴岩，2015. 发展农产品电商的武功经验[J]. 中国农民合作社，（07）：23-24.

吴勇杰，颜佳玲，2013. 基于农村电子商务环境下的物流模型研[J]. 物流工程与管理（3）：133-134.

吴勇毅，2016. 企业如何掘金农村电商市场?[J]. 中国电信业，（04）：70-73.

吴宗祥，2002. 打通物流信息化"瓶颈"——我国电子商务现代物流体系现存的问题与对策论略[A]. 中国物流学会. 首届中国物流学会年会论文集[C]. 北京：中国物流学会：8.

伍燕青，2008. 零售电子商务物流配送模式选择研究[D]. 广州：暨南大学.

武晓钊，2016. 农村电子商务与物流配送运营服务体系建设[J]. 中国流通经济，（08）：99-104.

夏妍，程斌，2015. 分析旅游电子商务发展现状及对策——以江西南昌为例[J]. 旅游纵览（下半月），（03）：39，41.

夏宇, 2011. 浅析企业财务管理信息化建设的必要性与目标[J]. 现代经济信息, (04): 106.

肖永红, 2013. 电子商务环境下传统企业营销渠道整合策略[J]. 中国集体经济, (18): 55-56.

谢明, 2011. 电子商务物流配送系统设计与应用[D]. 长沙: 湖南大学.

谢庆富, 2014. 打通农村快递物流市场"最后一公里"[N]. 中国商报, 2014-12-19 (P02).

邢志良, 温希波, 张策, 2013. 应用型高校本科电子商务人才培养模式研究[J]. 教育与职业,
　　(27): 110-112.

熊爱珍, 2010. 我国电子商务的发展障碍及策略探析[J]. 中国商贸, (02): 103-105.

熊爱珍, 2016. 宝鸡农特产品电子商务运营发展研究[D]. 咸阳: 西北农林科技大学.

熊爱珍, 2016. 宝鸡农特产品电子商务运营发展研究[D]. 咸阳: 西北农林科技大学.

熊国红, 2016. 金融支持电子商务发展的思考[J]. 金融科技时代, (03): 27-29.

徐冰, 2009. 基于互联网的企业电子商务发展存在的问题及对策研究[D]. 厦门: 厦门大学.

徐代春子, 2016. 农村电子商务发展路径研究[D]. 舟山: 浙江海洋大学.

徐国虎, 韩雪, 2014. 社会化电子商务产业价值链分析[J]. 武汉理工大学学报 (社会科学版),
　　(01): 59-65.

徐宽敏, 2016. 农村电子商务环境下物流配送模式的选择研究[D]. 上海: 上海工程技术大学.

徐旻昊, 洪雷, 2014. "聚土地"多赢还须跨过几道坎[N]. 安徽日报, 2014-06-19.

徐倩, 段丽佳, 陈其辉, 2015. 政策对武功电商发展的推动作用[J]. 新西部 (理论版), (104):
　　22, 23.

徐艳旻, 2009. 电子商务环境下的营销模式研究[J]. 改革与开放, 09: 51.

徐云, 2008. 农村物流中心若干关键问题研究[D]. 武汉: 武汉理工大学.

许婵, 吕斌, 文天祚, 等, 2015. 基于电子商务就地城镇化与农村发展新模式研究[J]. 国际城
　　市规划, (30): 14-21.

许世卫, 王东杰, 李哲敏, 2015. 大数据推动农业现代化应用研究[J]. 中国农业科学, 48 (17):
　　3429-3438.

俞庆锋, 2014. 浅谈新形势状态下我国电子商务障碍与对策[J]. 经营管理者, (27): 292.

俞涛, 2016. 县域电子商务发展研究[D]. 南昌: 江西农业大学.

虞昌亮, 2014. 就地城镇化过程中农村电子商务发展研究[J]. 金融理论与教学, (01): 65-70.

元哲民, 2016. 建设银行善融商务电子商务金融服务平台优化方案规划与设计[D]. 长春: 吉林
　　大学.

负靖, 2016. 榆林联通助推陕北能源经济区电子商务发展[N]. 人民邮电报, 2016-03-29 (002).

袁爽, 2016. 中国农村居民消费对经济增长拉动作用研究[D]. 沈阳: 辽宁大学.

袁文清, 刘建斌, 2009. 我国电子商务标准化问题的研究[J]. 标准科学, (04): 36-39.

岳锐, 2016. 清远市发展农村电子商务的路径分析[D]. 武汉: 湖北工业大学.

岳欣, 2015. 推进我国农村电子商务的发展[J]. 宏观经济管理, (11): 66-67, 70.

翟江燕, 2016. "互联网+"助推县域经济新发展[J]. 新西部 (理论版), 03: 41, 35.

詹林敏, 2015. 电子商务物流最后一公里配送模式研究[D]. 大连: 大连理工大学.

詹姆斯·弗·穆尔, 1999. 竞争的衰亡——商业生态系统时代的领导与战略[M]. 梁峻, 等译. 北
　　京: 北京人民出版社: 21-24.

张兵, 2016. 革命老区脱贫借力"互联网+"[N]民生周刊, 2016-1-18.

张灿, 2015. 论电子商务产业集群的形成机制—基于"淘宝第一村"的案例研究[J]. 区域经济

评论，（4）：97-104.

张晨岳，冯森莲，2014. 县域电子商务发展现状分析及对策建议——以浙江省德清县为例[J]. 经济研究导刊，（10）：45-47.

张川，吴海琴，2013. 美丽乡村视角下的大都市近郊乡村规划新趋势——以南京市江宁区"五朵金花"为例[C]. 城市时代，协同规划——2013中国城市规划年会，中国山东青岛.

张春榕，2014. 电子商务交易平台中的产业融合研究[D]. 福州：福建师范大学.

张富刚，刘彦随，2008. 中国区域农村发展动力机制及其发展模式[J]. 地理学报，（02）：115-122.

张和荣，2016. 区域性电子商务人才培养策略探析[J]. 赤峰学院学报（自然科学版），（12）：224-226.

张鸿，2016. "互联网+县域电商"助力陕西网络经济发展[N]. 人民邮电报，2016-12-16.

张鸿，2017a. 破解农村电商"痛点"的"三字经"[N]. 人民邮电报，2017-04-21.

张鸿，2017b. 以电商新动能推动农村经济发展[N]. 人民邮电报，2017-02-17.

张鸿，2017c. 用电商新动能助推陕西追赶超越[J]. 西安邮电大学学报，2017-3-2（324）.

张鸿，2017d. 有效释放农村电商发展红利-以陕西移动为例[J]. 通信企业管理，04：6-9.

张鸿，郝添磊，2016. 基于熵值法的我国区域电子商务发展水平评价[J]. 西安邮电大学学报，（05）：88-94.

张鸿，汪玉磊，2016. "一带一路"背景下陕西清真食品用品产业电子商务发展研究[J]. 新西部（理论版），（03）：28-30.

张鸿，汪玉磊，2017. 陕西农村电子商务精准扶贫脱贫对研究[C]//陕西精准脱贫研究报告（2017）. 北京：社会科学文献出版社.

张鸿，王哲，2014. 陕西电子商务发展模式创新及实现路径[J]. 当代经济，（07）：86-87.

张焕，2016. 咸阳农产品电子商务存在问题及对策研究[J]. 办公自动化，（16）：41-42，48.

张慧文，2016. "一带一路"战略带动西安跨境电商发展策略研究[J]. 现代经济信息，（16）：480，482.

张江洋，袁晓玲，张劲波，2015. 基于电子商务平台的互联网金融模式研究[J]. 上海经济研究，（05）：3-11，25.

张解放，曾琪，2014. 电子商务环境下我国快递行业的发展策略分析[J]. 物流工程与管理，（03）：121-122.

张锦，陈义友，2015. 物流"最后一公里"问题研究综述[J]. 中国流通经济，（04）：23-32.

张君，张静中，2015. 陕西省农产品县域电子商务发展策略研究[J]. 江西农业学报，（12）：124-127.

张林约，郜银全，纪慧毅，等，2015. 岐山县农业电子商务调查研究[J]. 农业网络信息，（06）：10-14.

张梅，2014. 西安获批国家跨境贸易电子商务服务试点城市[N]. 陕西日报，2014-03-20（001）.

张鸣峰，林初有，谢科成，2015. 县级城市集约式农产品电子商务模式探讨——以句容为例[J]. 电子商务，（10）.

张鹏利，2008. 基于产业链的电子商务研究[D]. 无锡：江南大学.

张青峰，2017. 宜川打造"旅游+体验"特色农村电商[N]. 陕西日报，2017-01-18.

张蕊，王银芹，2015. 新型城镇化背景下湖北农村电子商务发展探析[J]. 湖北工程学院学报，（05）：116-121.

张鳃元, 2016. "互联网+"背景下电子商务物流的发展研究[J]. 电子制作, (08): 49.

张树梁, 2014. 电子商务环境下云配送物流模式研究及其应用[D]. 重庆: 重庆大学.

张苏, 2001. 美国企业的两种知识管理模式[J]. 经济与经济管理, (2): 45.

张薇, 2016. 陕西农村电子商务发展现状及模式选择——基于移动终端的O2O应用模式[J]. 陕西农业科学, (08): 105-107.

张玮玮, 2014. 浅谈中小企业发展跨境电商的机遇与挑战[J]. 中小企业管理与科技(上旬刊), (12): 17-18.

张喜才, 2015. 电子商务进农村的现状、问题及对策[J]. 农业经济与管理, (03): 71-80.

张夏恒, 马天山, 2015. 协同视角下我国县乡电子商务与物流发展研究[J]. 当代经济管理: 68-74.

张潇, 2016. 助秦岭鲜果走四方[N]. 中国邮政报, 2016-07-13 (005).

张晓波, 2014. 电子商务与县域经济发展[J]. 阿里商业评论, (9) 5: 11-13.

张晓燕, 2011. 美日两国农业电子商务发展的经验与启示[J]. 经济纵横, 09: 106-109.

张欣, 2017. 延安农产品电子商务发展中存在的问题及对策[J]. 经济研究导刊, (04): 155-157.

张新安, 田澎, 吴学海, 2002. 传统企业向电子商务企业转型面临的问题[J]. 中国信息导报, (01): 53-54.

张永罡, 2016. 商洛: "互联网+"催生经济发展新亮点[N]. 陕西日报, 2016-02-25 (005).

张永录, 2014. 陕西岐山: 专业合作社上淘宝网安家[J]. 农业科技与信息, (08): 18.

张越, 李琪, 2012. 以电子商务链为核心的农业电子商务发展模式浅议[J]. 晋中学院学报, (05): 39-43.

张振宇, 2015. 电子商务交易平台的设计与实现[D]. 长春: 吉林大学.

张卓绮, 2014. 高校面向制造业电子商务人才培养模式研究[D]. 泉州: 华侨大学.

赵广华, 2014. 破解跨境电子商务物流难的新思路: 第四方物流[J]. 中国经贸导刊, (26): 16-20.

赵国平, 2015. 延安地区特色农产品及冷藏技术发展[J]. 时代农机, (11): 79, 81.

赵海春, 陈健, 2014. 西北矿产资源富集地区城镇体系空间结构优化思考——以榆林市为例[J]. 城市发展研究, (12): 97-101, 120.

赵华, 2010. 湘运物流公司仓储物流基地项目的可行性研究[D]. 长沙: 湖南大学.

赵建伟, 2016. "互联网+"背景下企业电子商务系统建设平台研究[J]. 科技经济导刊, 05: 9-10.

赵萌, 邬文兵, 2012. 我国农村物流发展战略探究[J]. 中国流通经济, 11: 31-35.

赵苹, 骆毅, 2011. 发展农产品电子商务的案例分析与启示——以"菜管家"和Freshdirect为例[J]. 商业经济与管理, (07).

赵卫东, 黄丽华, 2006. 电子商务模式[M]. 上海: 复旦大学出版社.

赵雯, 王诚刚, 2015. 农村电子商务发展存在的问题及对策[J]. 农产品加工, (16): 61-62, 65.

赵岩, 2016. 基于云服务的陕西电子商务发展模式研究[D]. 西安: 西安工程大学.

赵志田, 何永达, 杨坚争, 2014. 农产品电子商务物流理论构建及实证分析[J]. 商业经济与管理, 273 (07): 14-21.

郑丽, 2014. 课程建设的实践与反思——以电子商务概论课程为例[J]. 实验技术与管理, (10): 31-35.

郑丽, 付丽丽, 2008. 电子商务概论[M]. 北京: 北京交通大学出版社, 清华大学出版社.

郑昕, 2015. 洛川苹果借电商"飞"起来[N]. 中国质量报, 2015-12-31 (007).

郑秀恋, 温卫娟, 2010. 我国电子商务物流配送瓶颈及对策研究[J]. 中国商贸, (20): 145-146.

郑亚琴，李琪，2007. 整合网络信息链：发展农业电子商务的前提[J]. 情报杂志，26（06）：
　　15-17.

郑亚琴，郑文生，2007. 信息化下农业电子商务的发展及政府作用[J]. 情报杂志，（02）：
　　96-98.

郑英隆，潘伟杰，2015. 农村电子商务发展与村民信息消费成长效应[J]. 福建论坛（人文社会
　　科学版），（11）：25-30.

智研咨询，2016. 2016-2022年中国电子商务行业市场深度调研及投资前景分析报告[R]. 智研咨询.

中国互联网络信息中心，2014. 第34次互联网络发展状况统计报告[R]. 中国互联网络信息中心.

钟经旺，2014. 聚土地：让农民以职业身份回归土地[N]，粮油市场报，2014-12-04.

钟质，2015. 国务院印发《关于大力发展电子商务加快培育经济新动力的意见》质检系统加强
　　电商领域产品质量监管[J]. 中国质量技术监督，（05）：6-7.

周海琴，张才明，2012. 我国农村电子商务发展关键要素分析[J]. 中国信息界，01：17-19.

周欢，2015. 河南县域电子商务发展趋势探析[J]. 合作经济与科技，（15）：132-133.

周明助，2014a. "聚土地"：绩溪土地流转探新路[J]. 中国土地，（05）：10-11.

周明助，2014b. "聚土地"的富民经[N]. 中国国土资源报，2014-05-13.

周萍，2016. 关于计算机技术应用与电子商务发展的探究[J]. 科技创新与应用，（10）：77.

周启蕾，许笑平，2005. 物流标准化建设中的问题与对策[J]. 交通标准化，（4）：25-28.

周淑丽，2015. 电商人才能否成为农村致富带头人？[N]. 宝鸡日报，2015-05-25（008）.

周唐，2011. 电子商务人才培养趋势分析[J]. 电子商务，（01）：76，78.

周宇驰，2016. 电子商务背景下休闲农业经营管理模式研究[D]. 合肥：安徽农业大学.

周长青，2016. 中国县域电子商务的八大模式[J]. 中国乡村发现，01：111-118.

周正平，丁家云，江六一，2013. 基于网络营销视角的农产品国际竞争力研究[J]. 经济问题探
　　索，（03）：148-152.

朱丹，2008. "三网合一"的电子商务物流配送体系探讨[J]. 物流科技，（05）：120-122.

朱家瑞，起建凌，2015. 农村电子商务扶贫模式构建研究[J]. 农业网络信息，01：22-27.

朱梁，2008. 易购新型电子商务导购平台[N]. 中国电脑教育报，2008-07-07（F16）.

朱涛，2015. 全业务背景下电信运营商电子商务发展战略分析[D]. 长春：吉林大学.

朱伟良，2016. 成长性指标纳入电商示范企业评价[N]. 南方日报，2016-05-09（AA2）.

朱永生，2015. 电子商务背景下企业营销模式研究[D]. 开封：河南大学.

祝红军，邱忠权，2015. 电子商务环境下四川农村物流发展现状与对策[J]. 物流技术，（13）：54-56.

祝君壁，2016. 电子商务"十三五"发展规划印发[N]. 经济日报，2016-12-30（004）.

卓伟，2012. 如何在电子商务中建立品牌优势[J]. 市场营销，（3）：44-47.

邹晋亚，2016. A物流跨境电子商务货代业务发展策略研究[D]. 桂林：广西师范大学.

JEANNE O，2012. Capital flow management[J]. The American economic review，102（3）：203-206.

KRUGMAN P，1991. Increasing returns and economic geography [J]. Journal of political economy，
　　（99）：483-499.

POOLE B，2011. How will agricultural E-Markets evolve？［R］. Washington DC：PaperPresented at
　　the USDA Outlook Forum：2-23.

ZHANG Z，BOMBING X，2012. Research on furniture company development and trend analysis
　　based on O2O e-commerce model [J]. Furniture & interior design，11：026.